Otto Paul – Ingeborg Glier

DEUTSCHE METRIK

OTTO PAUL – INGEBORG GLIER

DEUTSCHE METRIK

MAX HUEBER VERLAG

9. Auflage

4. 3. | Die letzten Ziffern
1983 82 | bezeichnen Zahl und Jahr des Druckes.
Alle Drucke dieser Auflage können nebeneinander benutzt werden.

Gesamtherstellung: Friedrich Pustet, Regensburg · Printed in Germany
ISBN 3-19-00.1719-0

AUS DEM VORWORT ZUR ZWEITEN AUFLAGE

Dieses Büchlein, das sich seit seinem ersten Erscheinen so manchen Freund erworben hat, will die Anfangsgründe der deutschen Verslehre vermitteln. Über die Aufgaben und Ziele einer solchen Einführung herrscht hier und da Unklarheit. Deshalb sollen zunächst dazu einige Worte gesagt werden.

Die erste Aufgabe der Metrik besteht in den meisten Fällen darin, aus geschriebenen oder gedruckten Buchstabenreihen die taktmäßige Sprachform herauszufinden, die der Dichter gewollt und gesprochen hat. Beim Lesen eines jeden Gedichtes müssen wir diese Arbeit leisten, also Metrik treiben. Gelegentlich wird dies leichter sein, so daß wir glauben könnten, wir träfen unbewußt das Richtige. Oftmals stehen wir aber zunächst vor scheinbar unlösbaren Rätseln. Vers k u n d e ist aber in jedem Falle nötig.

Die Kunstform der Verssprache besteht nach unserem Empfinden zunächst einmal in den Verhältnissen von Stärke und Dauer. Diese sind nicht so einfach aus den geschriebenen und gedruckten Zeilen abzulesen. Es gibt eine reichliche Anzahl von Versen mit mehrfacher Deutbarkeit. Auch die Schallanalyse und die Betrachtung der Satzmelodie können uns dabei nicht helfen.

Nach wie vor bekenne ich mich zu den Auffassungen meines verehrten Lehrers Andreas Heusler, dessen ›Deutsche Versgeschichte‹ noch längst nicht die Beachtung findet, die notwendig wäre, um ihren Nutzen ganz auszuschöpfen. Ihm gebührt an erster Stelle mein Dank für die freundliche Aufnahme, die dem Büchlein zuteil wurde.

München, 21. Februar 1938 Dr. Otto Paul

Die ›Deutsche Metrik‹ von Otto Paul, die hier elf Jahre nach ihrem letzten Erscheinen in völlig umgearbeiteter Form vorgelegt wird, war in der Hauptsache ein Abriß der großen dreibändigen Versgeschichte von Andreas Heusler (seinerzeit von diesem selbst als knappe übersichtliche Zusammenfassung seines Lieblingswerkes lebhaft begrüßt). An Heusler orientieren sich auch heute – in Nachfolge oder Kritik – mehr oder minder alle Untersuchungen über den deutschen Vers, mögen sie nun Einzelfragen aufgreifen oder umfassendere historische Darstellungen versuchen. Es erschien daher sowohl von der ursprünglichen Anlage dieses Handbuchs her wie auch nach der derzeitigen Forschungslage unumgänglich, die Heuslersche Grundkonzeption, die sich in der prägnanten Formel »Verse sind uns takthaltige, taktierte Rede« fassen läßt, durchweg beizubehalten, sie aber aus der neueren Forschung zu ergänzen und zu relativieren. Daß dabei oft mehr Fragezeichen als ›handfeste‹ Ergebnisse zu verzeichnen sind, ist sachbedingt. Die Wissenschaft vom Vers, vom deutschen insbesondere, steht heute vor schwierigeren Aufgaben denn je. Jeder Versuch, die Fülle der Erscheinungen historisch, systematisch und terminologisch neu zu fassen, stößt auf einen schwer zu entwirrenden Komplex von einander widerstreitenden Theorien, vorbelasteten Begriffen, fragwürdigen Methoden und an entscheidenden Stellen immer wieder auf – terra incognita!

Die Anlage dieses Handbuchs ist – mit gewissen Verschiebungen und Umgruppierungen – im wesentlichen beibehalten worden. Weggefallen sind die Abschnitte über das indogermanische Ur-Versmaß und den indoarischen, iranischen, griechischen und germanischen Vers, da sie rein hypothetischen Charakters waren, für die deutsche Versgeschichte im ganzen keine oder geringe Relevanz besaßen und dem Rahmen eines Handbuchs kaum angemessen waren. Das als Anhang beigefügte Beispielheft wurde – soweit nötig – in den Text eingearbeitet (so vor allem die Strophenformen der mittelhochdeutschen epischen Dichtung). – Die auf Heusler aufbauenden metrisch-rhythmischen Deutungen deutscher Verse aller Epochen sind in der Darstellung weitgehend gekürzt; vielfach wurde dabei über Paul unmittelbar auf Heusler zurückgegriffen. Ergänzungen betreffen durchgehend Beispiele, Literaturangaben und Hinweise auf Ergebnisse, Methoden und Probleme der neueren Forschung, die jedoch – im Rahmen dieses Handbuchs – nur in kritischer Auswahl und exemplarisch herangezogen werden konnten. Völlig neu gefaßt wurden vor allem das Kapitel ›Grundbegriffe‹, die Abschnitte über die althochdeutsche, frühmittelhochdeutsche und mittelhochdeutsche Versdichtung sowie den Meistersang (wobei auch musikwissenschaftliche Forschungen einbezogen wurden), ferner die Abschnitte über die neuhochdeutsche gereimte Dichtung, die Odenformen und freien Rhythmen. – Neu hinzugekommen ist schließlich ein kurzer historischer Überblick über die Verskunst der neuhochdeutschen Dichtung.

Ein neues ›System‹ der Metrik vorzulegen, konnte weder das Ziel dieser Neufassung sein, noch lag es im Bereich der Möglichkeiten, welche die Forschung gegenwärtig bietet. Wir haben auf diesem Gebiet auch heute noch nicht mehr als Heusler und Ansätze, die zwar teils viel versprechen, sich aber noch nicht zu einem neuen ›System‹ zusammenfügen oder ausbauen lassen. Notwendig erschien es dagegen trotz allem, ein Handbuch, das die wichtigsten Fakten der gesamten deutschen Verslehre zusammenstellt, wieder allgemein zugänglich zu machen, da die vorhandenen, mehr oder weniger systematischen Darstellungen der deutschen Verskunst (Pretzel, Beyschlag, Kayser) nur Teilgebiete erfassen. Daß sich dabei in der Balance zwischen Fakten und Fragestellungen eine Art Kombination aus Abriß und Forschungsbericht ergab, lag sowohl in der Notwendigkeit der Überarbeitung wie in der gegenwärtigen Forschungslage begründet, vermag aber vielleicht gerade in dieser Form eine brauchbare Arbeitsgrundlage zu bilden.

Herrn Professor Dr. Hugo Kuhn und Herrn Professor Dr. Hans Fromm wie den Kollegen am Deutschen Seminar der Universität München möchte ich an dieser Stelle für manche Anregungen und wertvolle Hinweise herzlich danken.

München, September 1961 Ingeborg Glier

VORWORT ZUR FÜNFTEN AUFLAGE

Eine Neuauflage dieses Buches, dessen völlige Umgestaltung von der Kritik einhellig erkannt und begrüßt wurde, erwies sich unerwartet schnell als notwendig. In der fünften Auflage sind durchgehend die Hinweise auf inzwischen neu aufgelegte Abhandlungen dem gegenwärtigen Stand angepaßt und Druckfehler verbessert. Auch künftige Auflagen sollen gewandelte Positionen der Forschung, die aus Kritik an den alten und im Streben nach neuen Systemen erst allmählich erwachsen, aufnehmen und dadurch die Verbindung von Leitfaden und Forschungsbericht fruchtbar zu erhalten versuchen. Ich danke für alle freundlichen, anregenden und kritischen Äußerungen, die der letzten Auflage auf vielfache Weise zuteil wurden.

München, Oktober 1963 Ingeborg Glier

INHALT

I. Kapitel: Grundbegriffe § 1–16 ... 11

II. Kapitel: Die Metrik des Stabreimverses ... 24
a. Der Stabreim § 17–19 ... 24
b. Der Stabreim und sein Verhältnis zum Satzton § 20–22 ... 26
c. Rhythmisierung, Versfüllung und Gruppenbau der Stabreimverse § 23–32 ... 28
d. Zum Stil der Stabreimdichtung § 33 ... 36

III. Kapitel: Der deutsche Reimvers des Mittelalters ... 37
Vorbemerkung zum Reim § 34–38 ... 37
a. Der althochdeutsche Reimvers § 39–49 ... 41
b. Der frühmittelhochdeutsche Vers § 50–57 ... 47
c. Vers- und Strophenformen der mittelhochdeutschen Dichtung 53
1. Epische Dichtung § 58–78 ... 53
2. Lyrische Dichtung § 79–91 ... 75
d. Der Meistersang § 92–95 ... 95

IV. Kapitel: Die neuhochdeutsche Reimdichtung ... 100
a. Der Knittelvers § 96–98 ... 100
b. Das Kirchenlied des 16. Jahrhunderts § 99–100 ... 104
c. Das Volkslied und verwandte Formen der Buchdichtung § 101–110 ... 107
d. Gereimte jambische, trochäische und daktylische Verse § 111–124 118

V. Kapitel: Die neuhochdeutsche reimlose Dichtung § 125 ... 144
a. Jamben und Trochäen § 126–127 ... 145
b. Antike Strophenformen (Oden) § 128–133 ... 151
c. Hexameter und Pentameter § 134–140 ... 160
d. Die freien Rhythmen § 141–142 ... 167

VI. Kapitel: Geschichtlicher Abriß der neuhochdeutschen Verskunst § 143–156 ... 171

Bibliographische Hinweise ... 185

Abkürzungen ... 185

Sachregister ... 186

I. KAPITEL

GRUNDBEGRIFFE

§ 1. Vers und Prosa, gebundene und ungebundene Rede, unterscheiden sich durch das Maß der Ordnung, das ihre Betonungsverhältnisse bestimmt. Dies gilt vor allem im Bereich der germanischen Sprachen, in denen die Betonung der Wörter streng geregelt ist[1]. So legen wir – im Gegensatz zur antiken Metrik, die in der Hauptsache mit langen und kurzen Silben, geregelten Quantitätsverhältnissen, rechnet und arbeitet – in der Verslehre z. B. der deutschen und englischen Dichtung den Wechsel von betonten und unbetonten Silben als metrisch-rhythmisches Prinzip zugrunde, ein Prinzip, das sich letztlich aus der Sprache selbst herleitet. Beide Arten der Versbehandlung und -gestaltung jedoch mit dem einfachen Gegensatzpaar ›messend‹ – ›wägend‹, quantitierend – akzentuierend (antik – germanisch) zu charakterisieren, muß zu einseitigen Verallgemeinerungen führen, denn wie im antiken Vers bis zu einem gewissen Grade Betonungsverhältnisse eine Rolle spielen (wenn auch in der Forschung sehr umstritten), so auch im deutschen und englischen die Silbenschwere.

§ 2. Der Wechsel von betonten und unbetonten Silben, der in den germanischen Sprachen im einzelnen Wort gegeben ist, bleibt zwar im größeren Zusammenhang der syntaktischen Einheiten erhalten, wird aber modifiziert und überlagert vom Satzrhythmus. Ein Beispiel:

> *Der Ménsch schéint mit nichts vertráuter zu séin, als mit seinen Hóffnungen und Wǘnschen, die er lánge im Hérzen nährt und bewä́hrt; und dóch, wenn sie ihm nun begégnen, wenn sie sich ihm gléichsam áufdringen, erkénnt er sie nícht und wéicht vor íhnen zurǘck.*
>
> Goethe, Wilhelm Meister

Die reine ›Schallmasse‹ dieses Satzes gliedert sich beim Lesen durch Pausen in verschiedene Atem- oder Sprechgruppen, die sogenannten Kola, innerhalb derer die einzelnen Silben sich nach Stärke, Dauer, Tonhöhe und Lautform (d. h. nach dynamischen, zeitlichen, melodischen und artikulatorischen

[1] Ursprünglich Stammbetonung, bzw. bei Nominalkomposita und deren Ableitungen Betonung der ersten Silbe. Diese ›Regel‹ bleibt bestimmend, wenn auch im Verlauf der sprachlichen Entwicklung durch Ableitungen, Übernahme fremden Wortgutes usw. vielfach kompliziertere Verhältnisse entstehen.

Größen) unterscheiden[1]. Gliederung und Wechsel von betonten und unbetonten Silben (d. h. Stärke- und Dauerverhältnisse) sind in der Prosa völlig frei. Wortton und Satzrhythmus dominieren. Nur in der besonderen Form der rhythmischen Prosa lassen sich Ansätze zu einer Stilisierung der ›natürlichen‹ Gliederungs- und Betonungsverhältnisse verfolgen

§ 3. Stellen wir dagegen zwei andere Beispiele:

Ihr naht euch wieder, schwankende Gestalten,
Die früh sich einst dem trüben Blick gezeigt.
Versuch' ich wohl, euch diesmal festzuhalten?
Fühl' ich mein Herz noch jenem Wahn geneigt?
Ihr drängt euch zu! nun gut, so mögt ihr walten,
Wie ihr aus Dunst und Nebel um mich steigt;
Mein Busen fühlt sich jugendlich erschüttert
Vom Zauberhauch, der euren Zug umwittert.

Goethe, Zueignung

und

Allerêrst lebe ich mir werde,
sît mîn sündic ouge siht
daz reine lant und ouch die erde
der man sô vil êren giht.
mirst geschehen des ich ie bat,
ich bin komen an die stat
dâ got mennischlîchen trat.

Walther von der Vogelweide, ›Palästinalied‹, 14,38

Was in diesen beiden Beispielen rein äußerlich zuerst auffällt: die Reimbindung und die Gliederung in Zeilen von ungefähr gleicher Länge, ist für ihre Definition als Verse – gebundene Rede – nur sekundär. Was sie grundsätzlich von Prosa unterscheidet, ist die Regelmäßigkeit, in der hier der Wechsel von betonten und unbetonten Silben geordnet wird. Die Sprache ist metrisch stilisiert. Das Gerüst dieser Ordnung, das sich – abgesehen von leichten Abwandlungen – aus der Wiederholung in den einzelnen Zeilen abstrahieren läßt, bezeichnen wir als metrischen Rahmen. Mit dem metrischen Rahmen der Verse in der deutschen Dichtung, seinen verschiedenen Formen, eigenen und fremden Vorbildern, werden sich die folgenden Kapitel in der Hauptsache beschäftigen. Darin liegt notwendig eine stark vereinfachende Schematisierung, die aber unumgänglich ist, um System

[1] Heusler, Dt. Versgeschichte I, § 22.

und Systematik erkennbar werden zu lassen und die ferner eine der wichtigsten Voraussetzungen für die Interpretation von Versdichtungen schafft. Jede metrisch-rhythmische Deutung von Versen hat auszugehen von einer differenzierenden Beschreibung des metrischen Rahmens oder Schemas.

§ 4. Der metrische Rahmen für unser erstes Beispiel ergibt sich, wenn wir die Verse einfach skandieren: je eine betonte und unbetonte Silbe wechseln regelmäßig, d. h. metrisches Grundprinzip ist hier die Alternation. Setzen wir für jede Silbe das Zeichen ›x‹ und kennzeichnen Betonung durch das Akzentzeichen ›'‹, so erhalten wir das metrische Schema:

x x́ x x́ x x́ x x́ x x́

Für metrisch betonte und unbetonte Silbe sind in der deutschen Verslehre heute allgemein die Bezeichnungen Hebung und Senkung üblich. Sie übersetzen die griechischen Termini ›Arsis‹ und ›Thesis‹ (zu αἴρειν ›heben‹ und τιθέναι ›setzen‹), die ursprünglich für das Aufheben und Niedersetzen oder -schlagen des Fußes beim Tanz oder der Hand beim Taktschlagen verwendet wurden, wobei im Gegensatz zum heutigen Gebrauch (!) Arsis den leichten, Thesis den schweren Taktteil bedeutete. In der spätlateinischen Verslehre werden beide Termini umgedeutet auf die Erhebung (sublevatio) und Senkung (positio) der Stimme und mit dieser Veränderung im 18./19. Jhdt. in die neuere Verslehre – vor allem der germanischen Sprachen – übernommen[1]. – Statt Hebung wird für akzentuierte (betonte) Silben im Vers auch häufig die Bezeichnung Iktus verwendet (lat. *ictus* = Schlag).

§ 5. Durch den metrischen Rahmen und die durch ihn festgelegte Betonungsordnung werden die ›natürlichen‹ Betonungsverhältnisse der Sprache einem stilisierenden Zwang unterworfen, doch müssen wir im einzelnen Fall immer wieder untersuchen, wie sich sprachliche und metrische Betonungsordnung gegenseitig modifizieren. Mit nur wenigen Ausnahmen (Meistersang, 16. Jahrhundert, Nachbildungen antiker Verse bei J. H. Voß und seiner Schule) gilt für die deutsche Verskunst der Grundsatz, daß sprachliche und metrische Betonung im Vers sich nicht gegenseitig verletzen sollen (wägendes Prinzip). Wo beide divergieren, also z. B. metrische Hebungen auf sprachlich unbetonte Silben fallen würden, ergeben sich mehr oder minder starke Tonbeugungen; vgl. z. B. den Eingangsvers des Kirchenliedes

Wie schö́n leuchtét der Mórgenstérn.

[1] Vgl. P. Habermann – W. Mohr, Hebung und Senkung, RL ²I, S. 623–629.

Werden dabei sprachlich akzentuierte Silben in die metrische Senkung gestellt, spricht man auch von metrischer Drückung, bzw. von metrischer Erhebung, wo sprachlich unbetonte Silben einen metrischen Akzent erhalten (*leuchtét*).
Recht häufig finden sich jedoch leichte Tonverschiebungen zwischen sprachlicher und metrischer Akzentordnung, die man nicht durch mechanisches Skandieren zu Tonbeugungen vergröbern noch durch einfache Akzentumstellung auflösen darf, vgl.

(´)
Fühl ich mein Hérz noch jénem Wáhn genéigt?

Wir müssen hier vielmehr mit schwebender Betonung rechnen, d. h. zwischen sprachlich-syntaktisch geforderter Betonung und metrischem Schema ausgleichen, indem wir die metrische Hebung gleichsam auf zwei Silben ›verteilen‹. Dies ist aber nicht als metrische ›Verlegenheitslösung‹ zu betrachten (so Heusler, Dt. Versgeschichte § 58, der sie zu den Kunstgriffen des Vortrags zählt und sie nur den ›kranken‹, d. h. tonbeugenden sprachwidrigen Versen vorbehalten will); schwebende Betonung – als leichte Auflockerung des strengen metrischen Schemas – wird, wie U. Pretzel vor allem an einer Reihe von Beispielen gezeigt hat[1], in der Dichtung höchst vielseitig und differenziert als metrisches Stilmittel verwendet. Man vergleiche, wie in unserem Beispiel das verhaltene Zögern der Frage durch die schwebende Betonung des Versanfangs auch metrisch-rhythmisch zum Ausdruck kommt. – Graphisch geben wir (mit Pretzel) schwebende Betonung durch das Zeichen: ⁓ wieder (*Fühl ich mein Hérz* . . .).

§ **6.** Nur in seltenen Fällen sind alle metrischen Hebungen eines bestimmten Versschemas nach ihrer akzentuellen Schwere gleichwertig. Der sprachliche Akzent stellt eine komplexe Größe dar, bestimmt durch das Zusammenwirken der verschiedensten Faktoren (relative und absolute Verschiedenheit von Schwere und Dauer der einzelnen Sprachelemente; Wortton auf der Silbe, überlagert vom Satzton, der auf den Wörtern ruht; Gliederung in Haupt- und Nebenton usw.)[2]. Auf die metrischen Hebungen wirkt er modifizierend, abstufend. Aufgrund der sprachlichen und syntaktischen Gegebenheiten können wir für die Verwendung im metrischen Rahmen in

[1] Pretzel, Dt. Verskunst, Sp. 2383ff. u. 2501ff.
[2] Auf Geschichte und Definition dieses Begriffes kann im einzelnen nicht näher eingegangen werden. Vgl. aber u. a.: F. Saran, Deutsche Verslehre, München 1907, S. 40ff. – Pretzel, Dt. Verskunst, Sp. 2367ff. – P. Habermann, Akzent, RL[2]I, S. 16–21 (mit ausführlichen Literaturangaben).

großen Zügen etwa folgende Unterscheidung der Silben der deutschen Sprache geben:

1. hebungsfordernde,
2. hebungs- und senkungsfähige,
3. senkungsfordernde.

Durch die Gruppe 2 ergibt sich vor allem die Differenzierung der metrischen Hebungen in Haupt- und Nebenhebungen (im Schema als x́ und x̀ wiedergegeben). Senkungen unterscheiden wir nicht im einzelnen[1]. In diesem Zusammenhang tauchen in der deutschen Verslehre immer wieder die Bezeichnungen monopodisch und dipodisch auf, die – wie so manche metrischen Termini – in der Forschung nicht durchweg in derselben Bedeutung verwendet werden. Streng genommen bezeichnen ›monopodisch‹ und ›dipodisch‹ einmal Verse, die aus einem bzw. zwei Versfüßen bestehen[2]. Auf den weit verbreiteten vierhebigen Vers angewendet, werden sie jedoch erweitert und umgedeutet. ›Dipodisch‹ bezeichnet dann einen regelmäßigen Wechsel von Haupt- und Nebenhebung (im Vierheber also 1́ 2̀ 3́ 4̀ oder allenfalls auch 1̀ 2́ 3̀ 4́), der sich jedoch nicht nur auf einzelne Verse, sondern über ganze Abschnitte eines Gedichtes erstrecken muß, um diese Bezeichnung berechtigt erscheinen zu lassen (so Heusler und Pretzel). Monopodisch ist dagegen der Vierheber, in dem nur eine Hebung sprachlich-metrisch besonders herausgehoben ist, bzw. – noch weiter verallgemeinert – jeder Vers, der nicht den regelmäßigen Wechsel von Haupt- und Nebenhebung aufweist[3]. Da diese Termini einerseits von der antiken Metrik her zu stark vorbelastet sind, andererseits in der Verswissenschaft zu vieldeutig und verschwommen verwendet werden, sprechen wir im einzelnen Fall besser von Abstufung der Hebungen und differenzieren beschreibend am einzelnen Beispiel[4].

§ 7. Eine weitere Möglichkeit, den starren metrischen Rahmen in der sprachlichen Gestaltung aufzulockern und zu variieren, bietet die Zäsur oder der Versschnitt (lat. *caesura* = Schnitt), auch dies ein Terminus der

---

[1] Ein äußerst differenziertes, aber wegen seiner Umständlichkeit und Subjektivität nicht recht brauchbares System der Schwereabstufungen (eine sechsstufige Skala, die sich jedoch noch weiter variieren läßt) unterscheidet F. Saran, Deutsche Verslehre, München 1907, S. 49ff.

[2] Über antike Versfüße vgl. § 111 u. 131ff.

[3] vgl. P. Habermann – W. Mohr, RL [2]I, S. 624, und U. Pretzel, Dt. Verskunst, Sp. 2379ff.

[4] So auch Habermann-Mohr, S. 624.

antiken Verslehre, der bei der Übertragung auf deutsche Verse umgedeutet wurde. Während damit in der lateinischen Dichtung ›gesetzmäßig‹ festliegende Einschnitte – im Vortrag als kurze Pause erscheinend – an bestimmten Stellen im Vers (besonders wenn er mehr als 10 Silben umfaßt) bezeichnet werden, bezieht sich der Terminus in der deutschen Verslehre ganz allgemein auf die *syntaktische* Gliederung und Gruppierung der metrischen Hebungen durch die Kola. Feste Zäsuren (die Heusler nicht als ›Schnitte‹ sondern als Versgrenzen bezeichnet) kennen in der deutschen Dichtung nur sehr wenig Verstypen, meist solche, die romanischen und vor allem antiken Vorbildern nachgeformt sind (Alexandriner, jambischer Trimeter, Hexameter und Pentameter). In allen übrigen Verstypen, die mehr als vier Hebungen aufweisen, sind gliedernde Zäsuren zwar notwendig, in ihrer Stellung aber völlig frei; vgl. in unserem Beispiel

Ihr naht euch wieder, / schwankende Gestalten,
Die früh sich einst | dem trüben Blick | gezeigt.
Versuch' ich wohl, / euch diesmal | festzuhalten?

Die besondere Funktion stärkerer und schwächerer Zäsuren in einem Gedicht, die im deutschen Vers eher ein rhythmische als eine metrische ist, läßt sich jeweils nur durch genaue Einzelinterpretationen herausarbeiten. – Die Korrespondenz einzelner Kola (nach Umfang, Abstufung und Anordnung der Hebungen) innerhalb einer Versgruppe, Strophe oder eines Gedichtes bezeichnet W. Kayser als rhythmisches Leitmotiv[1], ein Begriff der zwar metrisch nicht exakt zu fassen und zu definieren ist, der sich aber für die metrisch- rhythmische Interpretation von Gedichten vielseitig und doch charakteristische Besonderheiten treffend verwenden läßt.

§ 8. Wo im Vers Abstufung der Hebungen und Gliederung in Kola untersucht werden, streifen wir bereits Fragen des Versrhythmus. Metrik und Rhythmik als Teildisziplinen der Verslehre lassen sich nicht klar trennen, sondern ergänzen und bedingen einander, vor allem in der Interpretation einzelner Gedichte. Dabei ist der metrische Rahmen eines Gedichtes, sein Versmaß oder Metrum, d. h. die Akzentordnung, die ihm mit anderen Gedichten gemeinsam ist, relativ eindeutig zu bestimmen und zu beschreiben. Sehr viel problematischer ist dagegen die Frage nach dem Rhythmus, der sich als Begriff kaum mehr eindeutig definieren läßt. Nicht nur, daß ›Rhyth-

[1] Kayser, Versschule, S. 110, 113, 115.

mus‹ heute zur Bezeichnung der verschiedensten Phänomene aus heterogenen Bereichen dienen muß und in immer weitere Bereiche übertragen wird – unterschiedslos angewendet in der Musik, auf Bewegungen, Tanz, Arbeit, biologische Vorgänge, historische und Entwicklungsvorgänge im weitesten Sinn, usw. –, auch wo dieser Begriff auf Sprache und Dichtung bezogen bleibt, wirken vielfach Vorstellungen aus anderen Anwendungsgebieten herüber und lassen ihn vieldeutig und schillernd erscheinen. So ist das Problem der Rhythmusdefinitionen in den verschiedenen Verslehren (Kauffmann, Saran, Heusler, Kayser u. a.) trotz aller Unterschiede im einzelnen immer wieder ähnlich gelagert: aus dem Bestreben, möglichst umfassend und allgemein zu definieren, ergibt sich notwendig eine jeweils stark subjektiv begrenzte Geltung; ferner auch, daß historische Differenzierungen weitgehend ausgeschlossen bleiben. Wie weit neuere Versuche, den Rhythmus aus dem wechselseitig erhellenden Bezug von Musik und Sprache konkreter und auch historisch präziser zu fassen[1], für die Verslehre fruchtbar werden können, ist im einzelnen noch nicht abzusehen. Denn selbst da, wo heute Ansätze vorhanden sind, rhythmische Phänomene im Vers systematisch zu erfassen und in eine objektive Ordnung zu bringen[2], bleiben sie widersprüchlich und unbefriedigend, weil im Prinzip ganz der alten Sehweise noch verhaftet. Von allgemeinen Definitionen und Klassifizierungen sehen wir daher ab und halten nur fest, in welcher Bedeutung und mit welcher wechselseitigen Beziehung ›Metrum‹ und ›Rhythmus‹ in den folgenden Kapiteln verwendet werden. Metrum (metrischer Rahmen) bezeichnet dabei das aus der Sprachgestalt zu abstrahierende und historisch ›objektiv‹ gegebene Schema der Akzentordnung, Rhythmus alle Erscheinungen, die in den Bereich seiner individuellen Gestaltung durch den Dichter (insofern auch historisch) oder seiner subjektiven durch den Interpreten fallen. Das bedeutet, daß Metrum im einzelnen Vers oder Gedicht immer rhythmisch verwirklicht ist. Aufbauend auf dem metrischen Schema müssen wir immer wieder nach den rhythmischen Intentionen des Dichters

Def

[1] vgl. dazu vor allem die Forschungen von Th. Georgiades: Der griechische Rhythmus. Musik, Reigen, Vers und Sprache, Hamburg 1949. – Ders., Musik und Rhythmus bei den Griechen. Zum Ursprung der abendländischen Musik, rowohlts deutsche enzyklopädie Bd. 61, Hamburg 1958. – Ders., Sprache als Rhythmus, in: Die Sprache, hrsg. v. d. Bayerischen Akademie der Schönen Künste, München 1959, S. 109–136.

[2] vgl. u. a. Kayser, Versschule, bes. ›Vom Rhythmus‹. – Ders., Geschichte des deutschen Verses, Bern 1960, bes. S. 80, 127ff., 143ff. – Aufbauend auf Saran und Heusler: F. Lockemann, Der Rhythmus des deutschen Verses. Spannkräfte und Bewegungsformen in der neuhochdeutschen Dichtung, München 1960.

fragen, die sich aber oft nur annähernd erkennen lassen, da Verse – vor allem der Sprechdichtung – zumeist rhythmisch mehrdeutig sind.

§ 9. Zu den umstrittensten Problemen der Verswissenschaft gehört heute der Taktbegriff und besonders die Frage, wie weit er sich zur Beschreibung und Interpretation von Versrhythmen verwenden läßt. Der Takt ist metrisch-rhythmisches Grundprinzip und Bezugsgröße (von der Stabreimdichtung bis herauf zu den gereimten und reimlosen Versformen der Dichtung des 20. Jhdts.) der umfangreichen und konsequent einheitlichen ›Deutschen Versgeschichte‹ von Andreas Heusler, die auf dem Axiom aufbaut: »›Verse‹ sind uns taktierte, takthaltige Rede« (§ 5). – Unter Takt versteht Heusler die geregelte Zeitspanne zwischen den Ikten eines Verses[1], wobei die Taktgrenze jeweils vor die einzelnen Ikten fällt; z. B.

Ihr naht euch wieder, schwanken- de Ge- stalten
x | x́ x | x́ x | x́ x | x́ x | x́ x

Allerêrst lebę ich mir werde
x́ x | x́ x | x́ x | x́ x

Im metrisch-rhythmischen Ablauf der Zeile tritt jedoch die Taktgrenze *nicht* als Einschnitt auf; sie soll nur den Rhythmus des Verses (den Heusler verhältnismäßig objektiv zu fassen glaubt) deutlich werden lassen und festlegen. Für seine Rhythmisierungen verwendet Heusler in der Hauptsache vier ›Taktgeschlechter‹:

1. den zweiteiligen oder Zweivierteltakt ($\frac{2}{4}$): | ♩♩ | oder | x́ x |
2. den dreiteiligen oder Dreivierteltakt (Walzertakt, $\frac{3}{4}$): | ♩♩♩ | oder | x́ x x |
3. den vierteiligen oder Viervierteltakt ($\frac{4}{4}$): | ♩♩♩♩ | oder | x́ x x̀ x |
4. den ›schweren dreiteiligen‹ oder Dreihalbetakt (Ländlertakt $\frac{3}{2}$): | 𝅗𝅥𝅗𝅥𝅗𝅥 | oder | –́ (⏑) – |

§ 10. Wie diese Einteilung in ›Taktgeschlechter‹ ist auch Heuslers metrisch-rhythmische Terminologie und Zeichensprache von der Musik geprägt und bestimmt.

Alle Silben, die vor die erste Hebung fallen, werden als Auftakt bezeichnet, der letzte Takt oder die letzten beiden Takte des Verses als Kadenz, was dazwischen liegt als Versinneres. Auftakt – Versinneres – Kadenz

[1] Anders definiert z. B. Saran, Deutsche Verslehre, S. 153ff., bes. S. 155 : Takt = »periodisch wiederkehrende Schwerpunktskombination, die mit der rhythmischen Gliederung (der Musik) nichts zu tun hat.« – Den Taktbegriff verwendet – wenn auch nicht mit dieser Konsequenz – auch die Verslehre vor Heusler vielfach.

bilden die drei Versgegenden, nach deren metrisch-rhythmischer Gestaltung im einzelnen zu fragen ist.

Eine besondere metrisch-rhythmische Funktion innerhalb des Taktsystems erfüllt die Pause, an deren Verwendung gerade die enge Verbundenheit von Metrik und Rhythmik in Heuslers System deutlich hervortritt. Sie dient nämlich sowohl dazu, im Einzelfall einen Vers einem bestimmten metrisch-rhythmischen Rahmen ›regelmäßig‹ einzufügen (pausierte Hebungen und Takte, letztere besonders am Versschluß = stumpfe Kadenz, wodurch dann ein dreihebiger Vers z. B. sich einem Viertakter-Schema fügt), wie auch als rhythmisches Charakteristikum bestimmter Strophenformen (der Nibelungenstrophe z. B.) und wirkt dann in jeweils festem Rahmen vielseitig inhaltsbezogen und interpretierend.

Aus dem Taktprinzip als Grundlage der Rhythmisierung folgt ferner, daß Heusler für seine Rhythmenbilder Zeichen verwenden muß, die relativ als zeitliche Werte definiert sind. Er entwickelt seine Zeichensprache in Analogie zur musikalischen Notenschrift.

Grundeinheit ist das Viertel, die Mora, die in den Rhythmenbildern als x erscheint (♩ = x). Vielfache und Bruchteile der Mora werden dann folgendermaßen gekennzeichnet:

Vier Viertel	𝅝 : ⌴	Drei Achtel	♩. : x.
Drei Viertel	𝅗𝅥. : ⌐	Ein Achtel	♪ : ⏑
Eine Halbe	𝅗𝅥 : –	Ein Sechzehntel	𝅘𝅥𝅯 : ⌒
		Das pausierte Viertel	𝄽 : ∧

§ 11. Innerhalb eines Taktes können jeweils ⏑⏑ für x eintreten oder – für x x usw. – Wo ein Taktrahmen erfüllt werden soll, muß in gewissem Umfang auch mit Silbenquantitäten ›gerechnet‹ werden. Daß im Vers Länge oder Kürze der Tonsilben eine gewisse Rolle spielt, läßt sich jedoch nur für den altdeutschen Vers feststellen (über Silbendehnung und Spaltung von Moren vgl. § 64), der neudeutsche Vers kennt diese Unterschiede nicht. Daraus ergeben sich für Heusler folgende Regeln der *Sprachbehandlung* im taktmäßig rhythmisierten Vers[1]:

Für die betonten Silben (Starktonsilben) gilt

1. im altdeutschen Vers:

Lange (Langvokal, Diphthong, Kurzvokal, auf den doppelte oder einfache

---

[1] vgl. Heusler, Dt. Versgeschichte, I, § 73 ff.

Konsonanz folgt) und kurze (d. h. kurze offene, nur auf Kurzvokal endende) Silben werden unterschieden.
Die sprachliche Kürze füllt nicht mehr als eine Mora (x). Sie kann einen Raum von einem Sechzehntel (⌢) und weniger, einem Achtel (◡) und einem Viertel (x) einnehmen, nicht aber als —, — oder — auftreten. Die sprachlich kurze Silbe ist nicht dehnbar.
Nehmen Silbengruppen von der Quantität ›Länge-Kürze-Kürze‹ und ›Kürze-Kürze-Kürze‹ zwei Viertel (x x) ein, so entsteht im ersten Falle |x́ ◡ ◡|, im anderen |◡́ ◡ x|.
Spaltung des Viertels (x) in Achtel (◡ ◡) oder Sechzehntel (⌢ ⌢ ⌢ ⌢) erfolgt im altdeutschen Vers öfter bei sprachlicher Kürze der Silben. Die kurze Silbe hat weniger ›Schallmasse‹ und schmiegt sich daher leichter in den kleinen Zeitwert.
Der sprachliche Unterschied zwischen *lāgĕn : săgĕn, līdĕ : frĭdĕ* kann rhythmisch verschwinden, wenn für die Silbe eine Mora zu Gebote steht; beides ergibt | x́ x |.

2. im neudeutschen Vers:
Länge und Kürze sind nicht unterschieden. Im Taktrahmen sind beide relativ frei einzusetzen, und zwar gedehnt wie gekürzt (es stehen jeweils mehrere Zeitwerte zur Verfügung).
Für die unbetonten Silben gilt allgemein:
Proklitische (vorgeneigte) Silbe ist im Vers kurz und nicht dehnbar, die enklitische (rückgeneigte) von neutraler Dauer, sie kann auch gedehnt werden.

§ 12. Heuslers System, imponierend in seiner Konsequenz und Geschlossenheit der Konzeption, bot für die Verslehre einen fruchtbaren neuen Ansatz: es leitet sich primär aus einem intensiven ›Hörerlebnis‹ her. Die Kritik, die heute von vielen Seiten gegen Heusler erhoben wird, richtet sich in der Hauptsache gegen:
1. die uneingeschränkte Geltung des Taktbegriffes für alle Epochen der deutschen Verskunst – von der Stabreimdichtung bis zu den Nachbildungen antiker Versmaße und den freien Rhythmen. Dies ist ahistorisch, denn damit wird ein Prinzip absolut gesetzt und verallgemeinert, das sich in dieser Form und Funktion in der Musik erst seit dem 16. Jhdt. herauszubilden beginnt (mensurale Notation erscheint nicht vor dem 13. Jhdt.).

I: Takt: i.d. Musik zur Organisation mehrerer Stimmen, Tempobestimmung, Grundryth

2. den Zwang des Systems, der – bei aller individuellen Vielseitigkeit – die metrisch-rhythmische Interpretation zu eindeutig festlegt (vgl. z. B. beim Stabreimvers und beim frühmittelhochdeutschen Vers das ›Rechnen‹ mit Silben und Zeitwerten, um das Schema zu erfüllen). Heuslers Rhythmisierungen können dabei höchstens als mögliche Versuche einer rhythmischen Interpretation gelten, denen aber zumeist bis heute historisch Richtigeres nicht entgegenzustellen ist. Vielleicht lassen sich, wenn man einen Schritt hinter Heusler zurückgeht und allein nach dem Hebigkeitsprinzip rein beschreibend vorgeht, von daher aber dann für jede Epoche nach historischen Anknüpfungs- und Beziehungsmöglichkeiten im weitesten Sinne fragt, neue, tragfähigere Ansätze gewinnen, nicht für eine systematische und normative Metrik, sondern eher für eine historische, metrische (und rhythmische?) Typenlehre.

3. das Verhältnis zur Textkritik. Es ist – vor allem in mittelhochdeutscher Dichtung – höchst problematisch, einerseits »metrische Gesetze aus Texten zu erschließen, die noch erst metrischer Herstellung bedürfen«[1] (z. T. durch die Überlieferung verderbte Texte), andererseits aber auch metrische Regeln aus Texten abzuleiten, die bereits metrisch-textkritisch überarbeitet sind! Die Frage der Überlieferung muß u. a. bei metrisch-rhythmischen Interpretationen entscheidend berücksichtigt werden.

§ 13. Neben Heuslers Zeichensprache finden sich in älteren und neueren Verslehren verschiedene andere Systeme, die wir hier kurz zusammenstellen; ihnen allen gemeinsam ist – im Gegensatz zu Heusler – daß sie keinen Anspruch auf rhythmische Interpretation erheben, sondern ›neutral‹ beschreiben.

In älteren Darstellungen werden vielfach noch die – von der antiken Metrik übernommenen – Strich-Hakenformeln verwendet, die Heusler (im Anschluß an Sievers) als ›Augenphilologie‹ ablehnte. Die antiken Zeichen für Länge (–) und Kürze (◡) werden dabei entsprechend im Deutschen für betonte und unbetonte Silben verwendet.

Gleichfalls rhythmisch neutral ist die Bezeichnung jeder Silbe durch x (was – im Gegensatz zu Heusler – n i c h t den Zeitwert der Mora, des Viertels, bedeutet!) und der Unterscheidung der Hebungen durch Akzente (´ = Haupthebung, ` = Nebenhebung)[2].

Ohne Akzentzeichen, aber mit der gleichen Dreierdifferenzierung arbeitet

[1] Pretzel, Dt. Verskunst, Sp 2366f.

[2] so u. a. F. Kauffmann, Deutsche Metrik, Marburg ^{3}1912. – Kayser, Versschule. – ders., Das sprachliche Kunstwerk, Bern ^{4}1960.

U. Pretzel. Er verwendet für Haupttonsilbe X, für Nebentonsilbe X, für unbetonte Silben x (für lange, betonte Silbe auch –).
Wir stellen die verschiedenen Umschriften an einem Beispiel gegenüber.

	Versuch' ich wohl, euch diesmal festzuhalten?
(Verslehre 19. Jhdt.)	⏑ – ⏑ – ⏑ – ⏑ – ⏑ – ⏑
(Kauffmann, Kayser)	x x́ x x́ x x́ x x́ x x́ x
(Pretzel)	x X x X x X x X x X x
(Heusler)	x | x́ x | x́ x | x́ x | x́ x | x́ x

Für unsere metrisch-rhythmischen Umschriften verwenden wir einmal – der ursprünglichen Anlage dieses Buches folgend – die Heuslerschen Zeichen, daneben aber auch in größerem Umfang die rein nach Silben und Hebungen beschreibenden.

§ 14. Gruppenbildung. Gedichte, deren Verse sich nicht zu festen Gruppen zusammenschließen, bezeichnet man als stichisch. Versgruppen – als höhere metrische Einheit – die nach demselben, sich von Gruppe zu Gruppe wiederholenden metrischen Schema gebaut sind, heißen Strophen.
Dabei ergeben sich jedoch – wenn wir noch einmal auf die beiden Beispiele in § 3 zurückgreifen – in den verschiedenen Epochen der deutschen Dichtung wesentliche Unterschiede in Aufbau und Anlage der Strophen. Nicht nur, daß zu verschiedenen Zeiten besondere Strophentypen bevorzugt verwendet werden (so bei Goethe wieder die Stanze oder Ottaverime, bei Walther von der Vogelweide die Kanzone), bis weit ins 17./18. Jahrhundert hinein (in Volks- und Kirchenlied z. T. bis in die Gegenwart) sind die Strophen der Dichtung nicht nur metrisch-rhythmische sondern auch musikalische Einheiten. In welcher Weise und in welchem Umfang dabei die Melodie am Strophenbau beteiligt ist, kann nur am einzelnen Beispiel untersucht werden (so vor allem auch die Variation des metrisch-rhythmischen Schemas durch den musikalischen Bau; Vertonung von Gedichten!). Es ist jedoch wichtig festzuhalten, daß wir in der sprachlich-metrischen Gestalt vor allem mittelalterlicher Strophen nur die eine Seite einer komplexen Einheit von Wort und Melodie greifen (vgl. a. § 77ff.). Auch bei den Strophen der neuhochdeutschen Sprechdichtung wäre Ablösung und Weiterbildung aus ursprünglich musikalisch gebundenen Formen im einzelnen zu verfolgen. Untersuchungen darüber sind jedoch noch kaum vorhanden[1].

---

[1] Eine sachlich wie methodisch sehr anregende ›Vorstudie‹ z.B. Herman Meyer, Vom Leben der Strophe in der neueren deutschen Lyrik, DVjs 25 (1951), S. 436–473.

§ 15. Wo die syntaktischen Einheiten die ›Grenze‹ von Vers oder Strophe übergreifen, sprechen wir von Enjambement bzw. von Strophensprung, beides metrisch-syntaktische Stilmittel, deren Stilwert sich nur im Einzelfall bestimmen läßt. Wenn Enjambement und Strophensprung gehäuft auftreten, können sie eine Auflockerung des festen Vers- bzw. Strophengefüges bewirken.

§ 16. Als Gliederungsprinzip läßt sich einer deutschen Metrik mit einer gewissen Berechtigung – wenn auch grundsätzlich für die Einteilung wenig relevant – das formale Kennzeichen des Reimes zugrunde legen. Man erhält dann – wie in der Anlage der ersten drei Auflagen dieses Buches – eine Dreiteilung in

a. die deutsche Stabreimmetrik
b. die Metrik der deutschen Reimverse
c. die Metrik der neuhochdeutschen reimlosen Verse.

Dem entspricht nur bedingt eine zeitlich-historische Gliederung. Für das Mittelalter ergibt sich zwar – systematisch-formal wie historisch – zwanglos eine Reihenfolge von: Stabreimversen – althochdeutschen, frühmittelhochdeutschen, mittelhochdeutschen Reimversen (letztere wieder unterteilt in epische und liedhafte Verse und Strophen) und – als relativ eigenständigen Ausläufer im Spätmittelalter – die Verse der Meistersinger. Aber gerade in der Formenfülle der Verskunst nach 1500 überschneiden sich formale, gattungsmäßige und historische Entwicklungen ständig. Die Tradition der Reimverse reicht – fast ununterbrochen und in einer historisch tief gestaffelten Folge von Übernahmen, Erneuerungen und Weiterentwicklung eigener und fremder Formen – bis in die Gegenwart (Knittelvers – Kirchenlied – Volkslied und verwandte Formen – gereimte jambische, trochäische und daktylische Verse). Daneben werden etwa seit der Mitte des 18. Jahrhunderts in verhältnismäßig breitem Umfang reimlose Formen nachgebildet (vor allem antike Versmaße und Strophenformen, Blankvers usw.) bzw. neugeschaffen (freie Rhythmen). Sie laufen – in verschiedenen Epochen und bei einzelnen Dichtern bald mehr bald weniger bevorzugt – neben den gereimten Formen bis in die Gegenwart. Wir stellen nach der ursprünglichen Anlage dieses Buches die einzelnen Formen beider Komplexe in ihrer Entwicklung getrennt dar, geben aber abschließend einen knappen historischen Überblick über die deutsche Verskunst seit dem 16. Jahrhundert.

II. KAPITEL

DIE METRIK DES STABREIMVERSES

A. DER STABREIM

§ 17. Reim und Stabreim gehören nicht eigentlich in die Metrik. Sie beziehen sich nur mittelbar auf die Betonungsordnung des Verses, werden vielmehr durch den Klang bestimmt und definiert, und gerade der Stabreim (oder die Alliteration)[1] taucht auch außerhalb der gebundenen Dichtung häufig als rhetorisches Element auf. Nach ihrer Verwendung werden jedoch Reim und Stabreim als Gliederungsprinzipien für die Verskunst in zweifacher Hinsicht bedeutsam: einmal unterscheiden und benennen wir nach diesen beiden Begriffen historisch und formal verschiedene große Gruppen von Gedichten (Stabreim-, Reim- und reimlose Dichtung). Zum anderen sind Reim und Stabreim – wenn auch nicht sie allein – im einzelnen Vers Anhaltspunkte für die metrisch-rhythmische Gliederung im engeren Sinne.

Der Reim (Silbenreim), meist als Endreim erscheinend, grenzt die Verse voneinander ab und unterstützt die Gruppenbildung. Der Stabreim markiert die Hebungen (Ikten) der nach ihm benannten Verse und weist so einen Weg zur Erfassung des Rhythmus im Stabreimvers.

Def: § 18. Stabreim ist Gleichklang der Anlaute starktoniger Silben:

F*reunde und* F*einde*
M*ann und* M*aus*
K*ind und* K*egel*

In diesen Beispielen haben die Silben *Freun-*, *Fein-; Mann*, *Maus* usw. Stabreim, sie staben. Der Träger des Stabreims, der Stab, ist der anlautende

a Konsonant. Der Stabreim ist Lautreim. Die Lautverbindungen *sk*, *sp*, *st* gelten in alter Zeit als artikulatorische Einheiten, sie staben nur je mit sich selbst.

sc*arpên* sc*ûrim*	Hild. 64
sp*râkono sô* sp*âhi*	Hel. 572
st*illo gi*st*anden*	Hel. 662

[1] Stabreim und Alliteration bezeichnen das gleiche lautliche Phänomen. Der Terminus ›Stabreim‹ bleibt jedoch im allgemeinen auf die germanische Stabreimdichtung beschränkt.

b Alle Vokale staben miteinander:

engil thes alouualdon	Hel. 251
idis antheti	Hel. 256
idis enstio fol	Hel. 261
ôdan arbides	Hel. 304

Das kommt daher, daß man den Vokaleinsatz bei der betonten Silbe als Konsonanten empfand (Knackgeräusch).

§ **19.** Solche Verse, die durch Stabreim in sich gebunden sind, kommen einzeln nur in der Kleindichtung vor. In den großen Denkmälern der althochdeutschen, altsächsischen, altenglischen und altnordischen Dichtung sind je zwei Verse durch Stabreim zu einer Langzeile verbunden. Diese besteht aus zwei Versen, dem Anvers und dem Abvers. Dabei kann der erste Vers, der Anvers, zwei Stäbe haben, braucht es aber nicht. Wir haben nebeneinander

Hauptstab: 1. Hebung

garutun se iro gûdhamun // gurtun sih iro suert ana Hild. 5

und *fateres mînes // dat was sô friuntlaos man* Hild. 24

Im ersteren Falle hat der Eingangsvers zwei Stäbe (*g*), im zweiten hat nach Ausweis des Abverses nur die erste Hebung Stab (*f*). Im zweiten Vers einer Langzeile, im Abvers, ist es üblich, daß nur die erste Hebung den Stab hat; in unseren Beispielen *gurtun* und *friuntlaos*. Diesen Abversstab nennt man nach dem altisländischen Verstheoretiker Snorri Hauptstab, die Stäbe im Anvers seit Jacob Grimm Stollen. Nach dem Hauptstab, der also seine feste Stelle hat, richten wir uns beim Lesen des Anverses. Er dient zum Aufsuchen der Stollen.

Bezeichnen wir den Stab mit a, den stablosen Iktus mit x, so können wir die Stabreimmöglichkeiten als Formel darstellen:

für den Anvers gilt a a

a x

x a

für den Abvers gibt es nur die eine Möglichkeit

a x.

Beispiele: a a / a x

Hiltibrant enti Hadubrand / untar heriun tuêm Hild. 3

a x / a x

mit gêru scal man / geba infâhan Hild. 37

x a / a x

dô lêttun se ærist asckim scrîtan Hild. 63

§ 20. Stabträger, so sahen wir an den Beispielen und nach unserer Definition, sind jeweils nur die Anlaute betonter Silben, das heißt der Stammsilben bzw. ersten Silben der Nominalkomposita, auf denen nach den germanischen Akzentgesetzen der Hauptton des Wortes liegt. Im Stabreimvers herrscht daher ausgeprägter als im alternierenden Vers die ›natürliche‹ Betonung der Prosasprache. Satzton und Verston sind in der Langzeile genau aufeinander abgestimmt und steigern sich im Zusammenwirken. Da nun die bedeutungsschweren Wörter durch den Stabreim besonders hervorgehoben werden, kommt der syntaktische Zusammenhang in der rhythmischen Linie lebendig zum Ausdruck. Den oben entwickelten ›Stabformeln‹ für An- und Abvers läßt sich ein Schema der Redeteile an die Seite stellen bzw. unterlegen, das ebenfalls deduktiv aus der Masse der uns überlieferten Stabreimdichtung gewonnen werden kann. Stabreimordnung und syntaktische Bedeutungsordnung – als gegenseitige Ergänzung oder Bestätigung – geben die bisher sichersten Indizien für den rhythmischen Verlauf der Langzeile.

Zweierlei ist hierbei zu beachten:

1. Der altgermanische Satz neigt, im Gegensatz zum neuhochdeutschen, zu fallender Betonung. Der stärkere Ton liegt vorn.
2. Der althochdeutsche Sprachrhythmus hängt an der festen, herkömmlichen Wortbedeutung. Augenblicksnachdruck prägt sich selten im Verse aus.

§ 21. Um das Verhältnis von Stabreim und Satzton auf ein übersichtliches Formelschema reduzieren zu können, gruppieren wir die Redeteile folgendermaßen:

Eine Abteilung bilden die Formwörter (f). Sie waren hebungs-, aber nicht stabfähig.

Die zweite Gruppe bilden die volleren, stabfähigen Wörter, die wieder in zwei Unterabteilungen aufgehen:

Die stärkere Klasse: Nomina und Adverbia qualitatis (kurz mit n bezeichnet).

Die schwächere Klasse: Verbum finitum, Adjektiv, steigerndes und Zeitadverb (v).

Aus § 20 ergibt sich folgendes Anordnungsprinzip: Ein n kann sich nur vorausgehendem Gliede unterordnen, ein v auch nachfolgendem. Von

Paaren gleichwertiger Hälften, nn oder vv, hat das erste Glied den Vorzug.
Diese ›Regel‹ ist allgemein beobachtet.

§ **22.** Aus ihr ergeben sich wiederum folgende Einzelheiten:
Voranstehendes n ordnet sich nicht unter. Es kommt nicht in die Vorsenkung, im ersten Iktus muß es staben. Bei Kombination von nn oder nv finden wir die Stabform xa (§ 19) nicht.
Voranstehendes v kann sich folgendem n unterordnen oder gleichordnen. Es kann also in der Vorsenkung stehen, in der ersten Hebung mit oder ohne Stab, in der Senkung nach der ersten Hebung. v kann sich auch folgendem n überordnen:

gurtun sih iro s*uert ana*	Hild. 5 b
want her dô ar a*rme* *wuntane* b*auga*	Hild. 33
vuorun zi h*olza*	Mers. 5 b
daz ist rehto p*alwîc* d*ink*	Musp. 26 b
daz der man h*arêt ze* g*ote* *enti imo* h*ilfa ni* q*uimit*	Musp. 27

vn läßt also die Stabformen aa, xa und ax zu. Jedoch ist ax seltener als die übrigen.
Das Hauptwort *man* kann unter die Stärke eines n herabsinken, also wie ein v behandelt werden. Es kann in Hebung stablos voranstehen:

that man *is* n*âhiston* n*iutlîco scal*	Hel. 1448

und in die Vorsenkung treten:

denne der man *in párdîsu* *pû kiwinnit*	Musp. 16
daz der man *ér enti síd* *upiles kifrumita*	Musp. 70

Wie für den Abvers die Auswahl der Stabformen eingeschränkt ist, ist es auch die der Wortzusammenstellungen. Die für ihn verlangte Stabform ax schließt für gewöhnlich die Kombination vn aus. Nur wo n zwei Ikten trägt, ist sie möglich. Hierbei kommt v in die Vorsenkung. Man vergleiche:

dat ih dir it nû bi húldî gibu	Hild. 35 b
dat inan wíc furnám	Hild. 43 b

mit

sâton ira / héritógon	Hel. 58
waruhtun / lóf góda	Hel. 81 .

C. RHYTHMISIERUNG, VERSFÜLLUNG UND GRUPPENBAU DER STABREIMVERSE

§ 23. Wie Stabreimverse im einzelnen zu rhythmisieren und vorzutragen seien, darüber gab es auch vor und neben Heusler die verschiedensten Theorien (s. Dt. Versgeschichte, I, § 153ff.), und in der Kritik, die heute an seinem System geübt wird, ist dies einer der Hauptangriffspunkte (s. u. § 30). Den Takt, das Grundprinzip seiner Verslehre, findet Heusler auch im Stabreimvers verwirklicht. Trotz aller Einwände, die dagegen grundsätzlich wie zu einzelnen Beispielen erhoben werden müssen, soll hier dennoch ein Überblick über diese Art der Rhythmisierung von Stabreimversen gegeben werden – nicht als ›Gesetz‹ (so wollte Heusler selbst sie ja am wenigsten verstanden wissen), sondern als eine ›Möglichkeit‹, der ungemein reichen und wandlungsfähigen rhythmischen Linie des Stabreimverses nachzuspüren und sie differenziert zu beschreiben.

§ 24. Als metrisch-rhythmischen Rahmen, den er allerdings oft selbst nahezu sprengen muß, setzt Heusler für die Stabreimdichtung Langtakte (d. h. $\frac{4}{4}$ Takte mit Haupt- und Nebenhebung), deren je zwei An- und Abvers bilden. Die Zweigipfligkeit (der Halbzeile) als tragendes Grundprinzip dieses Verses wird durch den Stabreim (zwei Stäbe in vielen Halbzeilen!) erwiesen und bezeugt. Ob freilich der Abstand zwischen den beiden (stabtragenden) Hebungen gleichmäßig geregelt und regelmäßig mit Nebenhebungen gerechnet werden kann, bleibt sehr fraglich.
Eine Langzeile mit völlig gleichmäßiger Füllung zeigt dann nach Heusler folgendes Schema:

| x́ x x̀ x | x́ x x̀ x || x́ x x̀ x | x́ x x̀ x ||

Sie ist in dieser Regelmäßigkeit in der Stabreimdichtung jedoch kaum je verwirklicht. Daher müssen immer wieder Auftakte – bisweilen von auffallender Länge –, Dehnungen, Spaltungen und Pausierungen von Taktteilen angesetzt werden, die zwar ein eindrucksvolles Bild rhythmischer Spannungen und prosodischer Füllungsmöglichkeiten vermitteln, andererseits aber oft das Schema selbst ad absurdum führen. Hier nur ein Beispiel, das Leistungsfähigkeit und Grenzen dieser Methode anschaulich darstellt:

cheisuringu gitân sô imo se der chuning gap Hild. 34
x́ x x̀ ◡ ◡ | ⊥ ^ ^ | ○ ○ ○ ○ ○ | x́ x ^ ^ | ⊥ ^ ^ |

Im folgenden knappen Überblick über die verschiedenen Versfüllungsmöglichkeiten nach dem Taktprinzip betrachten wir die drei Versgegenden (bezogen auf die halbe Langzeile, d. h. Anvers bzw. Abvers) – Auftakt, Versinneres, Versschluß – gesondert nacheinander. Im Stabreimvers entspricht dabei das Versinnere dem ersten Langtakt; der Versschluß, die Kadenz, dem zweiten.

§ **25.** Innerhalb dieses Schemas ist die Kadenz die wichtigste Stelle des Verses. Von ihrer Auffassung wird oft die ganze rhythmische Linie des Verses bestimmt. Im Stabreimvers unterscheidet Heusler je nach Ausfüllung des letzten Taktes stumpfen, klingenden und vollen Schluß.

A. Stumpfer Schluß.

Die Nebenhebung des zweiten Taktes fällt in eine Pause. Es bleiben für den Takt also nur 2 Moren (x́x) übrig. Diese können durch eine (gedehnte) oder zwei Silben eingenommen werden. Danach unterscheidet man

einsilbig stumpfen Schluß | ⊥́ ^^	
mit gêru scal / mán ^^	Hild. 37a
zweisilbig stumpfen Schluß | x́x ^^	
wêwurt / skíhit ^^	Hild. 49a

Der schließende Halbtakt kann auch ganz oder teilweise durch den Auftakt des nächsten Verses eingenommen werden.

B. Klingender Schluß.

Die Nebenhebung fällt auf eine sprachlich schwachtonige Silbe. Je nachdem der erste Halbtakt von einer (gedehnten) oder zwei Silben eingenommen wird, ergibt sich

zweisilbig klingender Schluß | ⊥́ x̀^	
bretôn mit sînu / bíllìu ^	Hild. 54a
dreisilbig klingender Schluß | x́xx̀ ^	
dâr man mih eo / scérìtà ^	Hild. 51a

Die letzte Mora ist Pause oder wird vom Auftakt des nächsten Verses eingenommen.

C. Voller Schluß.

Die Nebenhebung des zweiten Langtaktes fällt auf eine sprachlich starktonige Silbe. Der Schlußtakt ist also mit sprachlichem Material ausgefüllt.

| ⊥́ ⊥̀	*thea man umbi / mén wèrk*	Hel. 753
| x́x⊥̀	*swîðo / sêragmòd*	Hel. 1114
| ⊥́x̀x	*garutun se iro / gúdhàmun*	Hild. 5a
| x́⊥̀x	*heƀen / cúnìnges*	Hel. 781
| x́xx̀x	*chind in / cúninc rîche*	Hild. 13a

§ **26.** Das Versinnere, der erste Langtakt, kann die gleichen Füllungen aufweisen wie der Schluß, so daß eine strenge Unterscheidung zwischen beiden beim Stabreimvers eigentlich hinfällig wird. Doch kommen einige Formen hinzu, denn das Versinnere, zugleich Satzinnere, ist die Stelle der vor- und rückgeneigten Silben. Diese sind in der Kadenz selten, jene fehlen ganz. Die Kolongrenze (Zäsur) geht vielfach durch den ersten Langtakt hindurch. Die dadurch vom ersten Iktus abgetrennten Silben, die sich also an den zweiten Hauptiktus anlehnen, bezeichnet man als inneren Auftakt.

darbâ ˈ gistuontun Hild. 23 b

⊥x̀ ˈ x | ⊥x̀ ∧

Hiltibrant ˈ enti Haðubrant Hild. 3 a

x́xx̀ ˈ ⏑⏑ | x́xx̀ ∧

Hild. 23 b hat einsilbigen, 3 a zweisilbigen inneren Auftakt. Hier ist die letzte Mora des Taktes gespalten. Doch kann auch der Schnitt durch die Mitte des Taktes gehen, der erste Nebeniktus ist dann vorgeneigt.

ort ˈ widar orte Hild. 38

⊥ ˈ x̀x | ⊥x̀ ∧

Rückgeneigte Formwörter, die mit dem ersten Hauptiktus ein Kolon bilden, finden wir z. B. Hild. 49 a

welaga nû ˈ waltant got

⊥́⏑x⊥ ˈ | x́x⊥

Gleichzeitig mit vorgeneigtem Glied im Takte (innerem Auftakt), Hild. 33a

want her dô ˈ ar arme

x́xx̀ ˈ x | ⊥x̀ ∧

§ **27.** Sprachlich schwach gefüllte Innentakte bezeichnet man als stumpf und rechnet hier, ähnlich wie bei der Kadenz, mit Pausen oder aber Dehnung von Silben auf die Länge eines ganzen Taktes; so im Hildebrandslied:

Hild. 55 a	*doh maht dû nû aodlîhho*
	○ ○ ○ ○ | ⊥ | ⊥x∧
Hild. 58 a	*der sî doh nû argôsto*
	○ ○ ○ ○ | ⊥ | ⊥x̀∧
Hild. 59 b	*nû dih es sô wel lustit*
	○ ○ ○ ○ | ⊥∧∧ | ⊥x̀∧
Hild. 57 b	*ibu dû dâr ênîc reht habês*
	○ ○ ○ ○ ○ ○ | ⊥∧∧ | x́x∧∧

Dies ist allerdings nur möglich, wenn die entsprechenden Wörter nach Bedeutung und Satzstellung einen solchen rhythmischen Nachdruck verlangen können. Diese stumpfen Innentakte, die wir nach der Heuslerschen Rhythmisierung in der Stabreimdichtung recht häufig ansetzen müssen, zeigen wiederum eindrucksvoll, wie sich syntaktischer und rhythmischer Verlauf im Stabreimvers gegenseitig bedingen und steigern. Es bleibt jedoch zu fragen, ob diese für den germanischen Vers charakteristische Spannungskurve so bis ins Einzelne genau auf ›Zeitwerte‹ festgelegt werden kann und darf.

Dasselbe gilt für den anderen Extremfall: die sprachlich sehr reich gefüllten Takte, die sich besonders häufig in der altsächsischen Dichtung finden. Bei diesen silbenreichen Versen, den sogenannten S c h w e l l v e r s e n, greift man zu Spaltung in halbe (⏑) und Viertel- (⌢) Moren und rhythmisiert wie folgt:

Spaltung in halbe Moren:

welaga nû waltant got Hild. 49a
| ⏑́⏑x⏊ | x́x⏊̀ |

bretôn mit sînu billiu Hild. 54a
| ⏑́⏑xx̀x | ⏊x̀^ |

Spaltung in Viertel-Moren (!):

the iungaron the he imu habde he is gôde gicorane Hel. 3037a.
| ⌢́⌢⌢ | ⌢⌢⌢⌢ ⏑⏑⏑⏑ | x́⏑⏑⏑̀⏑x |

In solchen Extremfällen wird freilich der Versuch, die Halbzeile zwei Langtakten einzufügen, eher zum rechnerischen als zum metrisch-rhythmischen Problem!

§ 28. Der A u f t a k t ist frei. Er kann stehen, er kann fortbleiben. Nur insofern könnte man ihn als gebunden bezeichnen, als gewisse Verstypen ihn verlangen, andere ihn meiden. Auch in der Silbenzahl ist der Auftakt frei. Wir zählen in den Stabreimdichtungen 1–14 Auftaktsilben. Die altsächsischen übertreffen die oberdeutschen an Zahl der Auftaktsilben beträchtlich. Während im Hildebrandslied der Auftakt höchstens sechssilbig ist, finden sich in der Genesis bis zu elf Auftaktsilben. Die höchste Zahl erreicht der Heliand in dem Verse 605b

saga ûs, undar hwilicumu he sî thesaro / cünneo a- / fôdit

Es ist dies ein Gegenstück zu der Überlastung des Innentaktes und der Kadenz mit Silben. Was die Zeitdauer des Auftaktes anbetrifft, so sieht man meist von bestimmten Messungen ab, und verwendet, besonders bei den Auftaktriesen, das Zeichen ○ für unbestimmte Zeitdauer (nur im Auftakt!):

dat ih dir it nû bi / huldî / gibu Hild. 35 b
○ ○ ○ ○ ○ ○ | ⊥́x̀∧ | x́x∧∧

enti dar wârun auh / manake mit inan Wess. 8 b
○○ ○ ○ ○ ○ | x́ x x̀ x | x́x ∧ ∧

quâðun, that sia wissin, that im that iro / sundia gi- / dedin
○ ○ ○ ○ ○ ○ ○ ○ ○ ○○ | ⊥́ x̀ ˡ x | x́ x ∧∧
Gen. 98 b

Wenn die rhythmische Linie so verläuft, daß der Auftakt des einen Verses geeignet ist, die Kadenzpause des vorhergehenden einzunehmen, so fügen sich beide rhythmisch ineinander. Der Vers reicht dann mit einer oder mehr Moren in den vorhergehenden hinein:

pist alsô gialtêt man : sô dû êwin inwit fuortos Hild. 41
○ ○○○ | ⊥́⊥̀ | ⊥́ : ⏑ ⏑ ⏑ ⏑ | ⊥́ x̀ ∧ | ⊥́ x̀ ∧

Andere Auftakte kann man als Vorspiele der rhythmischen Kurve betrachten. (Wenn man nicht im Taktprinzip rhythmisiert, s. u. § 30, spricht man statt von Auftakt auch von Vor- oder Eingangssenkung.)

§ 29. Die § 25–28 zeigten kurz die Möglichkeiten, die nach Heuslers System für die Füllung der einzelnen Versstellen bestehen. Die so entstandenen Formen lassen sich nun nicht beliebig zusammenfügen. Hier ist der Gebrauch der Dichter im einzelnen zu untersuchen. Dabei ergeben sich bestimmte mehr oder weniger beliebte Verstypen.
Zu einem Stabreimvers genügen (theoretisch) 2 Silben, die allerdings einiges Sinngewicht haben müssen. Solche und ähnlich schwachgefüllte Verse kommen jedoch hauptsächlich in der Kleindichtung vor und sind in unserer Überlieferung selten. Wir nennen sie unterepische Verse, weil die epische Dichtung unter eine gewisse Silbenfülle des Verses nicht, oder nur sehr selten, herabsteigt. Die unterste Grenze dieser Kunst finden wir in den fünf Typen, die Sievers herausfand und als ›Grundtypen‹ der Stabreimverse angesehen wissen wollte[1]. Er bezeichnete sie mit den Buchstaben A – E.

A ⊥́ ⏓ | ⊥́ ⏓
B ⏓ ⊥́ | ⏓ ⊥́
C ⏓ ⊥́ | ⊥́ ⏓
D ⊥́ | ⊥́ ⊥̀ ⏓
E ⊥́ ⊥̀ ⏓ | ⊥́

[1] E. Sievers, Altgermanische Metrik, Halle 1893, § 15–17.

Sievers unterscheidet je nach Versfüllung und Stabreimstellung noch verschiedene Varianten der einzelnen Typen, die ihm daher auch umfangreichere Verse bezeichnen können. Heusler verwendet sie in der Hauptsache für schwachgefüllte Verse und entwickelt für die Beschreibung der Verstypen eine eigene komplizierte und unübersichtliche Formelsprache[1], die hier nicht eigens angeführt werden soll, da seine rhythmisch-metrischen Zeichen seine Interpretation der Stabreimverse klarer wiedergeben. Hier nur eine Übertragung Sievers'scher ›Grundtypen‹ in Heuslersche Langtakt-Rhythmenzeichen:

A ⊥́ x̀^ | ⊥́ x̀^	*Hûneo truhtîn*	Hild. 35a
B x| ⊥́ ^x| ⊥́ ^^	*sô liof sô lêd*	Hel. 1332a
C x| ⊥́ ^^| ⊥́ x̀^	*an cneo craftag*	Hel. 982a
D ⊥́ ^^ | ⊥́ x̀x	*sêolîdante*	Hild. 42b
E ⊥́ x̀x | ⊥́ ^^	*upôdes hêm*	Hel. 947a

Die obere Füllungsgrenze zeigen Halbverse wie Hild. 5a und b und 17a (durch ihre gedrängten Innentakte), ferner Hild. 57b, 35b, 40b (durch die langen Auftakte). Die geistliche Dichtung der Niedersachsen geht bisweilen noch über diese Grenze hinaus; für ihren Versstil sind die Schwellverse charakteristisch, eine in dieser Gelehrtendichtung entstandene Spätform des Stabreimverses.

§ 30. Soweit Heuslers rhythmisch-metrische Deutung und Auffassung der Stabreimverse, die hier doch ausführlicher dargestellt werden sollte, denn: Heuslers künstlerisches Verdienst bleibt, Stabreimdichtung mit ihren reichen, spannungsvollen rhythmischen Variationsmöglichkeiten wuchtig und eindringlich zum Klingen gebracht zu haben – sprachnahe, aber ohne die (historische) Frage nach dem Vortrag mit Instrumenten (Harfe, Lyra usw.) einzubeziehen. Dies müssen ihm selbst seine schärfsten Kritiker in der neueren Forschung – trotz aller Einwände gegen seine ›Anachronismen‹ – widerwillig oder bewundernd zugestehen. – Die umstrittenste Frage in diesem Abschnitt der deutschen Verslehre ist heute, ob das Taktprinzip auch auf die Stabreimverse übertragen werden kann, die demnach alle auf ein gemeinsames Grundmaß, den Lang- bzw. Viervierteltakt, zurückzuführen wären. Welch extreme Anforderungen dies an die Sprachbehandlung besonders in sprachlich sehr schwach oder sehr reich gefüllten ›Takten‹

[1] Ausführliche Darstellung: Heusler, Dt. Versgeschichte I, § 220ff.

stellt (Dehnungen, Pausen, Auflösungen, Nebenhebungen auf Senkungen oder bedeutungsschwachen Wörtern), sahen wir an einzelnen Beispielen. Aus diesem Grunde wird heute verschiedentlich gefordert, den Takt, d. h. die regelmäßige Ordnung des Abstandes von Hebung zu Hebung, für den Stabreimvers aufzugeben. Begründen läßt sich das unter anderem damit, daß dieser Vers stärker sprechrhythmisch als orchestisch-rhythmisch bestimmt[1] ist. Über Vortragsweise[2] und Entstehung der Stabreimverse wissen wir jedoch (noch) zu wenig, um sichere Aussagen über Beziehungen zwischen der freier beweglichen und strenger gebundenen rhythmischen Form wagen zu können.

Bei der taktfreien Rhythmisierung der Stabreimverse dienen allein der Satzton (Sprachakzent) und der ihn nachdrücklich unterstreichende und heraushebende Stabreim zur rhythmischen Orientierung. Sie markieren die beiden ›Gipfel‹ (Ikten, Hebungen) des Verses, um die sich unterschiedlich breite ›Senkungsfelder‹ gruppieren. Entgegen Heuslers Prinzip, nach dem alle Stabreimverse (Halbverse!) regelmäßig aus zwei Langtakten mit freiem Auftakt bestehen, faßt man den Stabreimvers als unregelmäßigen Zwei-Ikter (so besonders U. Pretzel)[3]. Damit verzichtet man auf eine streng systematische, eingehende und (im Sinne Heuslers) einheitliche Beschreibung der metrischen Verhältnisse. Die von Heusler entwickelten Gesetze für Stabreimordnung und ihr Verhältnis zum Satzton (s. o. § 20ff.) behalten jedoch in diesem freieren metrischen Rahmen ihre Gültigkeit und bieten eine wertvolle Hilfe, den rhythmischen Verlauf des einzelnen Verses zu erfassen und herauszuarbeiten. Die Gefahr einer zu subjektiven Interpretation liegt dabei vorerst allerdings noch sehr nahe.

§ 31. Die Gruppenbildung des Stabreimverses lernten wir schon bei der Besprechung der Stabformen kennen: Zwei Verse bilden eine Langzeile. Eine höhere metrische Einheit kennt die erhaltene deutsche Stabreimdichtung nicht. Sie ist stichisch. Strophenbildung zeigt vor allem der Norden und teilweise die englische Stabreimdichtung. Daß die Strophe jedoch im südgermanischen Raum von jeher unbekannt war, ist kaum anzunehmen. Ihr Fehlen mag eher auf die lückenhafte Überlieferung zurückzuführen sein.

---

[1] s. a. W. Mohr, Deutsche Versmaße und Strophenformen, RL [2]I, S. 231f. – Ders., Kadenz, a. a. O., S. 804.

[2] Auf »Sprechgesang« schließt auch W. Niemeyer, Germanische Musik, MGG 4, Sp. 1809–1819, bes. Sp. 1814.

[3] Pretzel, Dt. Verskunst, Sp. 2403.

Als ein bewußt zur Gruppenbildung verwendetes Mittel betrachtet W. Krogmann[1] den von ihm so bezeichneten H a k e n r e i m (d. h. die Erscheinung, daß die letzte Hebung einer Langzeile mit den Stäben der folgenden alliteriert).

Schema des Hakenreims:

do l*ettun se ærist* a*sckim* scr*itan*	x a a b
sc*arpen* sc*urim: dat in dem* sc*iltim* st*ont.*	b b b c
do st*optun to* s*amane* st*aim bort* ch*ludun,*	c c' c d
h*euwun* h*armlico* hw*itte* sc*ilti*	d d d e

Hild. 63–66

Diese Art der ›Anreimung‹ zweier Langzeilen findet sich vielfach auch (zufällig?) in der altenglischen Dichtung; Krogmann möchte sie vom *echten* Hakenreim, den er in der von ihm erschlossenen langobardischen, gotischen und in der altnordischen Dichtung als gruppenbildend nachweisen will, unterscheiden. Der Hakenreim kann aber auch nur als (rhetorisches) Schmuckmittel verwendet worden sein. Ihn als bewußtes Gliederungsprinzip, als künstlerische Hochform, die sich aus der zufälligen Bindung durch Weiterführen des Stabreims entwickelt hat, zu bezeichnen und zu interpretieren[2], muß sehr zweifelhaft bleiben.

§ 32. Charakteristisches Unterscheidungsmerkmal für den Stil einzelner oder ganzer Gruppen von Stabreimdichtungen ist das Verhältnis von syntaktischen und metrischen Einheiten (Langzeile). Von den Möglichkeiten heben wir drei heraus.

1. Die syntaktische Einheit schließt mit dem Ende der Langzeile ab:

Sunufatarungo iro saro rihtun, Hild. 4
Phol ende Uodan vuorun zi holza. Merseb. 1

Das ist s t r e n g e r Z e i l e n s t i l. Syntaktische Einheit ist gleich Langzeile, ein Verhältnis, das sich besonders häufig in den kleineren Denkmälern findet.

2. Streckenweise haben diesen Zeilenstil auch die größeren Denkmäler Hildebrandslied und Muspilli. Aber es kommt vor, daß gelegentlich die syntaktische Einheit über das Langzeilenende hinweggeht und in der Mitte der nächsten Langzeile endet:

dat sagêtun mî sêolîdante
westar ubar wentilseo, dat inan wîc furnam: Hild. 42f.

---

[1] W. Krogmann, Das Hildebrandslied, in der langobardischen Urfassung hergestellt, Berlin 1959, S. 19ff., bes. S. 25–27. Vgl. H. de Boor PBB [T] 81 (1959), S. 392–395.

[2] W. Krogmann, S. 26.

Im Hinblick auf das ganze Gedicht ist die Bindung von Langzeile und syntaktischer Einheit damit noch nicht gelöst, sondern nur gelockert. Wir sprechen von freiem Zeilenstil.

3. Am weitesten in dieser Auflockerung geht wieder die altsächsische Bibeldichtung. Hier fällt das Ende des Satzes sehr oft mit dem Schlusse des Anverses zusammen:

... managoro mundboro. Thô hêt ine mahtig Crist
gangan imu tegegnes. He ward garu sâno,
stôp af themu stamne endi strîdiun geng
forð te is frôian. Thiu flôð anthabde ... Hel. 2938–41.

Bisweilen beginnt ein Abschnitt sogar mit dem Abvers. Damit hängen die langen Vorsenkungen (›Auftakte‹) der Abverse zusammen. Diese Stilart bezeichnet man als Bogenstil oder Hakenstil.

D. ZUM STIL DER STABREIMDICHTUNG

§ 33. Alle die besprochenen Eigentümlichkeiten des Stabreimrhythmus geben dem Verse unserer ältesten Dichtung seine »zackige Linie«, um Heusler zu zitieren. Die Verstechnik gleicht nicht aus, sondern sie steigert den Prosafall der Sprache: Lange Vorsenkungen (›Auftakte‹) ergeben wirkungsvolle Ausdrucksgebärden. Die lebendige Spannung im wechselnden Verhältnis der Hebungen zueinander, reich gestufte Senkungsfelder, das Gegen- oder Miteinander von syntaktischer und rhythmischer Zeilengliederung schaffen in ihren verschiedenen Konstellationen einen Reichtum des Ausdrucks und der Bewegung, wie er später in dieser Vielfalt kaum wieder erreicht wird.

Dieser Stil verschwand nicht ganz mit dem Stabreim. Aber was hier angemessene Form aus der starken ›natürlichen‹ Bindung von Vers und Sprache ist, erscheint später in einer ausgeglicheneren Verskunst als etwas Unbändiges, Rahmensprengendes. In der deutschen Versgeschichte folgen den spannungsreichen, rhythmisch vielgestaltigen germanischen Versen in Hebung und Senkung gleichmäßiger alternierende Formen, die stärker auf lateinische und romanische Vorbilder ausgerichtet sind. Doch können sich diese nicht ausschließlich durchsetzen. Neben den orchestisch-rhythmischen treten die freieren sprechrhythmischen Bildungen (für die der Stabreimvers nur ein charakteristisches Beispiel bildet) in den einzelnen Epochen der Verskunst jeweils verschieden stark hervor. Ihr Wechselspiel ist in der deutschen Versgeschichte noch kaum erforscht (W. Mohr, a. a. O., S. 231).

III. KAPITEL

DER DEUTSCHE REIMVERS DES MITTELALTERS

VORBEMERKUNGEN ZUM REIM

§ 34. Reim ist Gleichklang zweier oder mehrerer Wörter von ihrem letzten betonten Vokal an, z. B.

Tanz / Kranz, geben / schweben.

Werden auf diese Weise einsilbige, betonte Wörter gebunden, so sprechen wir von männlichem Reim, folgt der betonten Silbe noch eine unbetonte, die auch am Gleichklang beteiligt ist, von weiblichem Reim[1]. Sprachrhythmisch betrachtet reimt in unseren Beispielen (s. o.) Stammsilbe auf Stammsilbe. Als die deutsche Sprache noch volle Endsilben kannte, waren Reime wie *stigilla / unfirslagana; unnoto / zito* (Otfrid II, 4, Endsilbe auf Endsilbe), *war / hungar* (ebenda, Stammsilbe auf Endsilbe) durchaus gebräuchlich. Die metrisch-rhythmische Betrachtung hat zu fragen, ob Hebungen oder Senkungen am Reime beteiligt sind, und welche Versteile den Reim tragen. Meist markiert der Reim den Abschluß des Verses: wir haben Endreim.

§ 35. Neben der oben definierten ›Normalform‹ des Reimes unterscheiden wir nun weitere Möglichkeiten und Varianten des Gleichklangs, die sich nach Art und Zahl der gebundenen Silben gliedern:

RÜHRENDER REIM: Auch die dem Vokal der reimenden Silbe vorangehende Konsonanz ist am Gleichklang beteiligt.

wer kan frô belîben ?
nieman wan bî wîben.
des wol ir süezen lîben !

Gottfried von Neifen, KLD XIV, 4,2ff.

IDENTISCHER REIM: Die reimenden Wörter sind nicht nur laut- sondern auch bedeutungsgleich. Dasselbe Reimwort wird wiederholt.

Mitten im Schimmer der spiegelnden Wellen
Gleitet wie Schwäne der schwankende Kahn;

[1] Diese Bezeichnungen stammen aus der französischen Verslehre, wo Maskulina wie grand, fils im Versschluß weiblichen Wörtern wie grande, fille gegenüberstehen und letztere dem Vers eine überschießende Silbe geben. In der deutschen Verslehre spielen Silbenzahlen zwar im allgemeinen keine Rolle, aber der Ausdruck hat sich trotzdem eingebürgert.

Ach, auf der Freude sanftschimmernden Wellen
Gleitet die Seele dahin wie der Kahn.

v. Stolberg, Lied auf dem Wasser zu singen

Rührende wie identische Reime finden sich häufig in Zeiten manieristisch übersteigerter Formkunst, oder aber sie bilden eine Art ›Verlegenheitslösung‹ im Kampf der Dichter gegen die Reimarmut der deutschen Sprache. Über die künstlerische Wirkung läßt sich nur im Rahmen der Gesamtinterpretation eines Gedichtes entscheiden.

ERWEITERTE (MEHRSILBIGE) REIME: Dabei werden mehr als zwei Silben und teilweise auch noch die vorletzten Hebungen der Verse in den Reimklang hineingenommen, z. B.

zagelîche / tagelîche; geltaere / skeltaere.

Das Äußerste leisten die den persischen und arabischen Dichtern nachgebildeten Ghaselenreime:

... *nieder im Morgenlicht*
... *Augenlider im Morgenlicht*
... *Duftgefieder im Morgenlicht* usw.

Rückert

Beim REICHEN REIM, einer Sonderform des mehrsilbigen Reimes, bringt das konsonantische Element Unterschiede in den erweiterten Gleichklang.

Swîge ich unde singe niet,
sô sprichet si ze mir: ›dîn singen douch mir baz‹.
spriche ab ich und singe liet,
sô muoz ich dulden beide ir spot und ouch ir haz.

Heinrich von Morungen, MF 128, 5 ff.

SCHÜTTELREIME entstehen, wenn die beim reichen Reim den Gleichklang einleitenden Konsonanten ihre Stelle wechseln.

Man soll ihn nur auf Schächerbänken
Den Gästen in die Becher schenken.

Johannes Trojan

In umfangreicherem Maße wandte A. Kippenberg den Schüttelreim an und ließ ihn auch für ernstere Strophen gelten[1]. Doch gehört er als witzig pointiertes Lautspiel – die Rechtschreibung spielt dabei kaum eine Rolle – eher in den Bereich humoristischer Gebrauchsdichtung als in den Formenschatz der deutschen Verskunst.

---

[1] Herausgegeben unter dem Pseudonym und Titel ›Benno Papentrigks Schüttelreime, wie er sie seiner Freundschaft auf den Ostertisch zu legen pflegte‹, Leipzig o. J. (6.–8. Tausend 1940).

HALBREIME: Zeigen die reimenden Silben keine Übereinstimmung in der dem Vokal folgenden Konsonanz, so sprechen wir von vokalischem Halbreim oder Assonanz: *trank / schafft*. Beim konsonantischen Halbreim oder unreinen Reim stimmen die Vokale nur angenähert überein: *trübt / beliebt*. Je nach Mundartgebiet werden diese Abweichungen verschieden stark empfunden und sind verschieden zu bewerten.

GRAMMATISCHER REIM liegt vor, wenn die Reimwörter verschiedene (Flexions-) Formen eines Wortes oder Ableitungen vom selben Wortstamm sind, in letzterem Fall also die Bedeutung an ihrer Wahl beteiligt ist.

›dû bist sô bescheiden,
diu welt muoȥ ê verscheiden
ê daȥ wir uns scheiden,
trûtgeselle guot.‹

Gottfried von Neifen, KLD XXVII, 4, 3 ff.

Beim GEBROCHENEN REIM fällt die Versgrenze in das Innere eines Wortes; dessen erster Teil ist Träger des Gleichklangs, der zweite bildet den Anfang der folgenden Zeile.

Hans Sachs war ein Schuh-
macher und Poet dazu.

§ 36. Nach der Stellung des Reimes innerhalb des Verses unterscheiden wir neben der am häufigsten vorkommenden Form des Endreims:

BINNENREIM: Zwei oder mehr Wörter in einer Zeile zeichnen sich durch Gleichklang aus; folgen sie einander unmittelbar, so spricht man von Schlagreim.

Ein mære wære guot gelesen
daȥ Triuwe niuwe möhte wesen.

Konrad v. Würzburg, Engelhard 1 ff.

ANFANGSREIM: Die ersten Wörter zweier aufeinanderfolgender Zeilen reimen miteinander.

Krieg! ist das Losungswort.
Sieg! und so klingt es fort.

Goethe, Faust 9837

PAUSENREIM: Die Reimbindung erstreckt sich auf das erste und das letzte Wort einer Strophe, eines Strophenabschnitts oder einer Zeile:

wol vierȥec jâr hab ich gesungen oder mê
von minnen und als iemen sol.

Walther von der Vogelweide 66, 27 f.

Übergehender Reim: Der Gleichklang verbindet das letzte Wort einer Verszeile mit dem ersten Wort der folgenden:

Ich solt aber dur die süezen
grüezen meien walt heid ouwe
Gottfried von Neifen, KLD XXXVII, 1, 1f.

§ 37. Der Endreim spielt bei der Gruppenbildung eine große Rolle. Im Mittelalter z. B. ist die Hauptmasse der epischen Dichtung durch den Paarreim gekennzeichnet, und in der Lyrik entwickeln die Dichter durch verschiedene Reimstellungen eine äußerst vielgestaltige Gliederung der Strophen und Bindung der Verse. In den Strophenschemata bezeichnen wir die Reime jeweils mit den Buchstaben des Alphabets. Die häufigsten Stellungen sind:

aa bb cc dd .... Paarreim
ab ab cd cd .... überschlagener oder Kreuzreim
aab ccb .... Zwischen- oder Schweifreim
abba cddc .... umschließender oder umarmender Reim

Der Gleichklang kann sich jedoch nicht nur einmal – wie in diesen Beispielen – sondern auch öfter wiederholen. Geschieht dies ununterbrochen hintereinander, so haben wir gehäuften Reim. Wo in Reimpaardichtungen dreimal der gleiche Ausklang erscheint, spricht man von Dreireim, einer Sonderform des gehäuften Reimes.
Eine andere Art ist das Vokalspiel: in einem Gedicht enden in der ersten Strophe alle Verse auf *â*, in der zweiten alle auf *ê*, in der dritten alle auf *î* usw. (vgl. Walther v. d. Vogelweide 75, 25ff.).
Die in lyrischen Reimgedichten vorkommenden reimlosen Zeilen heißen Waisen. Reimen die Waisen der Strophen eines Gedichtes untereinander und haben so an der Gruppenbildung des ganzen teil, so nennt man sie Körner.

§ 38. Beim Kehrreim oder Refrain in strophischer Dichtung – besonders häufig in Tanzlied, Volkslied, Ballade – handelt es sich um die genau entsprechende oder leicht variierende Wiederholung einer Verszeile oder -gruppe. In der Bezeichnung ›Kehrreim‹ steckt noch die alte Bedeutung des Wortes, mhd. *rîm* = Zeile.

§ 39. Mit dem Namen Otfrids von Weißenburg verbindet sich der einschneidendste Form- und Stilwandel in der frühen deutschen Versgeschichte. Bei ihm setzt eine neue Formtradition ein, die in späteren Epochen zwar zeitweise zurückgedrängt, überdeckt wurde, die aber bis heute niemals ganz abgerissen ist. Die Überlieferung läßt Otfrid als den Erfinder und Begründer des deutschen Reimverses erscheinen; ob er in der volkssprachlichen Reimdichtung Vorgänger und Wegbereiter hatte, können wir heute mit Sicherheit nicht mehr entscheiden. Alles, was außer seinem Evangelienbuch an kleineren althochdeutschen Reimgedichten überliefert ist (Petruslied, Georgslied, Ludwigslied, Christus und die Samariterin, Psalm 138 u. a.), steht formal in seiner Nachfolge.

Die Frage nach den rhythmischen Vorbildern, und darin impliziert die Frage: wie hat Otfrid selbst seine Verse aufgefaßt und vorgetragen, fand in der Forschung (bisher) recht verschiedene und widersprüchliche Antworten. Da mit der Entscheidung für die Verbindlichkeit des einen oder anderen Vorbildes gleichzeitig auch die verschiedenen metrischen Deutungen festgelegt sind, sollen hier kurz die profiliertesten der neueren Thesen dargestellt werden.

§ 40. Heusler und seiner Schule gilt die ambrosianische Hymnenstrophe als metrisches Vorbild der Otfridstrophe. Nach Mustern wie

Vexílla régis pródeúnt, fulgét crucís mystériúm
quo cárne cárnis cónditór suspénsus ést patíbuló.

und

Venít deús factús homó: exúltet ómnis nátió;
caelúm dedít sidús novúm: appáret áuctor ómniúm.

seien solche Verse entstanden:

So er thó gisáh thia ménigí al quéman ímo ingéginí,
mit óugon blíden ér sie ịntfíang joh úfan èinan bérg gíang.

Otfr. II, 15, 13f.

Gíang er báldo thó fon ín zi thémo hérizógen ín,
bát man gábi ímo then mán thóh tho só bilíbanán.

Otfr. IV, 35, 5f.

(Akzentsetzung ohne Berücksichtigung der Abstufung der Hebungen).

Als Vergleichsmomente gelten dabei: der Aufbau der Strophe aus zweimal zwei Kurzversen, die Reimpaarbindung (in der lateinischen Hymnendichtung nicht durchweg vorhanden) und die Vierhebigkeit der Kurzverse (die des lateinischen Vorbildes bestehen jedoch aus vier Füßen, Jamben oder Trochäen; meist jambische Dimeter, die metrisch quantitierend gebaut sind; rhythmisch-akzentuierend gebaute Hymnenverse entstehen erst sehr viel später). Deutet man mit Heusler diese Vierheber als Viertakter, so lassen sich lateinische und deutsche Verse demselben metrischen Rahmen einfügen. Grundmaß ist hier, anders als im Stabreimvers, der Kurztakt (Zweivierteltakt), da die sprachgemäße Rhythmisierung der altdeutschen Reimzeilen darauf drängt (Heusler, Dt. Versgesch. II, § 478).

$\frac{2}{4}$ . . | x́ x | x́ x | x̀ x | x̀

Vexílla régis pródeúnt
er quám uns súlih héra héim
er óstarríchi ríhtit ál   usw.

Nicht immer ist, wie in diesen Beispielen, der Wechsel von Hebung und Senkung so regelmäßig. Viele Otfridverse zeigen Freiheiten in der Füllung des metrischen Rahmens, die an den germanischen Vers erinnern; und so bildet für Heusler germanisches Formgefühl, wie es sich im Stabreimvers ausprägt, die andere Wurzel des althochdeutschen Reimverses.

§ 41. Paul Hörmann[1] setzt dagegen eine andere These: nicht der lateinische Hymnenvers, sondern Hexameter waren das Vorbild für Otfrids epischen Vers. Die Langzeile hat daher statt zweimal vier nur zweimal drei Hebungen. Unbetonte Endungen (Heuslers klingende Kadenzen) gelten nach seiner Deutung nicht als Hebung, und endbetonte Verse sind mit Senkungen überfüllt; dem Reim und seiner Gliederungsfunktion wird infolgedessen keine große Bedeutung beigemessen. Theoretisch stützt sich Hörmann dabei vor allem auf das erste Kapitel des ersten Buches (*Cur scriptor hunc librum theodisce dictaverit*) und den Brief an Liutbert, deren metrische Terminologie er ausführlich unter Heranziehung der zeitgenössischen lateinischen Literatur vergleicht und interpretiert. Trotz wertvoller Anregungen, die sich daraus ergeben, läßt sich damit nicht schlüssig beweisen, daß Otfrid nach Art der antiken Metrik ›mißt‹, noch aus *theso sehs ziti* (I, 1,49) ableiten, daß er Hexameter nachbildet.

---

[1] Paul Hörmann, Untersuchungen zur Verslehre Otfrids, Literaturwissenschaftliches Jahrbuch der Görresgesellschaft IX (1939), S. 30ff. – Eine kritische Auseinandersetzung mit Hörmanns und Maurers Thesen gibt F. Neumann, Otfrids Auffassung vom Versbau, PBB 79 (Sonderband), Halle 1957, S. 249–306.

Zwischen Heusler und Hörmann etwa steht Friedrich Maurer[1], der mit Heusler die Langzeile als 8-hebig auffaßt, aber gegen Heuslers »4-hebige Reimpaare« die 8-hebige Langzeile mit Binnenreim als charakteristisches Aufbauelement althochdeutscher Reimdichtung hervorhebt. In der Frage nach dem lateinischen Vorbild stellt sich Maurer näher zu Hörmann, indem er den Otfridvers zu den leoninischen, d. h. binnengereimten Hexametern in Beziehung setzt: »beides binnengereimte Langzeilen, die im deutschen Mund rhythmisiert als Achtheber klingen«. Dafür wird u. a. folgendes Beispiel angeführt:

hóc ego cómpléctór / et in ómni témpore séctór
sémper inhéré(ré) / statuit tibi méns mea véré.

Akzentuierung und vergleichende Gegenüberstellung althochdeutscher Reimverse sind in dieser Form jedoch wenig überzeugend. Auch die Annahme, die zweizeilige Otfridstrophe lasse sich, – wo nicht an »heimische Tradition«, – »immer noch eher an das zweizeilige Distichon der Epik als an die vierzeilige Hymnenstrophe« anschließen (a. a. O. S. 35), bleibt hypothetisch.

§ 42. Diese Möglichkeit zieht auch Ewald Jammers[2] grundsätzlich in Erwägung, der von der Musikwissenschaft her besonders die Thesen Hörmanns diskutiert und modifiziert. Die Ableitung der Otfridstrophe von der lateinischen Hymne bestreitet Jammers; dagegen »spricht der formale und liturgische Unterschied beider Gesangsarten«. Die Hymne hat eine Melodie, Otfrids Verse hingegen sind als Lectio in einem Rezitationston vorgetragen zu denken. Letzteren rekonstruiert Jammers aus den Neumen der Heidelberger Otfridhandschrift (P) und bringt ihn in Verbindung mit einem später überlieferten Mainzer Rezitationston, dem Accentus Moguntinus (der jede sprachlich akzentuierte Silbe durch einen höheren Ton kennzeichnet). Das literarische Vorbild Otfrids sieht auch Jammers in der lateinischen Bibelepik in Hexametern (Juvencus, Arator, Prudentius, die Otfrid selbst nennt, jedoch nicht ausdrücklich als seine Vorbilder!); erklärt aber das Prinzip der

---

[1] F. Maurer, Über Langzeilen und Langzeilenstrophen in der ältesten deutschen Dichtung, Festschrift für Ernst Ochs (1951), S. 31–52, bes. S. 33 ff. – Ders., Langzeilenstrophen und fortlaufende Reimpaare, DU 1959, H. 2, S. 5–24, bes. S. 7 f.

[2] E. Jammers, Das mittelalterliche deutsche Epos und die Musik, Heidelberger Jahrbücher 1 (1957), S. 31–92, bes. S. 31–68. – Rez.: Bertau und Stephan, ZfdA 89 (1959), S. 57–73. – Ders., Der musikalische Vortrag des altdeutschen Epos, DU 1959, H. 2, S. 98–116, bes. S. 106 ff.

Alternation von Hebung und Senkung und die Form der Langzeile weiterhin aus der Einwirkung lateinischer Ritmi bzw. des altgermanischen Verses. Seiner Herkunft nach ist also der Otfridvers für Jammers ein höchst komplexes Gebilde: »Er stellt eine Verbindung des kirchlichen Rezitativs mit antiken Reminiszenzen, aber vor allem mit Elementen völkischer oder wenigstens im fränkischen Gebiete heimischer Art dar. Dazu gehört also die Versgestalt: germanisch ist die Rolle der Hebung; der Wechsel von Hebung und Senkung wenigstens im Schema geht auf die Ritmi zurück, doch germanisch sind wieder die Freiheiten bei den Senkungen[1].«
Metrisch faßt Jammers – und darin geht er enger mit Heusler und vor allem Maurer zusammen – den Otfridvers als eine Langzeile mit 8 Hebungen, die jedoch nicht immer deutlich ausgeprägt sind (die 4. Hebung der Halbverse ist dabei oft nur eine aus Gründen des Schemas betonte Senkung).

§ 43. Rhythmisches Grundprinzip der althochdeutschen Reimverse ist der geregelte Wechsel zwischen Hebung und Senkung. Hierin liegt ein wesentliches Unterscheidungsmerkmal zum altgermanischen Vers, und so läßt sich hier der ›Takt‹, d. h. die gleichmäßige Regelung des Abstands von Hebung zu Hebung, als rhythmisches Ordnungsprinzip mit einer gewissen Berechtigung einführen. Auch für den althochdeutschen Reimvers gilt, daß metrische Hebung und Wortakzent allgemein übereinstimmen. Vor groben Verstößen gegen die ›natürliche‹ Betonung muß man sich daher beim Lesen der althochdeutschen Reimverse hüten. – Vom Sprachlich-Metrischen her betrachtet ist der Vierheber – oder wie wir auf Grund des ausgeprägt orchestischen Rhythmus dieser Verse mit Heusler auch sagen können – der Viertakter metrisches Aufbauelement der althochdeutschen Reimdichtung. Auch in der neueren Forschung gilt dies ziemlich unbestritten (Pretzel, Maurer, Mohr). Wir sind uns jedoch bewußt, daß wir – wenn wir im Folgenden Heuslers Schemata verwenden – den althochdeutschen Reimvers rhythmisch eindeutiger festlegen, als das vielleicht historisch und musikalisch vertretbar erscheint. Gerade für einen wesentlichen Punkt, die rhythmische Gestaltung der Halbversschlüsse (Haupt- und Nebenhebungen der Heuslerschen »Kadenz«) vermag auch der von Jammers aus den Neumen rekonstruierte Rezitationston keine eindeutige Lösung zu geben: der 2., 3. und 4. Halbvers der Otfridstrophe schließt mit einem Melisma, ist also »der exakten Berechnung entzogen«[2].

---

[1] E. Jammers, Der musikalische Vortrag des altdt. Epos, S. 110.
[2] E. Jammers, a. a. O., S. 109.

§ 44. Das metrische Schema der 4-hebigen Halbverse, die vier bis zehn Silben enthalten, ist nach Heusler

... | x́ x | x́ x | x́ x | x́

Je zwei von ihnen bilden – als An- und Abvers, durch Reim gebunden – eine Langzeile.
An Otfrids Evangelienbuch läßt sich beobachten, wie in späteren Teilen des Werkes, der Wechsel von betonter und unbetonter Silbe immer regelmäßiger wird, in frühen Teilen herrscht dagegen die – von Heusler wohl mit Recht so bezeichnete – »germanische Füllungsfreiheit«.

§ 45. Im Versinnern finden sich daher ein- bis viersilbig gefüllte Takte (einsilbig: durch Dehnung; dreisilbig: durch Spaltung der Hebung oder der Senkung; viersilbig: durch Spaltung von Hebung *und* Senkung). Viersilbig ist im allgemeinen nur der erste Takt, der zweite und dritte nimmt eine bis drei Silben auf.

§ 46. Der Auftakt ist frei. Er kann stehen und kann fehlen. Auch seine Silbenzahl ist frei, doch geht Otfrid selten über zwei Silben hinaus.
Kadenz: Der vierte Takt der Otfridverse ist stets einsilbig und muß – bei ›Viertaktermessung‹ – sprachlich gefüllt sein. Der dritte Takt kann aus einer Silbe bestehen.

Lúdowig ther snéllò

Heusler rechnet beim althochdeutschen Reimvers mit drei Kadenzformen:

dem einsilbig vollen,
dem zweisilbig klingenden,
dem dreisilbig klingenden Schluß.

Der stumpfe Schluß fehlt, weil die vierte Hebung nicht pausiert sein darf, ebenso der zweisilbig volle Schluß, da die letzte Hebung stets einsilbig ist.
Voller Schluß liegt vor, wenn die vierte Hebung auf einer Haupttonsilbe ruht:

Únsar tróhtîn hât farsált Petruslied 1

Klingenden Schluß haben wir, wenn die vierte Hebung auf einer Nebenton- oder unbetonten Silbe ruht. Er ist zweisilbig, wenn der 3. Takt einsilbig ist:

Lésên wir thaz fúorì ther héilant fártmúodì Samariterin 1

dreisilbig klingend, wenn der 3. Takt zweisilbig ist:

so ìst der sélbo édilìnc Otfr. 1. Vorr. 18

Die drei Schlüsse paart man nicht nur je mit sich, sondern auch durcheinander.

§ 47. Beispiele für Versfüllungstypen des althochdeutschen Reimverses:

1. Volle Kadenz, 1. Takt dreisilbig

. . | ⏑́ ⏑ x | –́ | x̀x | x́

wanta ér iz fon hérzèn gibár — Otfr. II, 1, 10b

2. Volle Kadenz, 1. Takt. dreisilbig, 3. Takt einsilbig

. | ⏑́ ⏑ x | x́x | –́ | x́

ih ságên thir, wér thaz líoht ist — Otfr. II, 2, 15a

3. Zweisilbig klingende Kadenz, 1. Takt viersilbig

. | ⏑́ ⏑ ⏑ ⏑ | x́x | –́ | x̀

thaz hímil theru wórolti óugìt — Otfr. II, 3, 20b

(Elision des *-i* von *worolti*, um Hiat zu vermeiden).

4. Zweisilbig klingende Kadenz, 1. Takt dreisilbig

. | ⏑́ ⏑ x | x́x | –́ | x̀

ih ságên thir tház in wárà — Otfr. I, 17, 67a

5. Dreisilbig klingende Kadenz, 1. Takt dreisilbig

| ⏑́ ⏑ x | x́x | x́x | x̀

von hímile sie ouh nérità — Otfr. II, 4, 31b

Die Versschlüsse –́⏓⏓ werden ein paarmal als x́ x x̀ gemessen: *-smâhêtìn*, *-fórdorôn*. Diese dreisilbig (klingende) Kadenz, die im Mhd. häufiger wird, hat Otfrid vereinzelt.

§ 48. Nach dem lateinischen Vorbilde bemühte sich Otfrid, bei Zusammenstoß von Vokalen den Hiatus durch Auslassungen zu vermeiden. In den Handschriften (und Textausgaben) sind öfters solche Vokale punktiert.

z. B. *thoh Médį iz sín ioh Pérsì* — I, 1, 86

sie lértun sie įz mit swértòn — I, 1, 83

Unterdrückt werden so auslautende unbetonte Vokale (Elision) und anlautende unbetonte Vokale (Synalöphe). Außer den auslautenden Vokalen unbetonter Endsilben und unbetonten anlautenden Vokalen fallen auch die Vokale unbetonter Einsilber (*bi*, *zi*, *ni*, *the*, *thi*, sogar die langen *mî*, *thî*, *sô*, *dâ*, *dô*, doch liegen hier wahrscheinlich Kurzformen der betreffenden Wörter zugrunde). Durch diese Auslassungen werden gleichzeitig lange Senkungen reduziert.

§ 49. Gruppenbildung. Wie aus der Einteilung der Handschriften, den Akrosticha und Telesticha[1] der Widmungen, der syntaktischen Gliederung und der Neumierung hervorgeht, bilden bei Otfrid jeweils zwei Langzeilen eine Strophe. Nach Heusler läßt sie sich mit folgender Formel wiedergeben:

(A) 4 v(k) a :| (A) 4 v(k) b :| (:| = Wiederholungszeichen)

Nist sisó gisúngàn, mit régulú bithuúngàn,
si hábet thóh thia ríhtì in scónèru slíhtì. Otfr. I, 1, 35 f.

Langzeilenpaare mit abschließenden *Kyrie*-Kehrreimen weist das Petruslied auf, bei dem jedoch andere musikalische und liturgische Voraussetzungen gegeben sind als bei Otfrid[2].

Daneben finden sich in den kleineren althochdeutschen Reimgedichten (z. B. im Ludwigslied, Christus und die Samariterin, Psalm 138) und gelegentlich auch bei Otfrid zwischen den Langzeilenpaaren Dreizeilergruppen, die zur Bezeichnung von Absätzen und zur Hervorhebung einer Partie dienen[3]. – Das ahd. Georgslied, bei dem der Umfang der Strophen zwischen 3, 4, 5 und 6 Langzeilen wechselt (Kehrreime zwischen einer und drei Zeilen), kann vielleicht als Beispiel einer freieren Gruppenbildung in dieser Zeit gelten; die schlechte Überlieferung dieses Liedes läßt jedoch wenig mehr als Vermutungen zu.

B. DER FRÜHMITTELHOCHDEUTSCHE VERS

§ 50. Kaum eine andere Periode der deutschen Dichtung birgt für die Verslehre noch so viele ungelöste Probleme wie die frühmittelhochdeutsche Zeit, das Jahrhundert zwischen Ezzos Lied und Heinrich von Veldeke. Ungeklärt ist vor allem die Frage, wo diese Verskunst historisch herzuleiten und anzuschließen ist. Heusler beantwortet sie in grandioser Vereinfachung: »Im mhd. Reimverse lebt der uns bekannte ahd fort – aber auch ein anderer Vorfahr, der Stabreimvers, vermittelt durch die weltliche Reimdichtung des 10. 11. Jahrhunderts« (Dt. Versgeschichte II, § 524). Aber das bleibt eine Rechnung mit mehreren Unbekannten. – Bei dem Versuch, die frühmittelhochdeutschen Gedichte mit lateinischen Vorbildern in Verbindung zu

[1] Die ersten Buchstaben (Akrostichon) bzw. die letzten Buchstaben (Telestichon) der Zeilen – oder wie hier – Strophen eines Gedichtes bilden ein Wort (oft einen Namen) oder einen Satz.

[2] s. a. Jammers, Das mittelalterliche deutsche Epos, S. 82ff.

[3] Thomas, Strophenbau, Sp. 2447.

bringen oder musikalische Formen zu finden, denen sich die sangbaren Gedichte zuordnen lassen, ergeben sich ähnliche Schwierigkeiten. Einzeluntersuchungen auf breitester Basis können hier in Zukunft vielleicht weiterhelfen.

Gleich schwierig ist die Frage nach der Rhythmisierung der einzelnen Verse. Schwankte bei Otfrid die Silbenzahl der Halbverse zwischen 4 und 10, so treffen wir in den frühmittelhochdeutschen Gedichten auf Verse zwischen 3 und 18 Silben. »Mehrdeutigkeit« und »Vielgestaltigkeit« sind daher die Leitworte, die Heusler seiner Rhythmisierung dieser Verse voranstellt, für die er jedoch grundsätzlich am Viertakter-Rahmen (ähnlich wie beim Otfridvers) festhält. Unter den gleichen Aspekten sind auch die folgenden Rhythmisierungsversuche zu betrachten. Sie müssen uns als ›Notbehelf‹ dienen, solange keine überzeugendere und historisch exaktere Lösung gegeben werden kann.

§ 51. Dem Viertakter-Schema

... | x́ x | x́ x | x́ x | x́ x

fügt sich eine große Anzahl frühmittelhochdeutscher Verse bei sprachgemäßer Rhythmisierung nach Hebung und Senkung mehr oder weniger zwanglos. Vergleichen wir aber irgend eines dieser Gedichte in seinem ganzen Umfang mit den strenger alternierenden althochdeutschen Reimgedichten, so stellen wir ein völlig gewandeltes Verhältnis von Metrum und Sprache fest; keine Bindung mehr an ein unüberhörbar sich einprägendes metrisches Schema wie bei Otfrid, sondern freies Umspielen einer rhythmisch nur angedeuteten Linie. Hier als Beispiel einen längeren Abschnitt aus der frühmittelhochdeutschen (älteren) ›Judith‹:

Dồ irbármồtiz dóch
dèn alwáltìntin gót:
dô sánter ein éingil voni hímilì
der kúntiz deri vróuwin hî nídinì:
›nu stant û́f, dû gû́ti Jû́dithì,
dû zi góti wóli dígitì,
unde géinc dir zi démo gizéltì
dâ daz swért sî̀ gibórgìn.
du heiz dîn wî́b Ấvìn
vùr daz bétti gấhìn,
òb er û́f wéllì,
daz sû in éddewàz âvéllì.

dú zûhiz wiglîchi
ùnde slâ báltlîchi,
dû́ slâ Hóloférnì
daz hóubit vón dem bû́chì,
dû̀ lâ lígin den sátin bû́ch,
daz hóubit stốz in dî́nin slûch
undi genc wídir zì der búrgì:
dir gibû́tit gót von hímilì
daz dû irlôsis dî́ israhếlischin ménigì.‹

Vers 199–219

Auf den Viertakter als ›Vergleichsgröße‹ bezogen, ergibt sich daher eine viel breitere Vielfalt von Füllungsmöglichkeiten als in der althochdeutschen Dichtung.

§ 52. In der Gestaltung des Versschlusses, der Kadenz, wird stärker variiert als bei Otfrid. In sprachlich schwachgefüllten, silbenarmen Versen rechnet man nach Heusler mit Pausierung des vierten Taktes (= stumpfe Kadenz)[1], bei silbenreichen auch mit zweisilbiger Füllung des vierten Taktes (männlich volle und weiblich volle Kadenz). Für den frühmhd. Vers ergeben sich daher folgende Kadenztypen (Näheres zur Erklärung und Bezeichnung der einzelnen Typen s. a. § 68):

1. voll:	einsilbig (männlich):	*schî́re quám der hélit júnc*
		| x́x | x́x | x́ x | x́ ^
	zweisilbig: a) mit Kürze in der vierten Hebung	
	(männlich voll):	*swáz mir hû́te wírt geságit*
		| x́x | x́x | x́x | ⏑́ ⏑ ^
	b) mit Länge in der vierten Hebung	
	(weiblich voll):	*sô schốne, dén ich dấ vor nếme*
		. | x́x | x́x | x́x | x́x
2. stumpf:	einsilbig:	*ế daz dố gescháh*
		| x́x | x́x | –́ | ^
	zweisilbig:	*ein zéichen sóltu háben*
		. | x́x | x̀x | x́x | ^

[1] Als besondere Kadenzform ist sie nur zu werten, wenn man vom Viertakter als Grundmaß ausgeht; betrachtet man *nur* den letzten sprachlich gefüllten Takt, so sind stumpfe und männlich volle Kadenz rhythmisch gleichwertig.

3. klingend: zweisilbig: *die drô sòlher wártè*

. | ⊥ | x̀x | ⊥ | x̀^

dreisilbig: a) mit Kürze in der dritten Hebung

dánnoch sîven kóningè

| x́x | x́x | x́x | x̀^

b) mit Länge in der dritten Hebung

éiner fúr den ánderèn

| x́x | x́x | x́x | x̀^

Von gelegentlich vorkommenden schweren Schlußtakten seien noch folgende erwähnt:

/◡́◡◡/ im Schlußtakt: *réines sîbeniu, únreines sîbeniu*

| x́x | ◡́◡x | x́◡◡ | ◡́◡x

/⊥◡◡/ im Schlußtakt: *unser múoder Sára du ôtmùodige*

.. | x́x | ◡́◡x | ⊥ | x̀◡◡

§ 53. Das Versinnere zeichnet sich aus durch seine große Freiheit in der Taktfüllung. Einerseits haben wir Takte von großem Silbenreichtum. Dreisilbige Takte sind keine Seltenheit:

duo spràch sancte Péter der háilige mán. Kaiserchronik 3227

Ein Takt kann bis zu 7 Silben aufnehmen:

unde durch wíllen des wázzeres, daz von sîner sîten flôz

Vorauer Sündenklage 230

Selbst der dritte Takt kann die beiden anderen an Schwere übertreffen:

Ádam in / slíf, sîn / síti wart in / gúnnin Summa Theologiae 155

Drohen die silbenreichen Verse den Viertakter-Rahmen zu sprengen, so lassen ihn die silbenarmen als metrische Grundlage erst recht fragwürdig erscheinen. Um das Schema auszufüllen, müßten kurze Verse oft durch Pausierung von Innenhebungen und -takten auf die erforderliche Länge gedehnt werden. Ein besonders krasses Beispiel für viele:

ub gót wíl x | ⊥ | ^^ | ⊥ | ^^ Wiener Genesis 3317

(ein stumpfer Viertakter mit Auftakt und pausierter 2. Hebung!).
Der Auftakt ist an der Freiheit der Versfüllung gleich stark beteiligt. Wir finden auftaktlose Verse ebenso wie solche mit Auftakten von beträchtlicher Länge. Dreisilbige Auftakte sind keine Seltenheit. Vereinzelt kommen solche von 5–6 Silben vor.

§ 54. Diese große Füllungsfreiheit kommt der Sprachbehandlung insofern zugute, als die Silbenwägung der natürlichen Sprache durch den Vers nicht verletzt wird. Tonbeugungen schwerer Art haben wir nicht zu verzeichnen. Dies erinnert an die Verhältnisse beim Stabreimvers. Doch nimmt man es wiederum auch nicht allzu genau mit der Verteilung der Starktonsilben. Es handelt sich ja doch um Stilisierung der Sprache. Wie in der geistlichen Stabreimdichtung finden wir jetzt Haupttonsilben in der Senkung des drei- und mehrsilbigen Taktes:

des gehúget wól, die wîl ir hábet iuwer chráft Wahrheit 68.

Besonders im Auftakt kommen sie öfters vor:

den engel Gábriel mit niuwer bóteschafte er zû dir sánte
Marienlied aus St. Lamprecht 30

got selbi lếrti unsich chû́schi undi dî́mû̀t Summa Theologiae 255.

Das Messen der Silben hat beim frühmdh. Vers ziemlich aufgehört. So werden Bruchteile der Mora (⏑, ⏑) jetzt auch mit sprachlichen Längen gefüllt. Wörter, die in dem einen Verse gut drei Takte füllen können, werden im anderen in einem untergebracht. Otfrid vermied nach Möglichkeit die dreisilbig klingende Kadenz | x́x | x̀ mit sprachlichem –́ ⏓ ⏓ auszufüllen. Diese Art ist in frühmhd. Versen ganz gewöhnlich geworden. Neben der Füllung mit ⏑́ ⏓ ⏓̀ *kóningè*, *pîledè* usw. steht häufig die mit –́ ⏓ ⏓̀ *ánderèn*, *héiligèn*, *gnǽdigèn* usw.

§ 55. Entsprechend der größeren Zahl von Kadenzen haben wir beim frühmittelhochdeutschen Reimverse mehr Reimmöglichkeiten als bei Otfrid. Der Stammsilbenreim gewinnt mehr Raum[1].

wâr / jâr; chungin / sprungin; duzzin / vluzzin;
irgangin / intfangin.

Bei klingender Kadenz ist jedoch der Endsilbenreim nicht ausgeschlossen, z. B. *trúchèn / enmíttèn.*
So kann auch Endsilbe mit Stammsilbe reimen: *gêt / schînet.* Auf diese Weise ergeben sich rhythmisch unebene Reime aller Art. Daß stumpfe Verse mit vollen gebunden sind, ist keine Seltenheit:

ûnz an sînen tốt ^
dem húlfe gót vòn der nôt Vom Rechte 28 f.

[1] Zum Reim vgl. a. U. Pretzel, Frühgeschichte des deutschen Reims I, 1941.

Neben Vollreimen kommen Halbreime (s. § 35) verschiedenster Art vor:

man / gedân; was / saz; diuniti / gliumiti;
anesehin / plegin; crefte / liuften.

§ 56. Differenzierungsmöglichkeiten und Grenzen der Leistungsfähigkeit des Viertakter-Schemas in der Anwendung auf den frühmittelhochdeutschen Vers sind aus den Beispielen deutlich geworden. Jeder Versuch, einen längeren, zusammenhängenden Abschnitt eines dieser Gedichte nach diesem Prinzip zu rhythmisieren, zeigt das aufs neue, zwingt aber auch zu der Frage, ob für die stark sprechrhythmisch geprägten frühmittelhochdeutschen Verse nicht das Prinzip des Taktes durch das der Hebigkeit ersetzt werden sollte. Als Rahmen könnte dann der freie Vierheber mit unterschiedlich umfangreichen Eingangs- und Binnensenkungen gelten (wobei gelegentlich auch mit Drei- und Fünfhebern zu rechnen wäre). Damit verzichten wir zwar weithin auf Einheitlichkeit (die historisch ohnehin fragwürdig erscheint) und differenzierte Beschreibung, gewinnen dafür aber eine freiere Beweglichkeit und mehr ›Sprachgemäßheit‹ für die rhythmische Deutung der Verse. Solange jedoch eingehende Untersuchungen zu Stil und Sprache der einzelnen Werke noch fehlen und die Bezüge zur lateinischen Dichtung und zu musikalischen Formen nicht geklärt sind, läßt sich keine Entscheidung in diesen Fragen treffen.

§ 57. Gruppenbildung. Die meisten der frühmittelhochdeutschen Gedichte weisen im wesentlichen die uns aus althochdeutscher Zeit bekannten Formen auf: Langzeilen, daneben aber auch Reimpaare, die zu Gruppen von unterschiedlichem Umfang zusammengefaßt sind. Ein sangbares Gedicht, das Melker Marienlied, hat Strophen von drei Reimpaaren mit dem Kehrvers *sancta Maria*. Das Memento mori und die Summa theologiae sind in sich ungleichstrophig (4 bzw. 5 oder 6 Langzeilen), ebenso Ezzos Lied, von dem berichtet wird, daß es gesungen wurde. – Vielfach sind jedoch die ›Strophen‹ nur Abschnitte von wechselnder Länge, die in der Gruppierung inhaltlich bestimmt sein können. Eine Analogie zur Technik der afrz. Laissenstrophen[1] wäre deshalb wohl noch eher zu erwägen als die Verbindung mit der (von H. Thomas postulierten) »weltlichen Sequenz«[2]. – Das Marien-

[1] Strophenform der afrz. Chansons de geste (Heldenepen), von wechselndem Umfang (3–20, in späteren Dichtungen bis zu 100 und mehr Versen), in der Frühzeit durch Assonanz, später durch reinen Reim gebunden.
[2] H. Thomas, Der altdeutsche Strophenbau und die unliturgische Sequenz, in: Festgruß für H. Pyritz (Sonderheft des Euphorion 1955), S. 14–20.

lied von Muri (Ende des 12. Jhdts.) gibt eine Kontrafaktur der Sequenz Ave praeclara maris stella. –

Die beiden durch den Reim zusammengehaltenen Verse bilden entweder auch eine syntaktische Einheit, oder diese ist dadurch gelockert, daß am Ende des ersten Verses ein Einschnitt, Satzende, ist und der neue Satz über den zweiten Vers hinausgeht: Reimbrechung[1] oder Reimpaarsprung, z. B.:

In deme venstere die junge kuninginne stûnt.
schîre quam der helit junc
over hof gegangin.
dâ wart er wole infangen
mit zwên rîtârin êrlîch.
dar ginc . . . . Rother 2177ff.

Diese Erscheinung findet sich seit der Mitte des 12. Jahrhunderts immer häufiger. Sie ist ein Indiz dafür, daß in der epischen Dichtung neben der Langzeile das Reimpaar allmählich dominierend wird.

Das Ende von Sinnesabschnitten wird in manchen Denkmälern ausgezeichnet. Entweder erscheint Dreireim (s. § 37) an solchen Stellen, oder der Schlußvers ist durch vollere Takte ausgezeichnet, z. B.

daz er dîn bode wille sîn,
der werbet dir aller truwelichis umbe daz megetîn. Rother 99

Bisweilen kann man solche langen Schlußverse (Schwellverse) auch als Doppelverse – mit acht Hebungen – ansehen.

C. VERS- UND STROPHENFORMEN DER MITTELHOCHDEUTSCHEN DICHTUNG

1. Epische Dichtung

§ 58. Gewandelte Formprinzipien und neue Vorbilder bestimmen die Verskunst der mittelhochdeutschen Blütezeit. Im Unterschied zur voraufgehenden Epoche, der frühmittelhochdeutschen Zeit, wird hier – in der Gesamtentwicklung wie an einzelnen Formen – das Einwirken fremder, jetzt vor allem romanischer Vorbilder deutlicher greifbar. Unter dem Einfluß der gereimten Achtsilber der altfranzösischen höfischen Epik gewinnt der freie deutsche Vierheber eine neue Regelmäßigkeit der Versform. Beispielhaft, wenn auch nicht den Neueinsatz bezeichnend, stehen für diese Entwicklung die beiden Namen: Chrétien de Troyes und Hartmann von Aue. Wirkung

[1] s. a. H. de Boor, Über Brechung im Frühmittelhochdeutschen, in: Germanica, Festschr. f. E. Sievers, 1925, S. 478–503.

des Vorbildes und eigenständige Entwicklungstendenzen greifen dabei freilich so eng ineinander, daß sie sich bis ins einzelne genau nicht gegeneinander abgrenzen und festlegen lassen. Völlig regelmäßiger Wechsel von Hebung und einsilbiger Senkung, strenge Alternation, findet sich im epischen Reimpaar jedoch erst in nachklassischer Zeit, etwa bei Konrad von Würzburg (1220/30–1287) annähernd verwirklicht. Die großen Epen der Blütezeit zeigen hingegen, welche reichen Variationsmöglichkeiten selbst in dieser – im Vergleich zum frühmittelhochdeutschen Vers – verbindlichen und glatten Form liegen.

§ 59. Neben das Prinzip der Alternation, das sich in der klassischen Zeit unterschiedlich stark durchsetzt (bei Gottfried von Straßburg z. B. konsequenter als bei Wolfram von Eschenbach und Hartmann von Aue), tritt als andere formale Neuerung, die wiederum gegenüber der frühmittelhochdeutschen Zeit eine Einschränkung bedeutet, die Forderung des reinen Reims. Halbreime, die in der frühmittelhochdeutschen und auch in der vorklassischen Dichtung noch sehr verbreitet waren, verschwinden allmählich. Diese Entwicklung ist sowohl literaturgeschichtlich wie sprachgeschichtlich bedeutsam, denn die Verteilung von reinen und Halbreimen in den Werken besonders zu Anfang der klassischen Epoche ist einer der Anhaltspunkte für die Datierung (neben der Einschränkung frühmittelhochdeutscher Füllungsfreiheiten auf einen strenger geregelten Wechsel von Hebung und Senkung hin). Ferner können wir aus der Reimbindung zweier Wörter auf deren Aussprache, besonders auf die phonetische Quantität und Qualität der einzelnen Vokale schließen. Zur Erforschung der Lautgeschichte bieten die Reimgrammatiken der klassischen Zeit wichtiges und wertvolles Material[1].

Heinrich von Veldeke, der von Zeitgenossen und Nachfahren als Meister der neuen Form gerühmt wird, führt den reinen Reim wohl als erster bewußt und in größerem Umfang durch, doch finden sich gerade bei ihm noch häufig vokalische Halbreime, die in den Konsonanten nicht übereinstimmen. Von den drei Meistern der Epik hat Gottfried die reinsten Reime, Hartmann vereinzelt Bindungen, die nur in seiner (alemannischen) Mundart

[1] Vgl. dazu auch K. Zwierzina, Mittelhochdeutsche Studien, ZfdA 44 (1900), S. 1–116, 249–316; ZfdA 45 (1901), S. 19–99, 253–313, 317–418; und die Reimwörterbücher (zu Iwein, Nibelungenlied, Wolfram von Eschenbach, Hartmann von Aue, Gottfried von Straßburg, Hugo von Trimberg, Stricker) in der Ergänzungsreihe der Münchner Texte, hrsg. v. F. Wilhelm, Bd. 2–8, München 1913–1926.

genau sind: *m/n*: *œheim / stein*, *ch/c*: *ersach/pflac*, die er aber in späteren Werken vermeidet. Wolfram zeigt dagegen manche Abweichungen; er bindet Länge und Kürze *a/â*, seltener *e/ê*, *o/ô*, *u/û* (nie *i/î*), Monophthong und Diphthong *u/uo* (vor *n*, *r* und im Auslaut), *ü/üe*, *i/ie* und hat, ähnlich wie Veldeke, auch vokalische Halbreime (*gâben : lâgen*). In der Reimbindung wie in der rhythmischen Gestaltung seiner Verse verfährt er freier als Hartmann und Gottfried.

Da die im Althochdeutschen noch vollen Endsilbenvokale im Mittelhochdeutschen zu *e* abgeschwächt sind, genügt der Endsilbenreim zur deutlichen Zeilenbindung nicht mehr. Bei den zweisilbigen Versschlüssen muß der Gleichklang auf die letzte Silbe mit vollem Vokal übergreifen. Reim ist von nun an Gleichklang der betonten Vokale *und* der ihnen folgenden Lautgruppen.

Auch Suffixe und Bildungssilben, deren Vokale nicht abgeschwächt wurden, reimen im Mittelhochdeutschen entweder miteinander (z. B. *arbeit:rîcheit*) oder häufiger noch mit Stammsilben (z. B. *herzogin : gewin*, *ermorderôt : tôt*). Weniger üblich sind dagegen Reime, die sich auf Stamm und Suffix erstrecken (z. B. *wârheit : klârheit*). Als formale Besonderheit, die eine Erweiterung der Reimmöglichkeiten bedeutet und gleichzeitig die Bindung durch den Gleichklang unauffälliger erscheinen läßt, verwendet vor allem Gottfried Formwörter im Reim:

si triben die zît mit sorgen hin.
triurę unde clage was under in. Tristan 14307f.

§ 60. Reiner Reim und geregelter Wechsel von Hebung und Senkung im mittelhochdeutschen Reimvers sind Zeichen der klassischen Formstrenge. Spannung und Beweglichkeit erhält diese Verskunst vor allem durch ihr drittes formales Charakteristikum, die Reimbrechung. Metrische Einheit (Reimpaar) und Sinneinheit (Satz) fallen nicht zusammen, sondern greifen auf verschiedenste Weise ineinander oder überschneiden sich. Einfachstes Beispiel hierfür ist, daß der Satz das Reimpaar teilt:

Erec der junge man a
sîn vrouwen vrâgen began a
ob erz ervarn solde. b
diu vrouwe des niht enwolde: b
si bat in dâ bî ir tweln. c
ein juncvrouwen begunde si ûz weln c
die si möhte senden dar. d

Erec 18–24

Wo über längere Abschnitte einer Dichtung hinweg syntaktisches Gefüge und metrisches Schema so gegeneinander verschoben sind, daß sie bald völlig divergieren, bald nahezu übereinstimmen, dann auseinanderstreben und schließlich in einem Punkte wieder eine Einheit bilden, lassen sich spannungsreiche und komplexe Beziehungen und vielfältig abgestufte Gliederungen der Verse erreichen. Dafür nur ein Beispiel aus dem Tristan Gottfrieds von Straßburg, der neben dem reinen Reim und der Alternation die Kunst der Reimbrechung vollendet beherrscht.

Eȥ ist vil wâr, daȥ man dâ saget: a
'Minnẹ ist getriben unde gejaget a
in den endelesten ort'. b
wirn haben an ir niwan daȥ wort: b
uns ist niwan der name beliben c
und hân ouch den alsô ȥetriben, c
alsô verwortet und vernamet, d
daȥ sich diu müede ir namen schamet d
und ir daȥ wort unmæret; e
si swachet unde swæret e
ir selber ûf der erde; f
diu êrelôse unwerde, f
si slîchet under hûsen biten g
und treit von lasterlîchen siten g
gemanicvaltet einen sac, h
in dems ir diube und ir bejac h
ir selbes munde verseit i
und eȥ ȥe strâȥe veile treit. i
owê! den market schaffen wir: k
daȥ wunder trîbe wir mit ir k
und wellen des unschuldic sîn. l
Minnẹ, aller herȥen künigîn, l
diu frîe, diu eine m
diu ist umb kouf gemeine! m

Gottfried, Tristan 12279–12302

§ 61. Metrisches Grundmaß der mittelhochdeutschen Reimpaarepen ist der Vierheber – nach Heusler der Viertakter. Da in diesen Versen der Wechsel von Hebung und Senkung im allgemeinen strenger geregelt ist als in der frühmittelhochdeutschen Dichtung und orchestischer Rhythmus wieder stärker durchdringt, können wir mit gewissen Einschränkungen unseren Rhythmisierungsversuchen Heuslers Schema zugrunde legen:

. . | x́ x | x́ x | x́ x | x́ x

Einwände, die in der neueren Forschung dagegen erhoben werden, richten sich nicht grundsätzlich gegen die Übertragung des Taktprinzips in diesen Bereich, sondern modifizieren Heuslers rhythmische Deutungen nur in einigen Punkten (Kadenz, s. u.). Um einen Überblick über die verschiedenen Versfüllungsmöglichkeiten zu geben, betrachten wir im folgenden die Gestaltung der einzelnen Versgegenden – Auftakt, Versinneres, Kadenz – gesondert nacheinander.

§ 62. Auftakt. Trotz erheblicher Einschränkung der Füllungsfreiheiten bietet das regelmäßige Versgefüge des mittelhochdeutschen Viertakters genügend Spielraum für Abwechslung und Vielfalt in der rhythmischen Gestaltung. Dies zeigt sich auch am Auftakt: er bleibt in den Reimpaarepen der klassischen Zeit grundsätzlich frei, d. h. er kann vorhanden sein oder fehlen; seine Silbenzahl ist jedoch enger begrenzt (eine bis drei Silben). Erst in der nachklassischen Zeit (z. B. bei Konrad von Würzburg), in der das Prinzip der Alternation den Vers noch ausgeprägter bestimmt, wird einsilbiger Auftakt häufiger.

zweisilbig	*dô be / gúndèn dem áltèn*	
einsilbig	*von / jâmèr vil tóugèn*	
auftaktlos	*/ trúobèn diu óugèn:*	Erec 525–527
dreisilbig	*frou Herze / lóyde in küste und lief im nâch*	Parz. 128, 16.

Mehrsilbige Auftakte können – nach ihrer Stellung – ganz verschiedene Funktion und Wirkung besitzen: als ›Schlußbeschwerung‹ am Ende eines Abschnittes verwendet, tragen sie dazu bei, einen Abschluß nachdrücklich und hörbar zu markieren. Einzelne Verse können durch sie ferner rhythmisch hervorgehoben werden (Fugung [s. u.] entfällt und der Auftakt schiebt sich als Spannungsbogen zwischen die letzte Hebung der vorangehenden und die erste der betreffenden Zeile). Wo mehrsilbiger Auftakt gehäuft auftritt, was jedoch in der höfischen Epik selten ist, erscheint der regelmäßige Viertakter stärker sprechrhythmisch aufgelockert.
Meist stehen im Auftakt Silben oder Wörter, die sinngemäß keinen besonderen Nachdruck fordern (Formwörter, Vorsilben, Präpositionen, Konjunktionen, Pronomina), so daß auch hier die Übereinstimmung von sprachlichem und metrischem Akzent, ein ›Grundgesetz‹ der deutschen Vers-

kunst, gewahrt bleibt. Dagegen scheinen manche Verse der mittelhochdeutschen Reimpaarepen zu verstoßen: hebungsfähige und -fordernde Silben sind in den Auftakt gerückt, der erste metrische Akzent fällt auf eine Nebensilbe, z. B.

wîpheit dîn / órden / lîcher / síte ^ Parz. 116, 13

minne sîn / érbe / vóge / tîn ^ Trist. 11765

Im Gegensatz zu Heusler, der für Verse dieser Art möglichst eindeutige Rhythmisierungen sucht (Betonung nach dem metrischen Schema, sofern sich keine sinnwidrigen Tonbeugungen ergeben oder sinngemäße Betonung, dann aber auftaktlos und mit schwer gefülltem ersten Takt), wird man hier mit schwebender Betonung rechnen, d. h. beide Silben leicht akzentuieren, sie aber nur als eine metrische Hebung auffassen. Das Prinzip der Alternation scheint dabei vorübergehend aufgehoben, so daß in Abschnitten, wo diese Erscheinung gehäuft auftritt, ein eigentümliches Gleiten im Versrhythmus entsteht. Auf den Inhalt der Aussage kann diese in subtiler und vielfältiger Weise bezogen und abgestimmt sein. Sinnschwere Worte werden durch schwebende Betonung oft besonders hervorgehoben und prägen sich so hörbar ein. – Als Zeichen für ›schwebende Betonung‹ verwenden wir: ~ (nach Pretzel), in den obenzitierten Beispielen also: *wîpheit*, *minne*[1].

§ 63. Im Versinneren werden in den Epen der klassischen Zeit schwere drei- und mehrsilbige Takte vermieden; zweisilbige Takte sind zwar sehr häufig, aber keineswegs die Regel. Selbst am Ende der Epoche, in der glatten und etwas monotonen Versgestaltung eines Konrad von Würzburg, wird der zweisilbige Takt nicht streng und ausschließlich durchgeführt. Heusler übertreibt daher mit seiner Charakterisierung »Jambentrott«; sie ist, wie so manches abschätzige Urteil über die mittelhochdeutsche Verskunst aus seiner Feder, Zeichen seiner entschiedenen Abneigung gegen alles »Welsche« und alle »welsche« Überformung des »Germanischen«. Füllungsfreiheiten, wenn auch im Vergleich zur frühmittelhochdeutschen Dichtung in begrenztem Umfang, nützen die Epiker der klassischen Zeit in vielfältiger und feiner Abstufung. Wie bei der Erscheinung der ›schwebenden Betonung‹ darf man sich hier aber nicht mit der mechanischen

[1] Zur ›schwebenden Betonung‹ vergleiche auch: F. Ranke, Zum Vortrag der Tristanverse, Kluckhohn-Schneider-Festschrift, Tübingen 1948, S. 528–539. – Pretzel, Dt. Verskunst, Sp. 2514ff.

Feststellung und Aufzählung ein-, zwei-, drei- oder viersilbiger Takte begnügen, sondern muß diese stets im weiteren Zusammenhang von metrischem und syntaktischem Gefüge, in der Wechselbeziehung von rhythmischer Form und inhaltlicher Aussage zu erfassen suchen.

§ 64. Neben dem ›normalen‹ zweisilbigen Takt | x́ x |, der in der Hebung entweder lange (/*wâre*/ oder /*balde*/) oder kurze Silbe (/*künec*/ oder /*habet*/) aufweist, finden sich in der epischen Dichtung auch d r e i s i l b i g e T a k t e (die aber nicht zu verwechseln sind mit den sogenannten mittelhochdeutschen Daktylen der Lieddichtung!) und gelegentlich sogar v i e r s i l b i g e. Wenn diese dem Taktschema, in dem der Abstand von Hebung zu Hebung genau geregelt ist, entsprechen sollen, müssen bestimmte Voraussetzungen der Silbenquantität erfüllt sein.
Dreisilbiger Takt ist nach Heusler entweder durch Spaltung (Lachmann: Verschleifung) der Hebung |⏑́⏑x| oder der Senkung |x́⏑⏑| zu erklären; viersilbiger durch Spaltung von Hebung u n d Senkung |⏑́⏑⏑⏑|. Sprachliche Vorbedingung dafür ist, daß kurze, offene Tonsilben oder proklitische und enklitische Silben, deren je zwei eine More füllen können, vorhanden sind. (Kurze Silben entsprechen entweder ⏑ oder x, lange x oder –).
Beispiel für Spaltung der Hebung (dreisilbige Takte):

dise manegеr slahte underbint — Parz. 2, 23
. . | ⏑́ ⏑ x | x́ x | x́ x | x́ ∧
daz ich die rede mac niht verdagen — Parz. 740,1
. | x́ x | ⏑́ ⏑ x | x́ x | ⏑́ ⏑ ∧

Spaltung der Senkung (meist bei langer betonter Silbe):

der touwegen rôsen ungelîch — Parz. 24,10
. | x́ ⏑ ⏑ | x́ x | x́ x | x́ ∧

Spaltung von Hebung und Senkung (viersilbige Takte):

(*Orilus der fürste erkant*)
stiez daz vingerl wider an ir hant. — Parz. 270,9f.
| x́ x | x́ x | ⏑́ ⏑ ⏑ ⏑ | x́ ∧

oder mit zweisilbigem Auftakt:

. . | x́ x | x́ x | x́ x | x́ ∧

§ 65. Lange Innentakte und Auftakte lassen sich bisweilen verkürzen durch Ausstoßung eines unbetonten Vokals. In dieser Zeit handelt es sich dabei nur noch um unbetontes *e*. Beim Zusammentreffen zweier Vokale, H i a t u s[1],

---

[1] lat. *hiatus* ›gähnende Öffnung, Klaffung‹.

eines Endvokals und eines Anfangsvokales: *alle ez*, kann entweder der erste fortfallen durch Elision[1] oder der zweite durch Synalöphe (oder es wird gelegentlich auch Hiat zugelassen). Ferner kann am Ende eines Wortes unbetontes *-e* abfallen, ohne daß Vokal folgt: *deme* > *dem*, *brâhte* > *brâht* (Apokope)[2] oder es fällt *-e-* zwischen zwei Konsonanten im Inneren des Wortes aus: *wênec* > *wênc*, *legete* > *legte* (Synkope)[3]. Ausfallender Vokal wird in manchen Textausgaben durch untergesetzten Punkt gekennzeichnet

vil schiere begundẹ er sị ane sehen Erec 163.

Weitere Kürzungen sind:
Krasis[4]: Aus zwei je einsilbigen Wörtern entsteht ein einsilbiges, z. B. *daz ist* > *deist*, *dêst*, *daz ich* > *deich* usw. Enklise[5]: das unbestimmte *ez*, Artikel, Präpositionen usw. werden unter Verlust ihres Vokals angeschlossen am Ende des Wortes: *bringet ez* > *bringetz*, *ûf dem* > *ûfm* usw.
Es ist schwer festzustellen, welche Kürzungen die einzelnen Dichter anwenden, und wie weit man beim Lesen ihrer Werke darin gehen kann. Elision und Synalöphe werden sich immer zwanglos ergeben. Die übrigen Kürzungen dürfen wohl nur angewendet werden, wenn sie sich in der Mundart des Dichters begründen lassen.

§ 66. Zu den im mittelhochdeutschen Epenvers noch bewahrten Füllungsfreiheiten gehört vor allem eine Form des einsilbigen Taktes, die ›beschwerte Hebung‹. Sprachliche Vorbedingung ist hier Dehnbarkeit der taktfüllenden Silbe, die also lang sein muß (Langvokal, Diphthong, Positionslänge). Die Epiker verwenden ›beschwerte Hebungen‹ an vielen Stellen bewußt und äußerst vielseitig dazu, sinnschwere Leitworte im Vers durch rhythmischen Nachdruck herauszuheben, z. B.

älliu sündigiu diet
| x́ x | ⊥́ | x̀ x | x́ ^
die der tiuvel verriet Gregorius 57f.
| x́ x | ⊥́ | x̀ x | x́ ^ |

Wie durch ›beschwerte Hebungen‹ Sinn und Gehalt einer Dichtung plastisch herausgearbeitet werden kann, hat U. Pretzel überzeugend an den

---

[1] lat. *elisio* ›Herausstoßen‹.
[2] gr. ἀποκοπή ›Abhauen‹.
[3] gr. συγκόπτειν ›zusammenschlagen‹.
[4] gr. κρᾶσις ›Mischung‹.
[5] gr. ἔγκλισις und πρόκλισις ›Beugung‹ und ›Vorwärtsbeugung‹.

Prologen der großen Epen aufgezeigt[1]. – Ferner werden ›beschwerte Hebungen‹ häufig verwendet, um Eigennamen einzuprägen: so zu Beginn des ›Armen Heinrich‹, wenn sich der Verfasser selbst nennt:

dér was Hártmàn genánt.

Wolfram versieht die Namen neuauftretender Personen mit so viel Ikten, daß möglichst jede Silbe betont ist; dieses nachdrücklich hörbare rhythmische Einprägen der Namen läßt u. a. erkennen, daß diese Dichtungen für den Vortrag bestimmt waren:

er hieȥ Kárnáhkarnánȥ Parz. 121, 26
si hieȥ Ímânè Parz. 125, 15
si hieȥ Jéschûtè Parz. 130, 2.

Wenn der Hörer mit ihnen genügend bekannt ist, paßt er sie dem regelmäßigen Wechsel von Hebung und Senkung an:

mich / müet doch / fróun Je/schúten / léit. Parz. 137, 30,

und greift nur zum einsilbigen Takt, wenn er sie wieder besonders hervorheben will. Das berühmteste Beispiel hiefür, ein Vers, der nur aus beschwerten Hebungen besteht, findet sich im Monolog Parzivals über den Blutstropfen im Schnee:

Condwî́r âmû́rs, hie lî́t dî́n schî́n.
sît der snế dem blúote wî́ȥe bốt,
und éȥ den snế sus máchet rốt,
Cúndwî́r ấmû́rs, | –́ | –́ | –́ | –́ |
dem glî́chet sich dîn bếâ cúrs:
des enbistu niht erlấȥèn. Parz. 283, 4–9.

Beschwörend-eindringlich bringt der Rhythmus hier den Namen zum Klingen!

§ 67. Wo die sprachliche Voraussetzung für die ›beschwerte Hebung‹ – Dehnbarkeit, d. h. Länge der Silbe – nicht erfüllt ist, rechnet man in sel-

---

[1] vgl. auch U. Pretzel, Vers und Sinn. Über die Bedeutung der beschwerten Hebung im mittelhochdeutschen Vers, WW 3 (1952/53), S. 321ff. – Ders., Dt. Verskunst, Sp. 2515ff., hier auch über ›schwebende Betonung‹.

tenen Fällen noch mit einer anderen Form des einsilbigen Taktes: | x́ ^ |, d. h. mit Takten, in denen die Senkung pausiert ist:

swes ér si bát ^ *óder hiez* Heidin 47

(zitiert nach U. Pretzel, Dt. Verskunst, Sp. 2423)

Vorbedingung dafür ist allerdings, daß sich eine solche ›Zäsur‹ syntaktisch und sinngemäß rechtfertigen läßt.

§ 68. Weitere Variationsmöglichkeiten für die Gestaltung mittelhochdeutscher Epenverse bietet der Versschluß, die Kadenz. Für ihre rhythmische Deutung und Beschreibung stehen heute mehrere Systeme und Terminologien zur Verfügung und Diskussion. Wir geben deshalb eine vergleichende Gegenüberstellung der gebräuchlichsten.

Heusler geht in der Differenzierung der verschiedenen Versschlüsse am weitesten: er unterscheidet acht verschiedene Kadenztypen. Nach seinem System wird durch die Entscheidung für eine Kadenzart vielfach die rhythmische Deutung des ganzen Verses festgelegt. Die folgenden Kadenzbezeichnungen beziehen sich alle auf den metrischen Rahmen des Viertakters; ›stumpf‹ (s) bedeutet Pausierung des letzten Taktes, ›klingend‹ (k) Füllung mit Silben, die höchstens Nebenton tragen können, ›voll‹ (v) Füllung durch Haupttonsilben.

1. stumpf	: einsilbig	*zît ùnde | jâr* ^ | ^ ^ |	
2.	zweisilbig	*álsô | dích ge | zimĕt* ^ | ^^ |	
3. klingend	: zweisilbig	*mit állèn ir | dín | gèn* ^ |	
4.	dreisilbig ´ ◡ ◡	*si sprâchèn er | lébe | tè* ^ |	
5.	dreisilbig ´ ◡ ◡	*dich guóten únd dich gnǽdi | gèn* ^ |	
6. voll	: einsilbig	*daz ist der éwìge | tôt* ^ |	
7.	zweisilbig ´ ◡ ^	*der wás der vrône vór | bŏtĕ* ^ |	
8.	zweisilbig ´ ◡	*unt christes jóch ûf in | trúogen |*	

(vgl. Heusler, Dt. Versgeschichte II, § 583)

(›überstumpf‹ bedeutet Verbindung von stumpf und klingend; im Viertakter also: | x́x | ⊥́ | x̀∧ |ˊ ∧∧).
Für Heuslers stumpfe (Typ 1 und 2), klingende (3) und weiblich volle Kadenz (8) finden sich bei Plenio, C. v. Kraus u. a. auch jeweils die Bezeichnungen »unterfüllt«, »schwerklingend« und »leichtklingend«.
Diese Vielfalt reduziert[1] Pretzel – teilweise unter Rückgriff auf ältere Terminologie –, indem er einmal Heuslers Typen 1 und 2 nicht als besondere Kadenzart wertet, da sie als Versschluß rhythmisch identisch sind mit den Typen 6 und 7 (das ist allerdings nur möglich, wenn man vom Viertakter als ›Bezugsgröße‹ absieht). Letztere bezeichnet Pretzel als männlich oder stumpf. Ferner ist die Unterscheidung zwischen Heuslers Typen 4 und 5 nach Pretzel überflüssig; es sei zweifelhaft, ob man überhaupt dreisilbige Kadenzen als besonderen Typ anführen kann, da sie »historisch gesehen einsilbig stumpfe Kadenzen waren« (Heusler: einsilbig voll). Die Bezeichnung ›klingend‹ behält er nur Heuslers Typ 3 vor. Er unterscheidet demnach:

1. männliche oder stumpfe Kadenz (einsilbig und zweisilbig)
2. weibliche oder klingende Kadenz
3. weiblich volle Kadenz
4. dreisilbige Kadenz. (vgl. Dt. Verskunst, Sp. 2422)

Rhythmisch neutral und rein deskriptiv ist schließlich die einfache Unterscheidung des Versausgangs nach ›männlich‹ und ›weiblich‹, wobei nur angegeben wird, ob der Vers mit einer betonten (m) oder unbetonten Silbe (w) schließt[2]. Diese Art der Beschreibung wird heute weniger für die epische Reimpaardichtung, sehr häufig aber für die Wiedergabe komplizierter Strophenschemata der Lyrik verwendet (s. u. § 83).

---

[1] Noch enger rückt K.-H. Schirmer Heuslers Kadenztypen zusammen. Er rechnet nur mehr mit drei Formen: zwei Arten von weiblicher Kadenz, »schwerklingende«, die zwei Takte füllt ⊥́ | x̀ ∧, *singèn* (Heusler: klingend zweisilbig = Typ 3), und »leichtklingende«, die nur einen Takt füllt | x́ x |, *singen* (Heusler: zweisilbig [weiblich] voll = Typ 8). Alle übrigen bezeichnet er als männlich oder stumpf. Kriterien dafür, welche von beiden weiblichen Kadenzen anzusetzen ist, ergeben sich für Schirmer aus der Fugung der Verse und dem (zahlensymbolischen) Aufbau der Strophen. Seine Untersuchungen gehen auf den Epenvers nicht näher ein, vgl. Die Strophik Walthers von der Vogelweide, Halle 1956, S. 16 und S. 163–172, und: Zum Aufbau des hochmittelalterlichen deutschen Strophenliedes, DU 1959, H. 2, S. 35–59, bes. S. 37.
[2] Über die Herkunft dieser Bezeichnungen s. o. Reim § 34 Anm.

Übersicht über die Bezeichnung der Kadenzen im mittelhochdeutschen Vers.

	Heusler	Kraus, Plenio	Pretzel
männlich	stumpf	unterfüllt	männlich od. stumpf
	einsilbig		
	zweisilbig		
	voll	stumpf (männlich)	
	einsilbig		
	zweisilbig		
weiblich	zweisilbig (weiblich)	leichtklingend	weiblich voll
	klingend		
	zweisilbig	schwerklingend	klingend
	dreisilbig	dreisilbig klingend	dreisilbig (*nicht* klingend)
	dreisilbig		

§ 69. In der mittelhochdeutschen Reimpaardichtung finden sich hauptsächlich folgende Kadenzen:

1. volle Kadenzen (Pretzel: männlich oder stumpf), die einsilbig |x́∧| oder zweisilbig |◡́◡∧| erscheinen. Die Senkung des letzten Taktes ist pausiert. Beide Formen sind – wie die Strophenschemata zeigen – in mittelhochdeutscher Zeit metrisch grundsätzlich identisch. Im Neuhochdeutschen hingegen verschwindet infolge der sprachlichen Entwicklung *sagen* > *sāgen* (Dehnung kurzer Vokale in offener Tonsilbe) die zweisilbige Form gänzlich.

Beispiele:

einsilbig	*der dínge verkérèt sich / víl* ∧	
	daz éin dem ándern scháden / wíl ∧	Iwein 6663 f.
	Melôt gie dán und réit ze / hánt ∧	
	ze wálde, dấ er Márken / vánt ∧	Trist. 14583 f.
zweisilbig	*dáz was wúnderlìche / kŏ́mĕn.* ∧	
	in wás diu künegîn ge/nŏ́mĕn. ∧	Iwein 4289 f.
	wîpheit, dîn órdenlìcher / sĭ́tĕ, ∧	
	dem vért und fúor ie tríuwe / mĭ́tĕ ∧	Parz. 116, 13 f.

2. klingende Kadenz. Sie umfaßt im Viertakterschema auch den dritten Takt. Vorbedingung ist lange, dehnfähige Paenultima (vorletzte Silbe) | ⊥ | x̀ ^.

Beispiele: *gedâhte wár ich kértè,*
unz mich mîn hérze lêrtè Iwein 781 f.
ir bêder strît der wórtè
Gâwân ze mérke hôrtè Parz. 358, 15 f.

3. dreisilbige Kadenzen. Auch hier wird der dritte Takt in die Wertung der Kadenz mit einbezogen. Der Vers schließt mit einem dreisilbigen Wort, dessen zwei erste Silben den dritten, dessen Endsilbe den vierten Takt (mit Nebenhebung) füllen.

Beispiele: *mit sîner hánt bejágetè*
gein strît er nie verzágetè Parz. 52, 13 f.
grüezendẹ únde nîgendè
sprëchendẹ únde swîgendè Trist. 11013 f.

Ob man für den epischen Viertakter in manchen Fällen auch mit weiblich voller Kadenz rechnen kann, hängt meist von der Wertung des Auftaktes ab:

(ich wil iu doch baz bediuten)
von disen jâmerbæren liuten Parz. 242, 1 f.

mit wv Kadenz . | x́ x | x́ x | x́ x | x́ x
mit k Kadenz . . . | x́ x | x́ x | ⊥ | x̀ ^

In der epischen Reimpaardichtung sind weiblich volle Kadenzen verhältnismäßig selten; auffallend häufig verwendet sie dagegen der Italiener Thomasin von Zirclaere im ›Welschen Gast‹.

Für silbenarme Verse wird man – statt metrisch-rechnerisch mit Dehnungen und Pausen im Versinneren zu operieren – gelegentlich auch stumpfe Kadenz (d. h. nur drei Takte sind ›verwirklicht‹, der letzte pausiert) ansetzen müssen, z. B.

mit zórnigen síten Erec 4061
. | ⊥ | x̀ x | ◡́ ◡ ^ | ^ ^
der küneginne künt Erec 1162
. | x́ x | x̀ x | x́ ^ | ^ ^

Sie sind jedoch in den Reimpaarepen der klassischen Zeit nicht allzu häufig. Stumpfe Viertakter bilden die Abverse der Nibelungenzeile (Langzeile 4 k 4 s).

§ 70. Die metrische Zeilenbindung wird durch das Verhältnis der Kadenz eines Verses zum Auftakt des folgenden bestimmt. Wir sprechen von Synaphie oder gefugten Versen, wenn der Wechsel von Hebung und Senkung über die Kadenz hinaus regelmäßig in den nächsten Vers hinein weitergeführt wird, die erste Zeile also auf Hebung endet und die folgende mit ein- bis zweisilbigem Auftakt beginnt.

Beispiele: *ich wil iu kumbers schaffen rât*
ich sagẹ iu wie mîn dinc stât. Erec 3784/5

. | x́ x | x́ x | x́ x | x́ (∧) || x | x́ x | x́ x | –́ | x́ ∧

Welt ir nû hœren unde dagen,
sô wil ich iu ein mære sagen.
Herrand v. Wildonie, Der bloze keiser 1 f.

. | x́ x | x́ x | x́ x | ⏑́ ⏑ (∧) || x | x́ x | x́ x | x́ x | ⏑́ ⏑ ∧

Zwischen einem auf Senkung endenden und einem auftaktlosen (folgenden) Vers herrscht gleichfalls Fugung:

Muget ir schouwen, waȥ dem meien
wunders ist beschert? Walther 51, 13

| ⏑́ ⏑ x | x́ x | x́ x | x́ x || x́ x | x́ x | x́ ∧

Asynaphie: Ungefugt sind Verse, in deren Übergängen Hebung auf Hebung oder Senkung auf Senkung stößt.

den schilt er dâ ȥe halse nam
als im Erec nâhen kam Erec 3216f.

. | x́ x | x́ x | x́ x | x́ (∧) || x́ x | x́ x | x́ x | x́ ∧

Ob ich an der tiusche missespriche
eȥ ensol nicht dunken wunderliche
Welscher Gast 67f.

. . | x́ x | x́ x | x́ x | x́ x || ⏑ ⏑ | x́ x | x́ x | x́ x | x́ x

§ 71. Paarweise gereimte Viertakter bilden die metrische Grundeinheit des höfischen Epos. Sie ist zumindest in der Zeit um 1200 durch die verschiedenen Möglichkeiten der Gestaltung von Auftakt, Versinnerem, Kadenz und metrischer Zeilenbindung rhythmisch vielseitig differenzierbar, wenn diese leichten Abwandlungen auch den ebenmäßigen Fluß des Versganges oft nur andeutungsweise unterbrechen und auflockern. Dies ist, ebenso wie die spannungs- und beziehungsreiche Brechung und Bindung von Reimpaar und Satz, ein Spiel innerhalb eines festen und engen Rahmens, das aber in der Begrenzung um so kunstvoller erscheint. Über das Reimpaar hinaus kennt das höfische Epos k e i n e metrische Gruppenbildung im eigentlichen Sinn. Strophenformen bleiben in der mittelhochdeutschen Epik (mit wenigen Ausnahmen) dem Heldenepos vorbehalten.

§ 72. S t r o p h e n f o r m e n d e r E p i k. Stofflich wie formal steht das mittelhochdeutsche Heldenepos in einer anderen Tradition als das höfische. Nicht fortlaufende Reimpaare, sondern Strophen sind die als angemessen empfundene Erzählform für die alten Heldensagenstoffe. Charakteristisches Bauelement dieser Strophen ist die Langzeile, im Unterschied zu den binnengereimten althochdeutschen und frühmittelhochdeutschen Langzeilen jedoch jetzt e n d g e r e i m t e L a n g z e i l e n p a a r e, deren An- und Abverse meist verschiedene Kadenz aufweisen und von denen meist je zwei zur Strophe gefügt werden. Formparallellen und teils sogar genaue Entsprechungen ergeben sich zum Strophenbau des frühen Minnesang (s. u. § 85). Die alte Streitfrage, in welchem Bereich z. B. die Nibelungen-Kürenberger-Strophe geschaffen und in welchem sie übernommen wurde – Heusler entscheidet sie für die Priorität der Lyrik und des Kürenbergers –, ist in dieser Form zu eng gefaßt. Man muß wohl für beide Rückgriff auf eine – uns allerdings schwer greifbare – gemeinsame Formtradition ansetzen[1].

§ 73. Nibelungenstrophe

Ir pflâgen drîe künege edel unde rîch,
Gunther unde Gernôt, di recken lobelîch,
und Gîselher der junge, ein ûzerwelter degen.
diu frouwe was ir swester, di fürsten hetens in ir pflegen.

Nibelungenlied, Str. 4

Heusler gibt den Aufbau dieser Strophe durch folgende Formel wieder:

4 k (v)	4 s a
4 k (v)	4 s a
4 k (v)	4 s b
4 k (v)	4 v b

[1] vgl. auch F. R. Schröder, Kriemhilds Falkentraum, PBB 78 (Tübingen 1956), S. 319–48, bes. S. 338 ff.

Vorgegebener metrischer Rahmen ist für ihn die acht-taktige Langzeile, deren Anvers mit klingender (gelegentlich auch mit voller) Kadenz schließt, in deren Abvers aber nur drei Takte sprachlich verwirklicht sind, der vierte pausiert ist. Charakteristisch für die Nibelungenstrophe ist der Abvers der vierten Langzeile, der mit voller Kadenz schließt, im Unterschied zu den übrigen Abversen vier Hebungen aufweist (oft mit beschwerter Hebung im zweiten Takt) und so den Strophenkörper durch ›Schlußbeschwerung‹ rhythmisch abrundet und klar begrenzt. –
Gehen wir dagegen beim Aufstellen der Strophenformel rein beschreibend vor, d. h. zählen nur die sprachlich realisierten Hebungen und unterscheiden in der Kadenz nur nach männlichem und weiblichem Halbversausgang, so ergibt sich das folgende Schema (s. a. Thomas, Strophenbau, Sp. 2455 f.):

3 w   3 m a
3 w   3 m a
3 w   3 m b
3 w   4 m b

Unter Verzicht auf rhythmische Eindeutigkeit gibt diese Art von Formel nur knappe Bestandsaufnahme des Vorhandenen und eignet sich daher besser zum Vergleich mit anderen Strophenformen und vor allem für Untersuchungen über den Zusammenhang von sprachlicher und musikalischer Gestaltung der Strophe (s. u.).

§ 74. Die Nibelungenzeile (4 k 4 s bzw. 3 w 3 m) kehrt als Bauelement auch in anderen Strophenformen der mittelhochdeutschen Heldenepik wieder:

1. Hildebrandston

Do sprach zum held Seyfride   Eugel das edel Zwerg:
»Kuperan der falsch Ryse   Bezwang den vnsern berg.
Darinn wol tausend Zwerge   Můsten jm seyn vnderthan,
Vnd zinszten vnser eygen land   Dem vngetrewen man.

Das Lied vom Hürnen Seyfrid, Str. 153

Formel:	4 k	4 s a	3 w	3 m a
	4 k	4 s a	3 w	3 m a
	4 k	4 s b	3 w	3 m b
	4 k	4 s b	3 w	3 m b

Ihren Namen erhielt die Strophe vom Jüngeren Hildebrandlied, das in dieser Form abgefaßt ist: vier völlig gleichgebaute Langzeilen (also ohne die ›Schlußbeschwerung‹ der Nibelungenstrophe) mit dem Wechsel von klingender und stumpfer (weiblicher und männlicher) Kadenz in An- und Abvers; späterhin mit End- *und* Zäsurreim. Sie findet sich nicht nur im Spätmittelalter weit verbreitet (Meistersang, geistliches Spiel, geistliches Volkslied, Heldenbuch), sondern lebt in mancher Abwandlung auch in der Neuzeit fort, besonders im Lied und in der Ballade (hier nur drei Beispiele: der Choral ›O Haupt voll Blut und Wunden‹ – das Volkslied ›Der Winter ist vergangen‹ – L. Uhland ›Des Sängers Fluch‹). »Von den altdeutschen Formen, die über vier Kurzverse hinausgehn, hat keine zweite diese Verbreitung erlangt in Zeit und Raum. Vor allem ist sie weit hinausgeschritten über die Grenzen der poetischen Gattungen: von der Minnelyrik zum Heldenepos, zum weltlichen und kirchlichen Liede und zu der literarischen Ballade« (Heusler, Dt. Versgeschichte II, § 740).

2. Walther-Hildegund-Strophe

Swie wir anders rîten,   so ist daz div lere min
daz wir da ze Metzen   geste niht ensin.
Ortwin hete drinne   wol tovsent kuener man:
swaz der kvnic hernach darumbe geredete   mit strite wrden wir bestan.

Wiener Fragment, Str. 4

Formel:

4 k	4 s a	3 w	3 m a
4 k	4 s a	3 w	3 m a
4 k	4 s b	3 w	3 m b
6 k	4 v b	5 w	4 m b

Mit Ausnahme des Anverses der vierten Langzeile, der zu einem klingenden Sechstakter (Fünfheber mit weiblichem Versschluß) erweitert ist, gleicht diese Strophe im Aufbau genau der Nibelungenstrophe.

3. Kudrunstrophe

Ez wuochs in Irlande   ein rîcher künec hêr:
geheizen was er Sigebant,   sîn vater der hiez Gêr:
sîn muoter diu hiez Uote,   und was ein küneginne:
durch ir hôhe tugende   so gezam dem rîchen wol ir minne.

Kudrun, Str. 1

Formel:

4 k	4 s a	3 w	3 m a
4 k	4 s a	3 w	3 m a
4 k	4 k b	3 w	3 w b
4 k	6 k b	3 w	5 w b

Auch diese Strophe ist eine Weiterbildung der Nibelungenstrophe; als charakteristische Neuerungen treten auf: klingende (weibliche) Kadenz im letzten Langzeilenpaar und Erweiterung des Abverses der vierten Langzeile, die eine stärkere Geschlossenheit der einzelnen Strophe bewirkt.

4. Rabenschlachtstrophe

Als Witege der starke   diu kint her rîten sach,
do gurte er sînem marke: vil baldeclîchen daz geschach.
der recke vil vermezzen   der kom mit zorne ûf sîn ors gesezzen.

Rabenschlacht, Str. 393

Formel:	4 k (v) a	4 s b	3 w a	3 m b
	4 k (v) a	4 s b	3 w a	3 m b
	4 k c	6 k c	3 w c	5 w c

Im Unterschied zu den anderen Strophenformen ist die Rabenschlachtstrophe nur dreizeilig und weist andere Reimbindungen auf (Zäsurreime wie späte Varianten des Hildebrandtons und Binnenreim in der letzten Langzeile). Die Gestaltung der letzten Langzeile entspricht der der Kudrunstrophe.

§ 75. Außer reinen Langzeilenstrophen kennen sowohl der frühe Minnesang und die Spruchdichtung wie auch die strophische Epik Reimpaarstrophen, deren Abschluß eine sogenannte Waisenterzine bildet (= Reimpaar mit Waise, Reimstellung a x a, vgl. auch Thomas, Strophenbau, Sp. 2453 ff.). Sie wird in Epen didaktischen Inhalts verwendet.

Morolfstrophe[1]

Do sprâchen die besten under in	4 v a	4 m a
»wir wollen mit dir nâch der kunigin«.	4 v a	4 m a
Morolf wart der rede frô.	4 v b	4 m b
dô welt er ûz der reise	4 k x	3 w x
zehen tûsent manne dô.	4 v b	4 m b

Salman und Morolf, Str. 375

Tirolstrophe

Hœrstûz, junger künic vrî?	4 v a	4 m a
stêstû dem rîchen edeln bî,	4 v a	4 m a
daz er den armen tuot gewalt,	4 v b	4 m b
dîn missetât ist manicvalt.	4 v b	4 m b
dâmit verdienstû gotes zorn	4 v c	4 m c
und spotent dîn die rîchen	4 k x	3 w x
und hâst der armen gunst verlorn.	4 v c	4 m c

König Tirol, Str. 37

[1] Dieselbe Strophenform, nur mit anderer Kadenzordnung der letzten drei Verse (k v k) auch in MF 3,7 und im Volkslied (›Lindenschmidt-Strophe‹), s. u. § 109.

Auch in der komplizierten Großform des Bernertons, der in der spätmittelalterlichen Dietrich-Epik (Eckenlied, Sigenot, Goldemar, Virginal) häufig verwendet wird, bildet eine Waisenterzine den Strophenabschluß.

Der swerte wart vergeȥȥen gar:	4 v a	4 m a
sî nâmen grôȥer drücke war.	4 v a	4 m a
sî kâmen ûf ein wîte.	4 k b	3 w b
ein andern tâten sî sô wê:	4 v c	4 m c
daȥ bluot begôȥ den grüenen clê	4 v c	4 m c
ȥe tal an einer lîte.	4 k b	3 w b
der Berner Ecken sêre twanc	4 v d	4 m d
ȥeins boumes stammen grüene,	4 k e	3 w e
daȥ sîn bluot ûȥ ȥen wunden dranc.	4 v d	4 m d
betoubet wart der küene.	4 k e	3 w e
der Berner druhte in ûf daȥ gras	4 v f	4 m f
mit alsô grôȥen kreften,	4 k x	3 w x
daȥ er vil kûme genas.	4 v f	4 m f

Eckenlied, Str. 134

§ 76. Die Erzählkonvention des höfischen Epos (fortlaufende Reimpaare) durchbricht als einziger Wolfram von Eschenbach, der für sein nur bruchstückhaft überliefertes Epos ›Titurel‹ eine eigene kunstvolle Strophenform schafft. Sie weist *nur* klingende (weibliche) Kadenzen und Zeilen von unterschiedlicher Länge auf. Die – nach Heusler – acht- und zehntaktigen Zeilen sind meist noch in sich gegliedert (in zwei Viertakter oder Vier- und Sechstakter), erscheinen also mit und ohne Zäsur, sowohl als Langzeilen als auch als lange Zeilen.

Schionatulander vil dicke wart des innen
um sînen oheim Gahmuret, wie wol er sprechen kunde mit sinnen,
und wie er sich von kumber kunde scheiden:
des jâhen im hie vil der toufbærn diet, als tâten dort die werden heiden.

Titurel, Str. 54

Formel:	8 (4 + 4) k a	6 (3 + 3) w a
	10 (4 + 6) k a	9 (4 + 5) w a od. 8 (3 + 5) w
	6 k b	5 w b
	10 (4 + 6) k b	9 (4 + 5) w b od. 8 (3 + 5) w

In der Strophe des ›Jüngeren Titurel‹, die Wolframs Strophe noch weiter kompliziert, in den Variationsmöglichkeiten aber stärker einschränkt, wird die Zäsur der langen Zeilen zum festen Bauprinzip. In den ersten beiden Langzeilen hebt sie Zäsurreim noch besonders hervor. Alle Teilverse enden klingend (weiblich), nur in den Anversen der ersten, zweiten und vierten Zeile wechselt gelegentlich volle (männliche) Kadenz mit klingender. Diese Form der Titurelstrophe gehört trotz (oder vielleicht gerade wegen) ihrer Künstlichkeit und Kompliziertheit zu den beliebtesten und verbreitetsten Formen des späten Mittelalters (verwendet u. a. in Hadamars von Laber ›Jagd‹, Ulrich Fueterers ›Buch der Abenteuer‹).

Smæhe und armüete dem tempel wart geverret,
sint der reinen megde güete und ir kint gefrouwet und geherret
sint sô hôch übr aller crêatiure.
des kund in wol gedanken Titurel der rein und der gehiure.

Der Jüngere Titurel, Str. 336

Formel:	4 k (v) a	4 k b	3 w a	3 w b
	4 k (v) a	6 k b	3 w a	5 w b
	6 k c		5 w c	
	4 k (v) x	6 k c	3 w x	5 w c

Der SCHWARZE TON, die Strophenform des Wartburgkriegs (Rätselspiel) und des Lohengrin, verwendet vielleicht Formelemente der Titurelstrophe, besitzt jedoch ein anderes, noch komplizierteres Bauschema:

Swer den trachen jagen sol,	4 v a	4 m a
hôher liste si bedürfen alle wol:	6 v a	6 m a
er kan sich snæden jegern balde leiden.	6 k b	5 w b
Mir ist der muot vor zorn entprant:	4 v c	4 m c
durch waz brâht ich dich, meister, her von Ungerlant	6 v c	6 m c
wan diesen hôhen vürsten durch bescheiden?	6 k b	5 w b
Vünf hunde habent mich vürgenomen und dunken sich in vreche:	8 k d (4 + 4)	7 w d
und wîkestu von irme spor,	4 v e	4 m e
summer got! ich stên in als ein trache vor	6 v e	6 v e
und wil den bîl mit laster breche.	6 k d	5 w d

Wartburgkrieg, Str. 92

§ 77. Für die innere Gliederung und den Aufbau der epischen Strophen vermögen alle metrischen Schemata – nach Heusler taktmäßig rhythmisiert oder rhythmisch neutral beschrieben – nur bedingt Hinweise zu geben; wir stehen in diesem Bereich vor ähnlichen Fragen und Problemen wie in der Lied- und Spruchdichtung (s. u.). Zur Strophe (mhd. *daz liet*) gehört im Mittelalter immer – parallel und formbestimmend – die Melodie. Entgegen Heuslers kategorischer Behauptung von der prinzipiellen Unsanglichkeit des Epos vertritt die neuere, vor allem musikwissenschaftlich ausgerichtete

Forschung (F. Gennrich, W. Mohr, K. Bertau – R. Stephan, E. Jammers) die These, daß auch den Strophen der Epen ›Melodien‹, allerdings mehr rezitativen Charakters, zugrundegelegen haben müssen. Für die nachklassische Zeit sei zumindest ein Nebeneinander von sanglichem und Sprechvortrag anzunehmen[1]. Durch metrische Untersuchungen allein läßt sich freilich weder das eine noch das andere beweisen. Tatsache ist jedoch, daß sich gewisse epische und ›lyrische‹ Strophen (bei letzteren steht die Sanglichkeit außer Zweifel) genau entsprechen; so z. B. die Nibelungen- und eine Form der Kürenbergerstrophe, die gleichfalls in der Kerenstein-Ballade auftaucht. Auch der – der Nibelungenstrophe sehr ähnliche – Hildebrandston lebt als sanglicher Strophentyp weit verbreitet im weltlichen und geistlichen Lied (Kontrafaktur!) und wird späterhin dann im Kirchen- und Volkslied immer wieder aufgegriffen. Beides läßt doch wohl auf Zusammenhänge zwischen den epischen Strophenformen und einer breiten, vielschichtigen Liedtradition schließen.

Eine Melodie ist zu einem strophischen Epos, zu dem sehr umfangreichen ›Jüngeren Titurel‹ überliefert. Wir führen sie hier als Beispiel an[2], da sich das Verhältnis von metrischer und musikalischer Gliederung einer Strophe daran gut zeigen läßt:

[1] Belege dafür aus der Dichtung: K. Bertau – R. Stephan, Zum sanglichen Vortrag mittelhochdeutscher strophischer Epen, ZfdA 87 (1956/57), S. 252 – 270, besonders S. 253 f.

[2] Wiener Titurelmelodie (unrhythmisierte Übertragung) nach K. Bertau – R. Stephan, a. a. O., S. 265.

Metrische und musikalische Strophenform lassen sich auf folgende Formel reduzieren (Melodiezeilen, d. h. in sich geschlossene Teile der Melodie, bezeichnet man im allgemeinen mit griechischen Buchstaben):

I		II	III	
α	β			
3 w a	3 w b	δ	α	γ
α	γ	5 w c	3 w x	5 w c[1]
3 w a	5 w b			

Metrisch und musikalisch entsprechen sich also alle Anverse (3 w a: α), ebenso die zweite und vierte Langzeile (3 w $\overset{x}{a}$ 5 w $\overset{c}{b}$: α γ). Nur der Abvers der ersten Langzeile und die dritte Zeile, die zwar metrisch mit anderen Strophenteilen identisch sind, haben eigene musikalische Phrasierung. Variation und Wiederholung zeigen aber an diesem Beispiel deutlich die weitgehende Übereinstimmung von metrischer und musikalischer Gliederung der Strophe (Beispiele dafür, daß beide auch völlig divergieren können, s. Strophenformen des Liedes § 84ff.).

§ 78. Eine der umstrittensten Fragen in diesem Zusammenhang ist die Frage nach der Melodie des Nibelungenliedes, die uns nicht überliefert ist und die man daher auf verschiedene Weise zu erschließen sucht. – F. Gennrich[2] möchte sie, ohne im einzelnen eine Melodie zu rekonstruieren, mit dem Formtyp der Laissenstrophe (in der Art) der französischen Chansons de geste in Verbindung bringen. Dann entspräche die metrische Gruppierung 3 + 1 Langzeilen der musikalischen: dreimalige Wiederholung derselben Tonreihe in den ersten drei Langzeilen plus einer Variation und Erweiterung der gleichen Tonreihe für die abschließende Langzeile mit ›Schlußbeschwerung‹. – Andere Wege gehen K. Bertau-R. Stephan[3] und E. Jammers[4], die aus überlieferten Melodien metrisch vergleichbarer Strophenformen (Melodie einer Strophe der Trierer Marienklage und des Alsfelder Passions-

[1] Musikalische Form nach Gennrich, Formenlehre, S. 195: »reduzierter Strophenlai« (Sequenztypus) s. u. Strophenformen der Lyrik.

[2] F. Gennrich, Formenlehre, S. 47.

[3] K. Bertau – R. Stephan, Zum sanglichen Vortrag mittelhochdeutscher strophischer Epen, ZfdA 87 (1956/57), S. 254ff.

[4] E. Jammers, Das mittelalterliche deutsche Epos und die Musik, Heidelberger Jahrbücher I (1957), S. 70ff. – Ders., Der musikalische Vortrag des altdeutschen Epos, DU 1959, H. 2, S. 103ff.

spieles, Hildebrandston, Titurelmelodie) zu rekonstruieren versuchen, wie die Melodie des Nibelungenliedes ausgesehen und geklungen haben könnte. Beim Andeuten von Möglichkeiten muß es freilich in beiden Fällen bleiben. Trotz gegensätzlicher Deutungen und Ergebnisse im einzelnen, auf die hier nicht näher eingegangen werden kann, kommen jedoch Jammers wie Bertau-Stephan in der Frage der metrisch-musikalischen Strophengliederung zu ähnlichen Schlußfolgerungen: prinzipielle Zweiteiligkeit der Strophe, d. h. die Melodiezeilen der ersten und zweiten Langzeile werden in gleicher Reihenfolge in der dritten und vierten Langzeile wiederholt, ein Verhältnis, das in der Reimfügung der Langzeilen (aa bb) seine Entsprechung findet. – Die metrische Gliederung der Nibelungenstrophe läßt sowohl die Aufteilung in 3 + 1 Langzeilen als auch die in 2 + 2 Langzeilen möglich erscheinen, die syntaktische folgt beiden, über die musikalische können wir mit Gewißheit keine Aussagen machen. Dieser Fragenkomplex begegnet uns in der Lied- und Spruchdichtung gleichfalls.

2. Lyrische Dichtung

§ 79. Mit Lied, Spruch und Leich bezeichnen wir Hauptgattungen mittelhochdeutscher Lyrik. In allen dreien gehört zum ›Wort‹ in enger Wechselbeziehung die ›*wîse*‹, die Melodie. Diese Einheit von Wort und Weise, sprachlicher und musikalischer Form, unterscheidet sich grundsätzlich von Gedichtvertonungen der Neuzeit, etwa dem Kunstlied des 19. Jahrhunderts, um nur ein Beispiel zu nennen: die ›*wîse*‹ (Melodie) wird nicht nachträglich zum Text hinzuerfunden, ihm stimmungsmäßig angepaßt, sondern sie ist dem ›Wort‹ gleichzeitig (oft auch voraufgehend), mitbestimmend für die Form; dann aber auch als Ganzes, ebenso wie in einzelnen Teilen, freier verfügbar, objektiver, d. h. inhaltlich kaum gebunden[1]. Von der ›Stimmung‹ der Melodie lassen sich nur in seltenen Fällen und nur bei genauer Kenntnis von Melodietypen Verbindungen zum Inhalt eines Liedes herstellen; um so enger und vielfältiger sind dagegen die Beziehungen zwischen der Form der Dichtung und der Melodie[2]. Mhd. ›*dôn*‹, als terminus tech-

[1] Gewisse Melodietypen kann man auch für mittelalterliche Lieder und Sprüche feststellen: Tanzlied – Minnekanzone – einfach deklamierende und ausgeschmückte Spruchtöne. Wie weit sie jedoch inhaltlich gebunden sind, bleibt zu fragen.

[2] vgl. W. Mohr, Zur Form des mittelalterlichen deutschen Strophenliedes, DU 1953, H. 2, S. 62–82, zitiert nach: Der deutsche Minnesang, hrsg. v. H. Fromm, Darmstadt [2]1963, S. 229–254, S. 233 ff. (in den Anmerkungen ergänzt).

nicus, bezeichnet die Verbindung einer bestimmten Strophenform mit einer bestimmten Melodie[1].

Lied und Spruch sind Strophendichtung und schließen sich gegenüber der Großform des Leichs, die genetisch und formal andere Voraussetzungen und Baugesetze zeigt, enger zusammen. Beim Erfassen ihrer metrisch-rhythmischen Formen ergeben sich ähnliche Probleme wie bei den Strophenformen der Epik, denn neben Versordnung, Reimbindung und syntaktischer Fügung hat die Melodie entscheidend Anteil an Aufbau und Gliederung ihrer Strophen. Für die Forschung bedeutet es, daß dieser Fragenkomplex – wenn überhaupt – nur von Philologen und Musikhistorikern gemeinsam gelöst werden kann. Das Zusammenfügen und gegenseitige Korrigieren der Ergebnisse in den beiden Disziplinen ist vor allem im letzten Jahrzehnt immer stärker in den Vordergrund gerückt. Es wird auch weiterhin eine der wesentlichen Forschungsaufgaben bleiben. Aber während man auf philologischer Seite, so scheint es, erkannt hat, daß man ohne die Hilfe des Musikhistorikers nicht mehr auskommt, oft sogar schon die Gefahr besteht, daß seine Ergebnisse überbewertet werden, herrscht in der Musikwissenschaft gelegentlich noch die Tendenz, die eigenen Forschungsergebnisse absolut zu setzen. Fruchtbare Zusammenarbeit von Philologie und Musikwissenschaft zeigen vor allem die neueren Ausgaben mittelhochdeutscher Lyrik mit Melodienanhang[2].

§ 80. Die Melodienüberlieferung zum deutschen Minnesang ist äußerst schmal. Keine der drei großen Sammelhandschriften (A: Kleine Heidelberger, B: Weingartner, C: Große Heidelberger), die die Hauptquellen für unsere Textausgaben bilden, enthält Angaben über Melodien und Gesangsvortrag. Was uns an Melodien zum frühen Minnesang und zu Walther von

[1] Auf die Notwendigkeit, Begriffe wie ›Einheit von Wort und Melodie‹ oder ›Ton‹ u. a. historisch und im einzelnen Fall stärker zu differenzieren (nach verschiedenen Möglichkeiten: Text und Melodie entstehen gemeinsam – Melodie geht dem Text oder Text der Melodie vorauf – usw.), weist hin B. Kippenberg, Der Rhythmus im Minnesang. Eine Kritik der literar- und musikhistorischen Forschung. München 1962. S. 14ff, 194ff.

[2] H. Brinkmann – U. Aarburg, Liebeslyrik der deutschen Frühe (Düsseldorf 1952, Singweisen zur Liebeslyrik der deutschen Frühe, 1956). – H. Kuhn – G. Reichert, Minnesang des 13. Jahrhunderts, Tübingen 1953. – I. Frank – W. Müller-Blattau, Trouvères et Minnesänger, Saarbrücken 1952 u. 1956. – A. T. Hatto – R. J. Taylor, The Songs of Neidhart von Reuental, Manchester University Press 1958 (Melodienausgabe und Untersuchung). – F. Maurer, Die Lieder Walthers von der Vogelweide, 2 Bände, Tübingen 1955 und 1956 (unter Beifügung erhaltener und erschlossener Melodien; Mitwirkung von G. Birkner).

der Vogelweide unmittelbar überliefert ist, stammt aus Handschriften und Handschriftenfragmenten des 14./15. Jahrhunderts und später (meist recht zweifelhafter) Meistersingertradition (16./17. Jhdt.)[1]. Ähnliches gilt für den Minnesang des 13. Jahrhunderts.[2] Die Hs. der Carmina Burana enthält einige Melodien und Melodienbruchstücke (in schwer zu entziffernden Neumen) zu Liedern Heinrichs von Morungen, Reinmars von Hagenau, einem Pseudo-Dietmar und einem Pseudo-Reinmar.

Eine weitere Schwierigkeit bietet die Deutung und Übertragung dieser Melodien, da sie fast immer nicht mensural, d. h. in Taktform, noch mit genauer Angabe von absoluter Tonhöhe und Melodieverlauf notiert sind, sondern in Neumen[3] oder allenfalls in Choralnoten[4]. Sie enthalten also keine Angaben über Rhythmus, Zeitwerte, Taktarten des musikalischen Vortrags und sind rhythmisch mehrdeutig. Für die Wiedergabe dieser Melodien verwendet die neuere Forschung zwei Methoden: vielfach verzichtet man auf Rhythmisierung und beschränkt sich rein auf den tonalen Verlauf der Melodie, oder man überträgt diese Melodien in das Taktsystem, indem man sie ›modal‹ interpretiert und rhythmisiert[5], ein Verfahren, das für die romani-

---

[1] vgl. Zusammenstellung bei U. Aarburg, Melodien zum frühen deutschen Minnesang. Eine kritische Bestandsaufnahme, ZfdA 87 (1956/57), S. 24–45. Neufassung in: Der deutsche Minnesang, Darmstadt [2]1963, S. 378–423.

[2] Text- und Melodieausgaben mit Anmerkungen s. S. 76, Anm. 2

[3] Neumen sind eine Art ›Melodiestenogrammzeichen‹ über oder neben dem Text, die das An- und Absteigen der Melodie anzeigen, also nur die relative Tonhöhe bieten. – E. Jammers, Die materiellen und geistigen Voraussetzungen für die Entstehung der Neumenschrift, DVjs 32 (1958), S. 554–575.

[4] Choralnoten im Notenliniensystem geben Tönhöhe und Verteilung der Töne auf den Text an, aber ebenso wie die Neumen bieten sie keinen Aufschluß über den Rhythmus.

[5] Modalrhythmik beherrscht die Musik der Notre-Dame-Epoche (bis etwa 1230, dann abgelöst von der Ars antiqua). In der Theorie knüpft sie an die antiken Versmaße an. Ihre Entstehung und Entwicklung ist noch ungeklärt. »Mit Sicherheit läßt sich nur erkennen, daß in jener Musik nicht der Einzeltakt herrscht, sondern ein ›Reihenrhythmus‹, der das ganze Stück oder einen Abschnitt einheitlich durchströmt.« Besseler, Ars antiqua, MGG I, Sp. 679–697, bes. 683.

Rhythmenbilder der 6 Modi nach Besseler und Husmann:

1. Modus (doppeltaktig) 6/4 

1. Modus (einfachtaktig) 3/4 »trochäisch«

2. Modus 3/4 »jambisch«

schen, aber auch für die deutschen Liedweisen von einigen Musikwissenschaftlern weitgehend als gesichert angesehen wird. Welcher Modus jedoch im einzelnen Fall zu wählen ist, kann oft nicht eindeutig entschieden werden, und so finden sich zu einer Liedmelodie oft ganz verschiedene Rhythmisierungsversuche[1]. Die uneingeschränkte Geltung der modalen Interpretation für den deutschen Bereich muß jedoch weiterhin zweifelhaft bleiben und ist gerade in der neuesten Forschung heftig umstritten und diskutiert[2].

§ 81. Weitere Melodien für den deutschen Minnesang wurden aus Kontrafakturen erschlossen[3]. In der Troubadour- und Trouvèredichtung, deren Melodienüberlieferung umfangreicher ist als die deutsche, finden sich

Zur Modalrhythmik und Melodienübertragung ferner:

H. Husmann, Das Prinzip der Silbenzählung im Lied des zentralen Mittelalters, Die Musikforschung 6 (1953), S. 8–22 (romanische, mittellateinische und mhd. Lieder; Kritik an der modalen Übertragung von Liedern einer früheren Stufe).

H. Husmann, Das System der modalen Rhythmik, Archiv für Musikwissenschaft 11 (1954), S. 1–38 (zur Modalrhythmik allgemein, Varianten der einzelnen Modi).

F. Gennrich, Grundsätzliches zur Rhythmik der mittelalterlichen Monodie, Die Musikforschung 7 (1954), S. 150–176 (Kritik an Husmann, Rhythmik neben den und außerhalb der modalen Formen).

R. Taylor, Zur Übertragung der Melodien der Minnesänger, ZfdA 87 (1956/57), S. 132–147. (Kritik an Liedübertragungen und der Anwendung modaler Übertragung).

B. Kippenberg, Der Rhythmus im Minnesang (kritischer Überblick über die verschiedenen Methoden und Systeme der Übertragung) S. 69ff.

[1] vgl. z. B. die Übertragungsversuche zu Walthers Palästinalied, diskutiert und zusammengestellt bei B. Kippenberg, Der Rhythmus im Minnesang, S. 226f.

[2] kritisch dazu z. B. Mohr, Strophenlied, S. 237f., ferner die Arbeiten von Husmann, Taylor und Kippenberg (s. o. S. 77 Anm. 5).

[3] Als Kontrafaktur bezeichnet man die Übernahme von Strophenform und Melodie von einem vorhandenen Lied bei der Anfertigung eines neuen oder auch dieses neue Lied selbst (Kippenberg) – im späten Mittelalter bei geistlichen Umdichtungen weltlicher Lieder sehr verbreitet (metrische und musikalische Gleichheit bei inhaltlicher Verschiedenheit).

Lieder, denen mittelhochdeutsche nach Inhalt und Form genau entsprechen. Aus diesen engen inhaltlichen und formalen Nachbildungen hat man auch auf Übernahme der Melodie geschlossen, und die reichere romanische Liedüberlieferung wurde zur Auffüllung der großen Lücken im deutschen Bereich herangezogen. Authentisch bezeugt ist uns allerdings nur eine Melodieübernahme aus dem romanischen Bereich: die Melodie zu Walthers von der Vogelweide Palästinalied (14, 38, überliefert im Münsterer Fragment, 14. Jhdt.) konnte Husmann[1] als Kontrakfaktur zur Melodie des ›Lanquan li jorn son lonc en may‹ von Jaufre Rudel (vor 1147) nachweisen. In allen übrigen Fällen kommen jedoch den deutschen Kontrafakturen nur verschieden hohe Grade von Wahrscheinlichkeit zu[2]. Die Kriterien möglichst genauer formaler (und inhaltlicher) Entsprechungen zwischen romanischen und deutschen Liedern sind allein nicht ausreichend, denn formal gleichgebaute Lieder können ja auch nach verschiedenen Melodien gesungen werden (man müßte hier wohl zwischen metrischer und musikalischer Kontrafaktur unterscheiden). Außerdem ist wohl mit rhythmischen Umdeutungen und Veränderungen bei der Übernahme von Melodien in den deutschen Bereich zu rechnen[3]. Trotz all dieser Unsicherheitsfaktoren (die sich durch differenziertere Methoden und eingehendere Kenntnisse wohl noch reduzieren lassen) vermitteln die bisher erschlossenen Kontrafakturen doch zumindest einen Eindruck davon, wie die deutschen Lieder geklungen haben könnten und geben darüberhinaus wichtige Aufschlüsse über das Verhältnis von metrisch-syntaktischem Strophenbau und Melodiestruktur.

[1] H. Husmann, Das Prinzip der Silbenzählung im Lied des zentralen Mittelalters, Die Musikforschung 6 (1953), S. 8–23, bes. S. 17.

[2] Grundlegend über Kontrafaktur: F. Gennrich, Liedkontrafaktur in mittelhochdeutscher und althochdeutscher Zeit, ZfdA 82 (1948/1950), S. 105–141. Überarbeitet und ergänzt in: Der deutsche Minnesang, Darmstadt 1961, S. 330–377.
Formvergleiche: H. Spanke, Romanische und mittellateinische Formen in der Metrik von Minnesangs Frühling, ZfromPh. 49 (1929), S. 191–235, durchgesehen und durch Anmerkungen ergänzt von U. Aarburg und H. Fromm in: Der deutsche Minnesang, S. 255–329. U. Aarburg, Melodien zum frühen deutschen Minnesang (Neufassung besonders Teil II: Sichere Kontrafakturen und Teil III: Wahrscheinliche und mögliche Kontrafakturen, S. 384ff. u. S. 402ff).
Melodieübertragungen (Ausgaben): F. Gennrich, Mittelhochdeutsche Liedkunst, Darmstadt 1956. – U. Aarburg, Singweisen zur Liebeslyrik der deutschen Frühe, Düsseldorf 1956 (s. o. S. 76 Anm. 2), W. Müller-Blattau, Trouvères und Minnesänger, Saarbrücken 1956, (s. o. S. 76 Anm. 2).

[3] vgl. E. Jammers, Der Vers der Trobadors und Trouvères und die deutschen Kontrafakten, in: Medium Aevum Vivum, Festschr. f. W. Bulst, hrsg. v. H. R. Jauss und D. Schaller, Heidelberg 1960, S. 147–160. – B. Kippenberg, Der Rhythmus im Minnesang, S. 153ff.

§ 82. In jedem Fall, auch wo Melodien fehlen und nicht erschlossen werden können, bleibt es Aufgabe des Philologen, nach der metrisch-rhythmischen Form der Strophen von den sprachlichen Gegebenheiten her zu fragen. Aus vielen Einzelbeobachtungen zum Versbau lassen sich dann wohl Formentypen herausarbeiten, vergleichen und wiederum mögliche Beziehungen herstellen zu den Haupttypen des mittelalterlichen Liedes, die Friedrich Gennrich[1] nach ihren historischen Voraussetzungen und ihrer Melodiestruktur auf europäischer Basis (aber hauptsächlich auf lateinisches und romanisches Formenmaterial gestützt) zu entwickeln versuchte.
Der Frage der Zahlenkomposition, Zahlensymmetrie und -symbolik in Lied, Spruch und Leich gehen einige Untersuchungen[2] nach; ein Aspekt, der in mittelalterlicher Kunst überhaupt und in Zusammenhang mit Musik noch besonders zu beachten ist. Methode und Ergebnisse bleiben jedoch vorderhand noch problematisch, da aus der Isolierung dieses einen – für die Dichtung meist sekundären – Aspektes notwendig eine gewisse Einseitigkeit entsteht. In größeren Zusammenhängen gesehen mögen sich daraus noch wichtige Aufschlüsse gewinnen lassen, gerade auch für den Strophenbau.

§ 83. Für die formelhafte Wiedergabe des aus der sprachlichen Form gewonnenen metrischen Schemas einer Lied- oder Spruchstrophe werden heute im wesentlichen drei verschiedene ›Systeme‹ verwendet. Wir demonstrieren diese drei Möglichkeiten an zwei Beispielen:

Waz hât mich ûf sî gebunden
unde ich ir sô verre bin?
dô si mîn gedanke funden,
sâ zehant bant die mîn sin;
mîn muot mohte ir niht entrinnen.
mîn herze muos ouch si minnen.
möhte ich fliegen alse ein sneller valke, ich wolt ouch dâ hin.

Burkhard v. Hohenfels, KLD XII, 1

---

[1] Grundriß einer Formenlehre des mittelalterlichen Liedes. Als Grundlage einer musikalischen Formenlehre des mittelalterlichen Liedes, Halle 1932. – Ergänzend dazu (oft anders und besser) die Untersuchungen von H. Spanke, Beziehungen zwischen mittellateinischer und französischer Lyrik, Abh. d. Göttinger Ges. d. Wiss. 3, 18, Berlin 1936.

[2] A. Huisman, Neue Wege zur dichterischen und musikalischen Technik Walthers von der Vogelweide, Utrecht 1950. – K.-H. Schirmer, Die Strophik Walthers von der Vogelweide, Halle 1956. – Ders., Zum Aufbau des hochmittelalterlichen deutschen Strophenliedes, DU 1959, H. 2, S. 35–59. – A. T. Hatto, On Beauty of Numbers in Wolfram's Dawn Songs, MLR 45 (1950), S. 181–188. – Ders. u. R. Taylor, The Songs of Neidhart von Reuental, Manchester University Press 1958.

Nach Heusler – sprachgemäß und im Taktprinzip rhythmisiert, wobei für die Gestaltung der einzelnen Versgegenden, Fugung etc. dieselben ›Regeln‹ gelten wie oben beim epischen Vers – zeigt diese Strophe folgendes Schema:

A I = II   4 wv a | 4 v b :|
B III   4 wv c | 4 wv c | 8 v b|

Diese Strophe besteht also aus 6 Viertaktern und einem abschließenden Achttakter, die alle auftaktlos sind. Problematisch bleibt nach diesem Schema immer die Entscheidung für eine bestimmte Art der Kadenz. Zeile 1, 3, 5, 6 könnten auch als klingende Fünftakter (5 k), Zeile 2 und 4 als stumpfe Fünftakter (5 s, d. h. mit pausiertem letzten Takt) rhythmisch interpretiert werden. Durch Beobachtung der Zeilenfugung (s. o. § 70, hier Fugung innerhalb der ›Abschnitte‹ A und B) und zahlenmäßigen Entsprechung der Zeilen (also nicht z. B. 4 wv a 5 s b oder 5 k a 4 v b) sucht man diese Mehrdeutigkeiten auszuschalten; grundsätzlich festzuhalten ist jedoch, daß die Liedverse in ihrer sprachlichen Form rhythmisch mehrdeutig sind. – Großbuchstaben und römische Zahlen bezeichnen den Aufbau der Strophe, der aus den Reimverhältnissen entwickelt wird und hier eine in vielen Abwandlungen weit verbreitete ›dreiteilige‹ Form zeigt (eigentlich zweiteilig, da II ja nur eine Wiederholung von I darstellt). Die Strophe gliedert sich demnach in einen Abschnitt A, der in dieser besonderen Form auch als Aufgesang bezeichnet wird, und einen Abschnitt B (hier Abgesang), wobei A wiederum in zwei sprachlich-metrisch gleichgebaute Teile I und II (auch Stollen genannt) unterteilt ist[1]. Die letzte Zeile des Abgesangs, der hier nicht weiter in sich gegliedert ist, greift den Reim der zweiten Stollenzeile wieder auf.

Dieselbe Strophe gibt C. v. Kraus (KLD II, S. 45 f.) durch folgendes (an Plenio und Saran entwickeltes) Zeichensystem wieder:

A I = II –́ 4 a –   –́ 4 b –́
B III   –́ 4 α –   –́ 4 α –   –́ 8 b –́

Im Unterschied zu Heusler sind hier die Reime des Abgesangs, außer wo sie denen des Aufgesangs entsprechen, mit griechischen Buchstaben bezeichnet. Das Kraussche Schema stellt einen Kompromiß zwischen Rhythmisierung und Beschreibung dar: die Zahlen geben die Anzahl der Hebungen an, daneben werden die Betonungsverhältnisse von Versanfang und -ende eigens angeführt (am Versanfang im allgemeinen nur, wo sie für Fugung und Ungefugtheit maßgebend sind). –́ 4 a oder 4 a bedeutet Auftaktlosigkeit, Be-

[1] Die Bezeichnungen ›Aufgesang, Abgesang, Stollen‹ entstammen der Meistersinger-Terminologie.

tonung auf der ersten Silbe; – 4 a = Auftakt. Ebenso wird der Versausgang durch Silbenzeichen (–) und Akzentzeichen (′ Hauptton, Nebenton) rhythmisch festgelegt. 4 – bedeutet Ausgang auf unbetonte Silbe (Heusler: wv); 4 –́ auf betonte Silbe (Heusler: mv), 4 –̀ auf Silbe mit Nebenton (Heusler: k), 4∧́ = letzte Hebung pausiert, vorletzte trägt Hauptton (Heusler: s). – Für die Wertung der Kadenz gilt dasselbe wie bei Heusler.

Unter Verzicht auf sprachlich-rhythmische Eindeutigkeit verwendet Hugo Kuhn[1] (ähnlich wie Spanke u. a.) zur Darstellung von Strophenformen rein beschreibende Zeichen. Das ergibt für unsere Strophe als dritte Formel:

4a– 4b, 4a– 4b, 4c– 4c– 8b.

Gezählt werden nur sprachlich realisierte Takte; 4a bedeutet einsilbigen (männlichen) Versschluß, 4a– zweisilbigen (weiblichen); A = Auftakt, unterstrichene Taktzahlen oder Reimbuchstaben = ›Daktylen‹; große Reimbuchstaben = Refrain, p = Pausenreim[1]. – Diese deskriptiven Formeln halten knapp und überschaubar das Vorhandene fest, ohne daß rhythmische Entscheidungen vorweggenommen werden. Sie eignen sich daher besonders gut für Vergleiche von Strophenformen, vor allem, wo diese auf (silbenzählende) romanische und mittellateinische Verse ausgreifen[2], und weiterhin für alle Untersuchungen über die Beziehung von sprachlich-metrischem und musikalischem Strophenbau. Hier sind sie den beiden anderen Formeln entschieden vorzuziehen. Wo allerdings diese Verse gelesen werden und rhythmisch eindeutig erscheinen sollen, wird man sich doch für klingende oder weiblich volle Kadenz, stumpf oder voll entscheiden müssen und die Heuslerschen (nicht historischen) ›Rhythmisierungen‹ verwenden.
Abschließend noch ein weiteres Beispiel:

Walt heid anger vogel singen
sint verdorben von des kalten winters zît.
dâ man bluomen sach ûf dringen,
da ist ez blôz: nu schouwet wie diu heide lît.
daz klag ich: sô klage ich mîne swære,
daz ich der unmære
der ich gerne liep in herzen wære.
frouwe Minne, daz ist allez dîn gewalt.

Gottfried von Neifen, KLD V, 1

---

[1] H. Kuhn, Minnesangs Wende, Tübingen 1952, S. 44ff., bes. S. 47, Anm.

[2] Die beschreibenden Formeln für den romanischen Strophenbau beschränken sich auf die Angabe von Silbenzahl und Reimbuchstaben; weiblicher Versschluß wird durch ◡ oder ' gekennzeichnet; z. B. a◡ oder 10 a' (Zehnsilber mit weiblichem Versausgang, Reim a).

Heusler:	A	I = II	4 wv a 6 v b :|
	B	III	6 k c 4 k c 6 k c 6 v p
Kraus:	A	I	1 a _́ – 3 b – _́ 6 c _́
		II	4 b – 6 c _́
	B	III	6 α _̀ 4 α _̀
		IV	6 α _̀ 6 a _́
Kuhn:			4 a – 6 b, 4 a – 6 b,
			5 c – 3 c – 5 c – 6 p

(p = Pausenreim des ersten auf das letzte Wort der Strophe: *walt* / *gewalt*, bei Kraus = Reim a).

§ **84.** Strophenformen des Minnesangs.

Die Liedkunst des hohen Mittelalters ist durch ihren Reichtum an verschiedenen ›Tönen‹ äußerst vielgestaltig und steckt – trotz vielseitiger und intensiver Forschungsarbeit – bis heute noch voll ungelöster Probleme. ›Ton‹, mhd. ›*dôn*‹, bezeichnet sowohl die Melodie eines Liedes oder Spruches wie auch die besondere metrische Form, die der Weise zugeordnet wird, ist also metrischer und musikalischer Terminus zugleich. Die komplexe Ganzheit eines Tones, das Mit- oder Gegeneinander seiner metrischen, syntaktischen und musikalischen Struktur bleibt uns in der Mehrzahl der Fälle ungreifbar. Anhaltspunkte für unsere Untersuchung der sprachlichen Form sind die Reimverhältnisse und Entsprechungen wie Unterschiede in der Gestaltung der einzelnen Verse oder Versgruppen. – Aus der Fülle der hochmittelalterlichen deutschen Liedformen greifen wir beispielhaft nur drei metrische Haupttypen mit einigen ihrer Varianten heraus: Langzeilenstrophe, durchgereimte Strophe, Kanzonenform.

§ **85.** In der Frühzeit des deutschen Minnesangs sind Langzeilenstrophen, wie sie in der Heldenepik (und im volkstümlichen weltlichen und geistlichen Lied) noch weit ins Spätmittelalter hinein fortleben, die beherrschende Form. Neben Langzeilen, mit wechselnder oder gleicher Kadenz in An- und Abvers (paarweise gereimt und zwei oder mehr Langzeilenpaare zu einer Strophe verbunden), erscheinen auch einfache Vierheber als Aufbauelement der Strophen (als [Waisen-]zwischenglied im Langzeilenpaar oder zwischen zwei Langzeilenpaaren, als Reimpaare und in Reimbindung mit einer Langzeile).

Beispiel einer reinen Langzeilenstrophe:

Ez hât mir án dem hérzèn vil dícke wê getân
dáz mich dés gelústè des ích niht móhte hân
noch niemer mác gewinnèn. dáz ist schédelích.
jone meine ich gólt noch sílbèr: ez íst den líutèn gelích.

Kürenberger, MF 8, 25

Formel:

A 4 k	A 4 s a	A 3 –	A 3 a
4 k	A 4 s a	3 –	A 3 a
A 4 k	4 s b	A 3 –	3 b
2 A 4 k	A 4 v b	A 3 –	4 b

Diese Strophenform des Kürenbergers zeigt den gleichen Aufbau wie die Nibelungenstrophe (s. o. § 73). Daneben kennt er noch einen anderen Ton (MF 7, 10; 7, 1), bei dem zwischen den beiden Langzeilenpaaren ein Vierheber ohne Reimbindung eingeschaltet ist (Waisen-Vierheber im abschließenden Langzeilenpaar bei Meinloh von Sevelingen MF 11, 1 ff).

Verbindung von Langzeilen und Reimpaaren:

Séneder fríundìnne bóte, nu ságe dem schœnen wíbè,
daz mír tuot âne mâze wê deich sí sô lánge mídè.
líeber héte i'ir mínnè
dan ál der vógele síngèn.
nú muoz ích von ír geschéiden sîn:
trûric íst mir ál daz hérze mîn.

Dietmar von Eist, MF 32, 13

Formel:

4 v	A 4 k a	4	A 3 a –
A 4 v	A 4 k a	A 4	A 3 a –
4 k b		3 b –	
A 4 k b		A 3 b –	
5 v c		5 c	
5 v c		5 c	

[Langzeilen vom Typ 4 v 4 k (4 3–) bezeichnet man als ›Vagantenzeile‹. Sie erscheinen in mittelhochdeutscher Lieddichtung recht häufig und gehören in der lateinischen Dichtung des Hochmittelalters zu den beliebtesten Langzeilentypen[1], z. B.

Méum ést propósitúm ín tabérna mórì
Satúrni sídus lívidúm Mercúrió micántè].

---

[1] s. a. Heusler, Dt. Versgeschichte II, § 743 ff.

Die Lieder der Frühzeit bestehen meist nur aus einer Strophe (mhd. *daz liet*), wo eine Männer- und eine Frauenstrophe zu einem ›Wechsel‹ zusammentreten können, auch aus zwei. Mehrstrophige Lieder hat in dieser Zeit nur Dietmar von Eist.
Für die sprachliche Versgestaltung (Regelung von Auftakt, Kadenz und Versinnerem) gilt innerhalb von Heuslers System grundsätzlich dasselbe, was oben über die epischen Reimpaare ausgeführt wurde. Die Lyrik der Frühzeit zeigt hierin noch größere Freiheiten: freier Auftakt, Kadenzentausch, einsilbige und dreisilbige Innentakte. – Auch der reine Reim ist noch nicht konsequent durchgeführt; es finden sich viele Halbreime.

§ 86. Wie im Vers des höfischen Epos französisches Vorbild eine neue Regelmäßigkeit der Form mitbewirkt, kommt für die Lieddichtung aus französischer Troubadour- und Trouvèrekunst Anstoß zur Erweiterung der Formmöglichkeiten. Auch hier lassen sich eigenständige Entwicklungstendenzen und Wirkung des Vorbildes im weiteren Verlauf der Entwicklung nicht streng voneinander scheiden. Regelmäßige Alternation setzt sich durch, neue Formelemente – die sogenannten ›Daktylen‹ (s.u.§ 89), Fünfheber (aus dem frz. 10/11-Silber) – werden aufgenommen. Im Strophenbau werden romanische Formen direkt nachgebildet (in dieser Zeit finden sich auch relativ viele Kontrafakturen), später dann selbständig weiterentwickelt. – Kunstvoll durchgereimte, gleichversige und ungleichversige Strophen – bei letzteren unterscheiden sich die Hebungszahlen der einzelnen Verse – verdrängen die alten Langzeilenstrophen.
Beispiel einer durchgereimten, ungleichversigen Strophe:

Sí darf mich des zîhen niet,	4 v a	4 a
ichn héte si von hérzen liep.	A 4 v a	A 4 a
des móhte sí die wârheit án mir sén,	A 5 v b	A 5 b
und wíl sis jén.	A 2 v b	A 2 b
ich quám sîn dícke in sólhe nôt,	A 4 v c	A 4 c
daz ích den líuten gúoten mórgen bôt	A 5 v c	A 5 c
engégen der náht.	A 2 v d	A 2 d
ich wás sô vérre an sí verdáht	A 4 v d	A 4 d
daz ich mich únderwîlent níht versán,	A 5 v e	A 5 e
und swér mich grúozte dáz ichs níht vernám.	A 5 v e	A 5 e

Friedrich von Hausen, MF 45, 37

Aus den Reimverhältnissen lassen sich bei dieser Strophe keine Anhaltspunkte für eine Gliederung gewinnen. Nach den Hebungszahlen der einzelnen Verse wäre eine Gruppierung der fast ›gleichen‹ Verse 1–3 und 8–10 (4 $^{5}_{4}$ 5 mit umgekehrter Reimanordnung a a b, d e e) um ein fast symmetrisches ›Mittelstück‹ (Z. 4–7, 2 4 5 2, Reim b c c d) denkbar. Hier vermag nun eine Melodie weitere Hinweise zu geben. Inhaltlich, im Versmaß und in der (sonst ungewöhnlichen) Strophenform entspricht dieses Lied genau dem Lied ›En chantan m'aven membrar‹ des provenzalischen Troubadours Folquet de Marseille, so daß es als sichere Kontrafaktur gelten kann[1]. Die Melodie dieses Liedes ist nicht durch Wiederholungen und Entsprechungen in sich gegliedert, sondern durchkomponiert. Gennrich bezeichnet diese Form als »Oda continua«[2]. Nicht immer muß jedoch einer durchgereimten Strophe eine musikalisch durchkomponierte entsprechen. Sehr oft entstehen metrische und musikalische Form nicht – wie hier bei Folquet/Hausen – aus dem gleichen Gestaltungsprinzip, sondern treten in ein Spannungsverhältnis, das verschieden angelegt sein kann.

§ 87. Verbreitetster Strophentyp, nicht nur in der Lieddichtung, sondern vor allem auch in der Spruchdichtung und später im Meistersang, ist die Kanzone, eine ›dreiteilige‹ (musikalisch zweiteilige) Liedform. Sie gliedert sich in Aufgesang (A) und Abgesang (B); den Aufgesang bilden zwei metrisch gleichgebaute Teile, die Stollen (I = II). Man bezeichnet sie deshalb auch als ›stollige Form‹. Musikalisch wiederholt der zweite Stollen die Melodie des ersten. Der Abgesang, metrisch und musikalisch selbständig oder in verschiedenen Teilen und auf unterschiedliche Weise rückbezogen, ist meist nicht kürzer als einer der Stollen (vgl. oben § 83).
Beispiel einer einfachen Kanzonenform:

Aufgesang	Stollen	*Swelch frouwe sendet lieben man*	A 4 v a	A 4 a
		mit rehtem muote ûf dise vart,	A 4 v b	A 4 b
	Stollen	*diu koufet halben lôn daran,*	A 4 v a	A 4 a
		ob si sich heime alsô bewart	A 4 v b	A 4 b
Abgesang		*daz si verdienet kiuschiu wort.*	A 4 v c	A 4 c
		sî bete für sî beide hie,	A 4 v x	A 4 x
		sô vert er für sî beide dort.	A 4 v c	A 4 c

Hartmann von Aue, MF 211, 20

[1] s. U. Aarburg, Melodien zum frühen deutschen Minnesang, S. 394f. Ausgaben: Gennrich S. 7, Müller-Blattau S. 85ff., Aarburg S. 18f., (s. o. S. 76 Anm. 2)

[2] Formenlehre, S. 237ff. – F. Gennrich, Die musikalischen Formen des mittelalterlichen Liedes, DU 1959, H. 2, S. 60–80, S. 78. Diese Form wird hier dem Hymnentyp zugeordnet. – Durchgereimte und durchkomponierte Strophen später auch bei Neidhart und Wizlav von Rügen.

Die beiden zweizeiligen Stollen verbindet Kreuzreim, eine Waisenterzine (c x c) bildet den Abgesang. Eine Melodie ist nicht bekannt; doch ist hier das Verhältnis von metrischer und syntaktischer Gruppierung – das neben den musikalischen und metrischen Formbeziehungen im Aufbau der Strophen eine wichtige Rolle spielt – besonders gestaltet. Meist liegt in stollig gebauten Strophen zwischen Aufgesang und Abgesang (A und B) auch ein syntaktischer Einschnitt; hier nun überspielt die syntaktische Gliederung 5 (2+3)+2 die metrische 4 (2+2)+3. Aus dem Spannungsverhältnis der beiden erwächst der eigentümliche formale Reiz dieser Strophe: syntaktisch wie metrisch ist sie klar und ausgewogen gegliedert, doch dadurch daß beide ›Ordnungen‹ gegeneinander verschoben sind, erhält sie eine einfache, fast spruchartige Schlußpointe und Abrundung.

Metrische Variationsmöglichkeiten dieser einfachen siebenzeiligen Form der Kanzone sollen hier nur angedeutet, nicht einzeln demonstriert werden: Die Stollen können statt gleichversig auch ungleichversig gebaut sein (ebenso der Abgesang) und auf drei (Terzinenstollen) und mehr Verse erweitert werden.

Der Abgesang zeigt unterschiedlichen Umfang und verschiedene Ausgestaltung: Reimpaare, Waisenterzinen, Terzinen, Versgruppen mit Kreuzreim, umarmenden Reim, Schweifreim sind in vielen Abwandlungen kombiniert. Besonders hervorzuheben sind hier Formen, in denen formal Elemente der Stollen wieder aufgegriffen werden.

Daß im Abgesang gleiche oder ähnliche Reimklänge wieder auftauchen, mag auf provenzalische Vorbilder zurückzuführen sein (besonders häufig bei Hausen, Morungen, auch Reinmar). Sonst unterscheiden sich Auf- und Abgesang in ihren Reimen; gelegentlich findet sich Anreimung des Abgesangs (a b a b b c c . . .). Nicht nur Reimbindung sondern metrische Wiederholung ganzer Stollenzeilen im Abgesang zeigen vielfach Minnelieder des 13. Jahrhunderts:

A	*Sælic sî diu heide!*	3 a –
	sælic sî diu ouwe!	3 b –
	sælic sî der kleinen vogellîne süezer sanc!	7 c
	bluomen, loup, diu heide	3 a –
	stânt in manger schouwe,	3 b –
	diu der kalte winter hiure mit sîm froste twanc.	7 c
B	*dien ist an ir fröiden wol gelungen:*	5 d –
	alsô möhtȩ ouch ich an mînen fröiden widerjungen,	7 d –
	trôste mich ein rôter munt nâch dem mîn herze ie ranc.	7 c

Gottfried von Neifen, KLD IV, 1

Für die musikalische Wiederholung einer Melodiezeile des Stollens im Abgesang hat F. Gennrich die Bezeichnung »Rundkanzone« geprägt[1]. Zwischen ›Textkanzone‹ und ›Musikkanzone‹ muß man hier jedoch streng scheiden. (Eine Textkanzone kann z. B. auch auf eine durchkomponierte Melodie gesungen werden.) Walthers Palästinalied (Wa. 14,38) wird durch die Melodieüberlieferung als musikalische Rundkanzone erwiesen, ein Ergebnis, das aus den metrischen Beobachtungen allein nicht zu gewinnen wäre. Es zeigt metrisch-musikalisch folgenden Aufbau[2]:

α	β	α	β	γ	δ	β
4 a–	4 b |	4 a–	4 b |	4 c	4 c |	4 c

Noch enger werden Abgesang und Aufgesang formal gebunden in Liedern und Sprüchen, in denen der ganze Stollen im Abgesang wiederholt wird, als ›dritter Stollen‹ den Abschluß der Strophe bildet. Diese »Da-capo-Form«[3] erscheint als metrische Form häufiger erst im 13. Jahrhundert und dann im Meistersang, als musikalische z. B. bei Hausen (MF 51,33)[4]; sie ist im weltlichen und geistlichen Lied des späten Mittelalters weit verbreitet.

Beispiel für Stollenwiederholung im Abgesang:

1. Stollen	*Owê daz ichs mit der lieben ie begunde*	6 wv a	6 a –
	unde owê daz ich sî ie gesach!	5 v b	5 b
2. Stollen	*sî hat mir gesprochen ûz ir rôtem munde*	6 wv a	6 a –
	einez daz mir in mîn herze brach;	5 v b	5 b
	des kan mir niht werden rât:	4 v c	4 c
3. Stollen	*ez hât sich gesenket alsô hin ze grunde*	6 wv a	6 a –
	daz mîn fröide nâch ein ende hât.	5 v c	5 c

Rudolf von Rotenburg, KLD XIV, 1.

---

[1] F. Gennrich, Formenlehre, S. 245 ff.

[2] Metrisch *und* musikalisch Rundkanzone z. B. Friedrich von Hausen, MF 49,13: Gennrich, Formenlehre, S. 247; Thomas, Strophenbau, Sp. 2472 f.

[3] G. Müller, Studien zum Formproblem des Minnesangs, DVjs 1, 102 ff; Heusler, Dt. Versgeschichte II, § 824; Thomas, Strophenbau, Sp. 2473.

[4] Metrisches und Melodieschema von MF 51, 33 ›Ich denke under wîlen‹:

α	β	γ		$δ^2$	$ε^2$	ζ
A3a–	A3b–	A3c	η			
$δ^1$	$ε^1$	ζ	A3c	A3b–	A3c–	A3c
A3a–	A3b–	A3c				

Musikalische Form nach Gennrich »reduzierter Strophenlai«, s. Formenlehre, S. 188 ff.

§ 88. Vielfältige Abwandlung der Kanzonenform, seltener der durchgereimten Strophe zeigt der Minnesang des 13. Jahrhunderts; daneben neue Formelemente: Refrainbildungen, kunstvolle Reimspiele und -responsionen innerhalb einer Strophe oder eines Liedes (vgl. z. B. Ulrich von Lichtenstein XXXIII, Ulrich von Winterstetten XXI). Kompliziert zusammengesetzte Strophenformen, daneben aber auch sehr einfach gebaute, Entsprechungen und Gegensätze zwischen festen metrischen Formelementen sind charakteristisch für diese Formkunst. – W. Mohr bringt den Unterschied zwischen der Kunst des frühen und hohen Minnesangs und der des 13. Jahrhunderts auf die (vereinfachende) Formel: Vorgangsform – Bauform[1].

Historisch differenzierter unterscheidet Hugo Kuhn für den deutschen Minnesang drei Stufen einer »allgemeinsten Stilfolge in metrischer Hinsicht«, deren formale Aspekte wir hier herauslösen und anzudeuten versuchen: 1. Kennzeichnend für die metrische Form der ersten Stufe ist der Zeilenstil, der ursprünglich statt der Kanzonenform wohl nur Zeilenwiederholung mit Schlußbeschwerung kannte (Laisse, Nibelungen- und Kürenbergerstrophe!). – 2. Ein freier plastischer Beziehungsreichtum der Strophenbauform, die nun bereits den Kanzonentyp ausprägt; von Frankreich überkommen, aber in freier Bildung aus eigenem bereichert und erweitert. – 3. Mehr und mehr statische Formbeziehungen »objektiver« (frei verfügbarer) Perioden setzen sich durch, metrisch und musikalisch dem Erbe der Klassiker verpflichtet, aber aus nordfranzösischer Trouvère- und »Volkskunst« neu beeinflußt, bestimmend in der Spätphase des höfischen Liedes. Hier erst wird auch die objektive Wiederkehr von Stollenteilen im Abgesang zur festen Übung[2].

§ 89. Mittelhochdeutsche ›Daktylen‹.

In den Liedern der Frühzeit des deutschen Minnesangs herrschen in der rhythmisch-metrischen Gestaltung der einzelnen Verse (Auftakte, Innentakte) ähnliche Freiheiten wie beim epischen Viertakter. Unter romanischem Einfluß wird nun im Lied regelmäßiger Wechsel von Hebung und

---

[1] »Es gibt solche (Lieder, Melodien), die abgeschlossene, sozusagen ›genormte‹ Bauteile aneinandersetzen und starre Symmetrien verwirklichen, und andere, deren Verlauf sich nur als Vorgang beschreiben läßt, und die höchstens gewisse Symmetrien andeuten. Zahlreiche Melodien stehen zwischen diesen Extremen und orientieren sich nach beiden Seiten.« W. Mohr, Strophenlied, S. 251.

[2] H. Kuhn, Minnesangs Wende, S. 69.

Senkung und Auftaktregelung sehr viel früher und konsequenter durchgeführt als in der epischen Dichtung (Zwang der Melodie, Kontrafakturen romanischer Lieder mit silbenzählenden Versen!). Daneben aber übernimmt die deutsche Lieddichtung aus dem romanischen Bereich ein neues Rhythmikon, gewichtiger als das alternierende und doch von intensiverer Bewegung, die sogenannten mittelhochdeutschen ›Daktylen‹ (auch als ›Dreisilbentakt‹ bezeichnet)[1]. Diese Verse leitet man von romanischen 10/11-Silbern ab, die im Mittelhochdeutschen statt in alternierendes Maß in (4) dreisilbige ›Takte‹ umgeformt werden konnten (dabei mag die Rhythmik der benutzten Melodien – die romanischen Lieder wurden in einer Art 3. [›daktylischen‹] Modus gesungen – die metrische Komponente der deutschen Verse entscheidend bestimmt haben[2]). Sprechrhythmisch (so Heusler und Pretzel) unterscheiden sich die mittelhochdeutschen ›Daktylen‹ von neuhochdeutschen daktylischen Versen durch ihre Akzent- und Schwereverteilung. Nicht im ›hüpfenden‹ Walzertakt (Schwereverhältnis 3–1–2, ♩. ♪ ♩) sind sie zu rhythmisieren, sondern als schwere Daktylen mit absteigender Akzentschwere (3–2–1), vergleichbar der Akzentverteilung in Wörtern wie *güetlîche*, in denen auch die Ableitungssilbe einen stärkeren Ton trägt als die Endung.

Nach Heuslers (unhistorischer) Taktrhythmisierung erscheinen diese Daktylen sowohl im $\frac{3}{4}$-Takt x́ x̀ x als auch $\frac{4}{4}$-Takt –́ x̀ x, letzterer auch in der aufgelösten Form x́ x x̀ x; Heusler verwendet sie vor allem dann, wenn mit daktylischem Rhythmus alternierender wechselt (sogenannte ›gemischte Daktylen‹). – Musikalisch-rhythmisch und historisch bezieht dagegen Gennrich[3] die mittelhochdeutschen ›Daktylen‹ auf den 3. Modus regularis, ein Grundmaß im $\frac{6}{4}$-Takt | 𝅗𝅥.́ ♩̀ 𝅗𝅥 |, dessen Akzentverteilung jedoch genau Heuslers (und Pretzels) sprachlich-rhythmischen Beobachtungen entspricht. –

Zwischen 1170 und 1200 sind daktylische Formen in der Lieddichtung (relativ) am häufigsten vertreten (Kaiser Heinrich, Friedrich von Hausen, Rudolf von Fenis, Bligger von Steinach, Heinrich von Morungen u. a.); nach 1200 treten sie wiederum zurück. Als Beispiel eine Strophe Heinrichs von Morungen:

---

[1] vgl. F. Gennrich, Kontrafaktur, S. 365ff. – U. Pretzel, Zwei Gedichte Heinrichs von Morungen, in: Öhmann-Festschrift, Helsinki 1954, S. 569–586, S. 572ff. – Ders., Dt. Verskunst, Sp. 2435ff. – Heusler, Dt. Versgeschichte I, § 676ff.

[2] vgl. B. Kippenberg, Der Rhythmus im Minnesang.

[3] F. Gennrich, Kontrafaktur, S. 365.

Léitlîche / blickẹ unde / grốzliche / ríuwe ^
hấn mir daz / hérzẹ und den / lî́p nâch ver / lórn. ^^
mî́n alte / nốt die / klágtẹ ich für / níuwe, ^
wán daz ich / fǘrhte der / schímpfere / zórn. ^^
síngẹ ab ích durch die díu mich fréute híe bevórn, ^
số velsche / dúrch got nie / mán mîne / tríuwe, ^
wán ich durch / sánc bin zer / wérlde ge | bórn. ^^

MF 133, 13

§ 90. Spruchdichtung.

Im Spruch gehören, wie im Lied, metrische und musikalische Form eng zusammen (mit Kontrafakturen aus dem romanischen Bereich können wir hier allerdings nicht rechnen). Im Unterschied zum Lied (mit Ausnahme des frühen Minnesangs) ist der Spruch einstrophig, doch sind meist mehrere Sprüche nach einem Ton gebaut, d. h. sie haben die gleiche Strophenform (und wurden nach der gleichen Melodie vorgetragen). Thematische Bezüge zwischen Sprüchen gleicher Form können, aber müssen nicht gegeben sein. Bei Walther von der Vogelweide, dem formenreichsten der mittelhochdeutschen Spruchdichter, lassen sich solche bewußt gestaltete Zusammenhänge erkennen, bei anderen dagegen – Herger, Spervogel, Reinmar von Zweter – wird einem Ton eine Fülle verschiedenartiger Themen zugeordnet.
Ganz allgemein charakterisiert erscheinen die Strophenformen der Spruchdichtung gegenüber denen der gleichzeitigen Lieddichtung umfangreicher, komplizierter und ausladender (größere Anzahl von Versen, unterschiedliche Länge der einzelnen Verse, verwickelte Gliederungsprinzipien und Reimanordnungen, lange Zeilen: Sechstakter und länger). Stollige Strophenform setzt sich in der nachwaltherschen Spruchdichtung in zunehmendem Maße durch, eine Entwicklung, die zum Meistersang hinführt.
Mit den Namen Spervogel und Herger sind zwei frühe Spruchtöne verbunden (vgl. MF 20,1ff., 25,13ff.):
Hergerstrophe:

Zwên hunde striten umbe ein bein	A 4 v a	A 4 a
dô stuont der bœser unde grein.	A 4 v a	A 4 a
waz half in al sîn grînen?	A 4 k b	A 3 b –
er muostez bein vermîden.	A 4 k b	A 3 b –
der ander der truogez	A 4 k c	A 3 c –
von dem tische hin zer tür:	4 v x	4 x
er stuont ze sîner angesiht und gnuogez.	A 6 k c	A 5 c –

MF 28, 6

Sie gliedert sich in zwei Reimpaare und abschließende Waisenterzine (c x c), die Waise immer mit männlich voller Kadenz, die sie umgebenden reimenden Verse mit klingender, weiblicher Kadenz. Den Strophenausgang bildet eine lange Zeile (6-taktig klingend, 5-hebig weiblich), meist die Pointe oder Lehre enthaltend. Metrische (und inhaltliche) ›Schlußbeschwerung‹ verleihen der Strophe einen festen Abschluß.
Die sechszeilige Spervogel-Strophe (Reimschema aa bb cc) ist komplizierter gebaut und verbindet die verschiedensten Elemente: auf zwei lange Zeilen (6-Heber) folgen zwei Kurzzeilen (4-Heber), abschließend ein Langzeilenpaar, dessen Abverse klingende Kadenz aufweisen.
Aus den Spruchtönen Walthers von der Vogelweide wählen wir als Beispiel den Wiener Hofton (Wa. 20,16ff.), der eine kunstvolle, reichgegliederte Kanzonenform besitzt. In der Kolmarer Handschrift, einer Meistersingerhandschrift aus der Mitte des 15. Jahrhunderts, ist zu ihm eine Melodie, die ›Hof- und Wendelweise‹, überliefert, so daß sich hier metrischer und musikalischer Strophenbau vergleichen lassen.

					Melodie
		Mir ist verspart der sælden tor:	A 4 v a	A 4 a	α
	I	*dâ stên ich als ein weise vor:*	A 4 v a	A 4 a	β
A		*mich hilfet niht swaz ich dar an geklopfe.*	A 6 k b	A 5 b –	γ
		Wie möht ein wunder græzer sîn?	A 4 v c	A 4 c	α
	II	*ez regent bêdenthalben mîn,*	A 4 v c	A 4 c	β
		daz mir des alles niht enwirt ein tropfe.	A 6 k b	A 5 b –	γ
		Des fürsten milte ûz Ôsterrîche	A 4 wv d	A 4 d –	δ
		fröit dem süezen regen gelîche	4 wv d	4 d –	ε
		beidiu liute unt ouch daz lant.	4 v e	4 e	ζ
		erst ein schœne wol gezieret heide,	6 k f	5 f –	η
B		*dar abe man bluomen brichet wunder.*	A 4 wv g	A 4 g –	ϑ
		und bræche mir ein blat dar under	A 4 wv g	A 4 g –	ι
		ein vil milte rîchiu hant,	A 4 v e	4 e	κ
		so möhte ich loben die liehten ougenweide.	A 6 k f	A 5 f –	λ
		hie bî sî er an mich gemant.	A 4 v e	A 4 e	μ

Walther von der Vogelweide 20, 31

Metrischer Bau: Terzinenstollen, 9-zeiliger durch Reime gegliederter Abgesang (d d e / f g g e f e).
Musikalischer Bau: Wiederholung der Stollenmelodie, durchkomponierter Abgesang. Die innere Ordnung der Melodie faßt Zeilengruppen enger

zusammen und zeigt folgendes Bild: 3+3 | 3 | 4+2 oder 6 || 3 | 6[1], was dem metrischen Bau entspricht.[2]
Für die Spruchdichtung des 13. Jahrhunderts geben wir als Beispiel einen Spruch Reinmars von Zweter, von dem über 300 Sprüche überliefert sind, die fast alle im gleichen Ton, ›Frauen-Ehren-Ton‹ genannt, abgefaßt sind:

Nû seht, wie listic daz er was,
der ûz trüeber aschen worhte ein lûter spiegelglas,
sô lûter unt sô reine, daz er sîn selbes bilde drinne ersach.
Unt was daz niht ein wunder grôz,
daz ers von aschen worhte, unt was doch selbe ein erdenclôz?
dâ von so wart gemachet unser vater, dêst lanc, daz daz geschach.
Den liez sîn schepher zaschen wider werden:
nû wil er aber ûz der selben erden
vil manegen reinen spiegel machen,
der immer muoz ân ende sîn
noch lûterr dan der sunnen schîn:
sîn kunst ist ganz, die kan im nieman swachen. **hrsg. Roethe, Nr. 189**

Formel: A	I = II	A 4 v a	(A) 7 v b	A 8 v c:		A 4 a	A 7 b	8 c:	
B	III	A 6 k d	A 6 k d	A 4 wv e		A 5 d–	A 5 d–	A 4 e–	
	IV	A 4 v f	A 4 v f	A 6 k e		A 4 f	A 4 f	A 5 e–	

Diese ungleichversige, ›ausladende‹ Kanzonenform (Terzinenstollen, Abgesang: Dreiversgruppen mit Schweifreimbindung) nimmt in ihrer routinierten Kompliziertheit schon manches aus der Meistersingerübung vorweg.

§ 91. Leich (zu got. *laiks*, germ. **laik-* ›Tanz, Spiel‹)

Grundsätzliches formales Unterscheidungsmerkmal des Leichs gegenüber Lied und Spruch ist seine Unstrophigkeit; metrisch und musikalisch folgt er anderen Baugesetzen. Aber wie die durchgereimten und stolligen Strophenformen (s. o. § 86ff.) taucht diese Großform in Deutschland erst in der Periode des Einwirkens romanischer Formkunst auf (nach 1180, Ulrich von Gutenburg, Heinrich von Rugge). Relativ am reichsten ist er im

[1] U. Aarburg, Wort und Weise im Wiener Hofton, ZfdA 88 (1957/58), S. 196ff., 202.
[2] Zur Feinstruktur der Melodie vgl. W. Mohr, Zu Walthers ›Hofweise‹ und ›Feinem Ton‹, ZfdA 85 (1954/55), S. 38–43; F. Gennrich, Zur Liedkunst Walthers von der Vogelweide, ebda S. 203–209.

13. Jahrhundert überliefert (Walther, Reinmar von Zweter, Ulrich von Winterstetten, Konrad von Würzburg, Tannhäuser, Gliers, Frauenlob). Späterhin tritt er als Kunstform wieder zurück, wenn er auch nicht ganz verschwindet (Nachbildungen im Meistersang).

Die Herkunft des Leichs suchte frühere Forschung aus der kirchlichen Sequenz herzuleiten, als deren Keimzelle wiederum die melismatisch gestaltete, langausgehaltene letzte Silbe im Halleluja nach dem Graduale (des Meßgesangs) angesehen wurde (Textierung und musikalische Ausgestaltung). Neuere Forschung[1] hingegen setzt an eine »gemeinsame vorliterarische Wurzel für Sequenz und Lai/Leich (Lai = französische Form gleichen Bauprinzips), die vielleicht im keltisch-irischen Bereich zu suchen ist«.

Formales Grundprinzip des Leichs ist die ein- und mehrfache Wiederholung metrisch und musikalisch gleichgebauter Abschnitte, die als Versikel bezeichnet werden, wobei jedoch metrische und musikalische Versikel nicht identisch sein müssen (die musikalische Struktur kann die metrische übergreifen und umgekehrt). Die einzelnen Versikel können durch variierende Zeilenlängen, Reimbindungen usw. reich in sich gegliedert sein. Der Leich als Form ist dann eine Folge formverschiedener Teile (= Versikelgruppen), die nach bestimmten Baugesetzen angeordnet sind. Da uns mit wenigen Ausnahmen (z. B. zum Leich des Wilden Alexander, den 3 Leichen Frauenlobs u. a.) Melodien zu deutschen Leichen nicht überliefert sind, sind wir wiederum auf textmetrische Analysen angewiesen.

Einfachste Form der Wiederholung ist die ›fortschreitende Repetition‹. Wenn wir die einzelnen Versikel mit Großbuchstaben bezeichnen, zeigt sie folgendes Schema: AA BB CC . . ., wo sie von einteiliger Eingangs- und Schlußversikel umrahmt wird: A BB CC DD E. – Wenn eine Gruppe von Versikeln dieser Art wiederholt wird, spricht man von Gruppenwiederholung, deren eine besondere Form der ›doppelte Kursus‹ ist:
AA BB CC . . . AA BB CC . . . oder mit einteiligem Eingangs-, Mittel- und Schlußstück:

A BB CC **M** BB CC **D**

Damit sind jedoch Formreichtum und Formmöglichkeiten der deutschen Leichdichtung erst angedeutet. Neben den der Sequenz im engeren Sinne

[1] U. Aarburg, Lai/Leich, MGG 8, Sp. 81–87. – H. Spanke, Zur Geschichte der lateinischen nichtliturgischen Sequenz, Speculum 7 (1932), S. 367–382. – Ders., Sequenz und Lai, Studi Medievali N. S., 11 (1938), S. 12–68. – J. Handschin, Über Estampie und Sequenz, Zs. f. Musikwiss. 12 (1929/30), S. 1–20; 13 (1930/31), S. 113–132. – F. Gennrich, Formenlehre, S. 96ff. – G. Reichert, Strukturprobleme der älteren Sequenz, DVjs 23 (1949), S. 227–251.

nahestehenden Typen (mit fortschreitender Repetition, doppeltem Kursus) unterscheidet Hugo Kuhn[1] einen der Estampie[2] zugehörigen Typ und ferner einen freien, sehr rhythmischen Lai-Typ (französischen Lai-Formen nahestehend); Form- und Aufbauschemata vgl. Minnesangs Wende S. 140ff. Die Frage nach weiteren Typen sowie Baugesetze und Beziehungen zwischen den musikalisch verwandten Formen, Sequenz – Lai/Leich – Estampie, sind noch kaum geklärt.

D. DER MEISTERSANG

§ 92. Als Kunstübung lebt der Meistersang vom 14. bis ins 19. Jahrhundert[3]. Den historischen Schwerpunkt innerhalb dieser großen Zeitspanne bilden das 15. und 16. Jahrhundert. Über die ›Regeln‹ dieser Kunst sind wir weit besser unterrichtet als über die Verskunst vorangehender Epochen[4], auch die Melodieüberlieferung ist umfangreicher. Das Meisterlied wird einstimmig und ohne Instrumentalbegleitung gesungen. Bis gegen Ende des 15. Jahrhunderts dichtete und sang man hauptsächlich in den Tönen der ›zwölf alten Meister‹ (darunter Walther von der Vogelweide, Wolfram von Eschenbach, Konrad von Würzburg, Frauenlob, Regenbogen, Boppe, der Marner), was gegenüber Minnesang und Spruchdichtung des 12. und 13. Jahrhunderts eine formale Beschränkung und damit auch eine große Künstlichkeit der sprachlichen Form bedeutete; mußten doch zu vorgegebener Weise und Strophenform neue Worte gefunden werden. Erst mit und nach Hans Folz, zu Beginn des 16. Jahrhunderts, wird das Erfinden neuer Töne (offiziell) gestattet, zur Erlangung der Meisterwürde sogar notwendig. – Die einzelnen Töne erhalten charakterisierende Na-

---

[1] H. Kuhn, Minnesangs Wende, S. 91ff., bes. 140ff. – Ders., Leich, RL[2] II, S. 39–42.
[2] Die Estampie – ein vokalisches oder instrumentales volkstümliches Musikstück – zeigt ähnliche Wiederholungen als Aufbauprinzip wie Sequenz und Leich. Besonderheit ist die sogenannte ›Kadenz- oder Endendifferenzierung‹: musikalisch gleichgebaute Versikel unterscheiden sich in der Gestaltung des Ausgangs: $\alpha + \omega_1$ $\alpha + \omega_2$ (Doppelversikel) = A A'. J. Handschin, Estampie, MGG 3, Sp. 1549–61; Gennrich, Formenlehre, S. 159.
[3] Der letzte Meistersinger starb 1922 in Memmingen.
[4] Tabulaturen (Vorschriften über Vortrag und Bau der Lieder, Bewertung von Verstößen gegen die ›Regeln‹), A. Puschmanns »Berichte«. Zur Metrik des Meistersangs: Heusler, Dt. Versgeschichte III, § 857ff. B. Nagel, Der deutsche Meistersang. Poetische Technik, musikalische Form und Sprachgestaltung der Meistersinger, Heidelberg 1952, S. 39–68.

men: kurzer, langer, überlanger Ton, daneben werden auch Farbenbezeichnungen verwendet: blauer, grüner, schwarzer, güldner Ton. Neu erfundene Töne erhalten dann – mit Bezug auf Inhalt oder Verfasser – teilweise phantastische Namen: die gelbe Löwenhautweis, des Orphei sehnliche Klageweise, die Schreibpapierweis, Langsemelweis (von einem Meistersinger Semelhöfer).[1]

§ 93. Aus der Vorrangstellung, die vor allem im frühen Meistersang dem Ton gegenüber dem Text zukommt, erwächst als ein grundlegend neues Prinzip der Versgestaltung, das uns bisher in der deutschen Versgeschichte noch nicht begegnet ist: die Silbenzählung. Die Meistersinger wägen nicht, d. h. das Übereinstimmen der natürlichen Betonung der Wörter mit den metrischen Akzenten ist ihnen im einzelnen Vers nicht maßgebend. Sprachliche und metrische Akzente fallen nicht unbedingt zusammen. – Ferner setzt sich die schon in der späthöfischen Lied- und Spruchdichtung ausgeprägte Tendenz zum jambischen Versgang, strengem Alternieren von Hebung und Senkung bestimmend durch. Einsilbige Auftakte werden die Regel. – Silbenzählung und Alternation führen in den Meisterliedern vielfach zu schweren Tonbeugungen (sinnwidrige Betonungen, Betonung von Ableitungs-, Vor- und Endsilben statt von Stammsilben). Da es sich jedoch um Lieder handelt, mag der musikalische Vortrag hier manches ausgeglichen haben. – Da eine Verszeile in einer Atmungsbewegung vorgetragen werden sollte, wird späterhin auch ihre maximale Länge auf 13 Silben festgelegt (Puschmann). Die untere Grenze bilden – als Extremfall, nach B. Nagel – »Zeilen«, die nur aus einer Silbe bestehen[2].

§ 94. Für den Strophenbau wird die stollige Form mit der Gliederung in Stollen – Stollen – Abgesang im Meistersang durchweg verbindlich. Man bezeichnet sie als Barform oder Bar (eigentlich musikalischer Terminus für eine Strophe mit dem Melodie-Aufbauschema A A B)[3]. Rückbeziehung des Abgesangs auf den Aufgesang durch Wiederholung von Stollenteilen oder des ganzen Stollen erscheint häufig, vor allem musikalisch. Die einzelnen Strophen sind zum Teil sehr umfangreich; sie umfassen von 5 bis zu 100 Versen (»Reime«), 20–30 Verse für eine Strophe sind das gebräuchlichste Mittelmaß. Neben Melodie und der durch alle Variationen hin festen Grundstruktur halten den Strophenkörper vielgestaltige Reimbindungen zusammen. In der Reimtechnik greifen wir wohl das

[1] B. Nagel, a. a. O., S. 89f.; Heusler, Dt. Versgeschichte, § 858.
[2] B. Nagel, a. a. O. S. 55ff.
[3] K. Gudewill, Barform/Bar, MGG I, Sp. 1259–67.

auffälligste und anschaulichste Beispiel meistersingerischen Formenspiels. Häufung von einklängigen Reimen, Reimresponsionen zwischen den einzelnen Abschnitten einer Strophe oder den Strophen eines Liedes, Innen-, Schlag- und Pausenreime, sowie verborgene Reime (z. B. statt Endreim Anfangsreim) finden sich hier in einem Ausmaße, der selbst die Raffinesse spähöfischer Lied- und Spruchdichtung noch übersteigt. – Das Meisterlied setzt sich aus einer meist ungeraden Zahl von Strophen (Gesätzen, Gebänden, Stücken) zusammen. Es gibt gedritte, gefünfte, gesiebente Bare; diese Zahl steigt bis 13, doch sind gedritte (dreistrophige) die häufigsten.
Im allgemeinen ist der Bar wie das Minnelied gleichstrophig. Doch kommt ein neues Formspiel auf: jedes Gesätze eines Meisterliedes hat einen besonderen Ton (= Hort, eine Form, die in der Kolmarer Handschrift mit dem Leich vermischt ist!); so vereinigt Hans Sachs einmal seine 13 eigenen Meistertöne zu einem Lied.

§ 95. Melodien[1] sind zum Meistersang sehr viel zahlreicher überliefert als für den Minnesang und die Spruchdichtung der höfischen und späthöfischen Zeit. Da sie jedoch (vor allem in der Frühzeit des Meistersangs) meist in Choralnoten aufgezeichnet sind, die nur das Steigen und Fallen der Melodie und ihre Verteilung auf die Silben des Textes angeben, ist der Rhythmus im einzelnen wiederum eine Frage der Interpretation. Vielfach sucht man sie von der sprachlich-metrischen Gestaltung her zu lösen, wobei jedoch die Gefahr eines Zirkelschlusses naheliegt: aus der musikalischen Form schließt man auf die metrisch-rhythmische und aus dieser wiederum auf die musikalische.
Eindeutige Aufschlüsse erhalten wir über die musikalische Strophengliederung. Als grundlegendes, durchgehendes Bauschema erscheint auch hier die Barform; in ihrer einfachsten Ausprägung: A A | B (d. h. der zweite Stollen wiederholt die Melodie des ersten, der Abgesang besitzt eigene Melodiegestaltung). Sehr beliebt ist der sogenannte ›Reprisenbar‹, eine Da-capo-Form, in der entweder der ganze Stollen am Ende des Abgesangs wiederholt wird (A A || B A) oder auch nur Teile daraus, bzw. eine Formvariante (A A || B A'). Diese Wiederholung kann auch nur musikalisch durchgeführt sein und in der sprachlich-metrischen Gliederung keine Entsprechung finden. Als weitere Abwandlungen der Barform er-

[1] vgl. G. Eberth, Die Liedweisen der Kolmarer Handschrift, Göttingen 1933. U. Aarburg, Kolmarer Handschrift, MGG VII, Sp. 1415–19. B. Nagel, a. a. O., ›Die Musik des Meistersangs‹, S. 69–93. K. Gudewill, Barform/Bar, MGG I, Sp. 1259–67. H. Husmann, Aufbau und Entstehung des Cgm 4997 (Kolmarer Liederhandschrift), DVjs 34 (1960), S. 189–243.

scheinen: A A || BC, also Zweigliederung des Abgesangs und Durchkomposition. Gelegentlich begegnet auch ein stollig gebauter Abgesang aus zwei oder drei metrisch und musikalisch gleichen Perioden: A A || B B B. – Im frühen Meistersang ist, wie die Kolmarer Handschrift zeigt, die Da-capo-Form unter allen Abwandlungen der Barform am häufigsten vertreten.[1] – Auch da, wo man sich späterhin von den Tönen der alten Meister löst und eigene erfindet, ist meistersingerisches Komponieren und Textieren (Dichten) exakt und schulmäßig, eher ein Zusammensetzen von Melodiezeilen und vorgegebenen Motiven als freies, vorganghaftes Gestalten und Gestalt-werden-Lassen. – Als Beispiel für Form, Technik und Programm des Meistersangs zwei Strophen aus einem dreistrophigen Lied, das sich in der Kolmarer Handschrift in einer Gruppe von Liedern in ›Regenbogens langem dôn‹ findet:

Aufgesang	St.	*Die meister habent wol gesungen,*	A 4 a –
		her Frouwenlop Klingsôr und der von Eschenbach.	A 6 b
		der Êrenbote was künste rîch,	A 4 c
		den edeln Marner wil ich iemer prîsen.	A 5 d –
	St.	*An künsten ist in wol gelungen.*	A 4 a –
		der starke Boppe manigen hôhen sin durchbrach.	A 6 b
		wâ vint man iergen ir gelîch?	A 4 c
		ich mein Kuonrât von Wirzeburc den wîsen.	A 5 d –
Abgesang		*Wan ir gesanc gar ebene stât,*	A 4 e
		den habent sie mit künsten wol gemezzen.	A 5 f –
		swenn er ûz sînem munde gât,	A 4 e
		dar wart daz er der rîme iht vergezze.	A 5 f –
		und wil er danne ein singer sîn,	A 4 g
		daz ist nicht kindes spil.	A 3 h
		swer den gesanc gar ebene merken wil,	A 5 h
		die kriuze und daz gereite wol,	A 4 i
		verborgen rîme, wie die sint gestalt,	A 5 k
		nu hoerent wie er singen sol:	A 4 i
		die silben durch die rîme sint gezalt.	A 5 k
		er hüet sich vor eqwivocâ	A 4 x
		und bringe gesanc ûf ein gemezzen zil.	A 5 h
		füert er unrehte kunst dar în,	A 4 g
		ich aht sîn nicht swer valsch gesinget vil.	A 5 h

[1] vgl. G. Eberth, a. a. O., S. 66; B. Nagel, a. a. O., S. 79.

	Silbenzahl	
Noch kleiner vil dann ist ein milbe	9	
sô wil ich mezzen, sage ich iu, swem ich sîn gan.	12	
die silben sint mir wol bekant,	8	
der houbetrîme suln wir niht vergezzen.	11	»*houbetrîme*«
der erste rîm der hât niun silben,	9	
der ander zwelf, als ich ez wol bescheiden kan.	12	
dem dritten sint ir eht genant,	8	
dem vierden sint ir eilve wol gemezzen.	11	
Dar nach sô komt ir eht vil schôn	8	
und ân zwo drîzic (vierzic?) *hât daz kriuz gewegen.*	11	38 »*kriuz*«
swer singen wellę in disem dôn,	8	
der warte daz er solher sinne pflege.	11	
unt vier und zweinzic hânt die drî,	8	
alsô sint sie gestalt.	6	24 »*drî*«
sô meisterlîchen koment sie sô balt.	10	
nu hoert, ir herren, über al,	8	
swer mirz ûz rihtet, der ist niht ein tôr.	10	36 »*kriuz*«
dar nâch sô komt eins kriuzes schal	8	
mit sehs und drîzic, sage ich iu für wâr,	10	
und ehte die gânt ouch dar an,	8	
mit hôhen künsten stânt sie manicvalt,	10	
und ân zwên drîzic sint dâ bî:	8	28
sô sint die silben meisterlîch gezalt.	10	

Meisterlieder der Kolmarer Handschrift, ed. Bartsch, Nr. 82, 1 und 3.

IV. KAPITEL

DIE NEUHOCHDEUTSCHE REIMDICHTUNG

A. DER KNITTELVERS

§ 96. Der paarweise gereimte Vierheber, dessen Ausgestaltungen und Erscheinungsformen wir bei Otfrid, im frühmittelhochdeutschen Vers und im höfischen Epos verfolgt haben, bleibt für Jahrhunderte die beherrschende metrische Form der epischen und didaktischen Dichtung des Mittelalters. In der fast unabsehbaren Fülle spätmittelalterlicher Reimpaardichtungen erscheint er bald in der regelmäßigen und glatten Form, die sich in späthöfischer Zeit herausgebildet hatte, sehr häufig aber auch freier gestaltet (nach dem Taktprinzip rhythmisiert muß dann jeweils mit größerer Füllungsfreiheit gerechnet werden). In beiden Varianten wirkt er als Formtradition ins 16. Jahrhundert weiter.

Paarweise gereimte Vierheber bilden auch das Grundmaß der dramatischen, erzählenden und lehrhaft-satirischen Dichtung des 16. Jahrhunderts. Die ursprünglich abschätzige Bezeichnung Knittel-(Knüttel-)vers – so verwendet in der Poetik des 17. und 18. Jahrhunderts – bezog sich auf die Holprigkeit und Schwerfälligkeit dieses Versmaßes[1]. Im 17./18. Jahrhundert, als in der deutschen Verskunst romanische Vorbilder wieder bestimmend wurden, hält sich der Knittelvers vereinzelt aber ausdauernd in volkstümlicher Dichtung oder parodistisch verwendet (A. Gryphius, ›Peter Squenz‹) und erlebt erst in der zweiten Hälfte des 18. Jahrhunderts seine literarische Rehabilitierung. Goethe[2] greift ihn besonders in frühen Dichtungen auf (u. a. Jahrmarktsfest zu Plundersweilern, Pater Brey, Künstlers Erdewallen, Hans Sachsens poetische Sendung, Teile des Urfaust), späterhin auch im ›West-östlichen Divan‹ und in der gereimten Spruchdichtung (Zahme Xenien). Schiller verwendet Knittelverse in Wallensteins Lager (Kapuzinerpredigt). In dieser Zeit entsteht auch ein Epos in diesem Versmaß: Kortums ›Jobsiade‹, ein komisches Heldengedicht (1784/99). In humoristischer, parodistischer und volkstümlicher Dichtung behauptet der Knittelvers weiterhin seinen Platz in der Literatur: von Mörikes ›Altem Turmhahn‹ über Wilhelm Busch bis hin zu Gerhart Hauptmanns ›Festspiel in deutschen Reimen‹ (1913) und Wedekinds Prolog zur ›Lulu‹, um nur wenige und verschiedenartige Beispiele herauszugreifen.

---

[1] »Knittel« heißt ursprünglich so viel wie ›Reim‹.

[2] Heusler, Dt. Versgeschichte III, § 1190ff. – O. Flohr, Geschichte des Knittelverses vom 17. Jh. bis zur Jugend Goethes, 1893.

§ 97. Vierhebigkeit, paarweise Reimbindung und volle Kadenz (nach Heusler einsilbig und zweisilbig voll, d. h. männlicher und weiblicher Versausgang) sind die Hauptcharakteristika des frühneuhochdeutschen und neuhochdeutschen Knittelverses. Für die Gestaltung des Versinneren und besonders der Kadenz wird eine sprachliche Entwicklung, die Dehnung kurzer Vokale in offener Tonsilbe, wirksam; dadurch fallen die ursprünglich zweisilbig männlich vollen Kadenzen vom Typ *săgĕn*, *bŏtĕ* = |⏑́ ⏑ ^| mit den zweisilbig weiblich vollen vom Typ *güete*, *meien* = | x́x| zusammen: *sāgen*, *bōte* | x́x|. (Von den Heuslerschen Kadenztypen finden sich in der neuhochdeutschen Dichtung nun noch: stumpfe, klingende, männlich und weiblich volle Kadenzen.)

Heusler unterscheidet beim Knittelvers des 15./16. Jahrhunderts eine ›freie‹ und eine ›strenge‹ Form[1]; erstere hauptsächlich verwendet von Hans Rosenplüt, Pamphilus Gengenbach, Burkard Waldis (in seinen niederdeutschen Dichtungen) und Thomas Murner (die jedoch auch in ›strengen‹ Knittelversen dichten), letztere vor allem bei Hans Sachs und Johann Fischart[2]. Freier und strenger Knittelvers unterscheiden sich – quantitativ – durch verschiedene Silbensumme: der freie umfaßt 6–15 Silben, der strenge 8 (bei männlichem Versausgang) oder 9 Silben (bei weiblichem Versausgang). Letzterer zeigt also das Prinzip der Silbenzählung wie der Meistersang. Die strenge Form bleibt (als eine Sonderentwicklung) auf das 16. Jahrhundert beschränkt; in neuerer Zeit übernimmt man immer die freie Form (oft mit der historisch ungenauen Berufung auf Hans Sachs).

§ 98. Die Auseinandersetzung darüber, wie diese Verse zu rhythmisieren und vorzutragen sind, ist bis heute nicht abgeschlossen. Für den freien Knittelvers stellt sich die Entscheidung verhältnismäßig einfach: er ist ein sprechrhythmisch vielgestaltiger Vierheber mit freier Füllung der Eingangs- und Binnensenkung; seine vier Hebungen lassen sich sinngemäß und rhythmisch ausdrucksvoll auf den Vers verteilen (nach Heuslers Taktprinzip rhythmisiert ergeben sich dann häufig ein- und mehrsilbige Innentakte und lange Auftakte). – Auf sinngemäßer Betonung, freier Verteilung der vier Hebungen besteht Heusler[3] auch beim strengen Knittelvers, dem

---

[1] Heusler, Dt. Versgeschichte III, § 900ff.

[2] Sebastian Brants 8/9-Silber bezeichnet Heusler nicht als Knittelvers sondern als »vierhebigen Jambus mit oft aussetzendem Wägen . . ., angeregt durch den lateinischen Versbegriff«, § 911.

[3] Dt. Versgeschichte III, § 914ff. Hier auch Auseinandersetzung mit früheren gegensätzlichen Meinungen.

Hans-Sachs-Vers im engeren Sinn. Die gegensätzliche Meinung: strenge Alternation von Hebung und Senkung ohne Rücksicht auf schwere Tonbeugungen (*zérbrechén* z. B.) hat neuerdings wieder U. Pretzel[1] vertreten. Beide berufen sich auf den Theoretiker Puschmann und seinen »Gründlichen Bericht des deutschen Meistergesangs« (dritte Fassung von 1596), den sie jedoch verschieden interpretieren. Mit dem Hilfsmittel der ›schwebenden Betonung‹ (so Sievers und Saran) läßt sich der Widerspruch zwischen metrischem Akzent und sinngemäßer Wortbetonung nicht ausgleichen[2]. Darin stimmen Heusler und Pretzel überein. – Ehe die Rhythmik der silbenzählenden gesungenen Verse des 16. Jahrhunderts[3] und die dramatische Aufführungspraxis der Meistersinger, aus denen sich neue Aspekte für diese Streitfrage ergeben könnten, nicht genauer erforscht sind, müssen wir für den Hans-Sachs-Vers regelmäßig alternierenden Vortrag annehmen. Tonbeugungen, die das metrische Schema dann vielfach fordert, lassen sich nicht ausgleichen, müssen aber nicht unbedingt forciert werden. In Analogie zu dieser Stilisierung der Betonung steht auch der quantitative Zwang durch die feste Silbensumme, dem die Sprache in diesen Versen unterworfen wird (Kürzung von Nebensilben, Ausstoßung von unbetontem *e*, Entwicklung von unetymologischen Sproßvokalen, z. B. *zoren* für *zorn*). Im Unterschied zum freien Knittelvers wird der strenge vom Metrum viel stärker geprägt und stilisiert.

Beispiele für den freien Knittelvers:

Nu schwéigt und hört frémde mér,
Die kúmen auß férren lánden hér.
Es hát der künig auß éngellánt
Sein érwerge pótschaft áußgesánt
Und léßet allerméniglich bedeúten
Búrgern und púrgerinn und édelleúten
Und fürsten und hérrn und gráven und fréien
Und léßt ainn hóf außrüfen und schréien.
Wer frölich séin wöll, dér soll kúmen.

[1] Pretzel, Dt. Verskunst, Sp. 2477ff.; vor ihm mit gleichen Argumenten: K. Drescher, Max-Koch-Festschrift 1926, S. 161ff. – W. Kayser, Geschichte des deutschen Verses, Bern 1960, S. 23f., gleichfalls für strenge Alternation.
[2] Ein möglicher Ausgleich: A. Schirokauer, Zur Metrik des Hans-Sachs-Verses, PBB 50 (1926), S. 296–301.
[3] W. Mohr, Deutsche Versmaße, RL²I, S. 234.

Der künig der hát im für genúmen,
Der wil ain gróße hóchzait háben,
Und wil áll sein frémd gést begáben
Mit kósperr réicher réverénz.

Hans Rosenplüt, Des Künig von Engellant Hochzeit

Gott lób, die süße Nácht ist nun kómmen!
O hätt ich doch nún meinen Piramus vernómmen
wo find ich ihn? wo ist er hin?
Nach ihm steht áll mein Hértz und Sinn.

Andreas Gryphius, Herr Peter Squenz

Ich will nicht! ich kánn nicht!
Das schändliche, verzérrte Gesicht!
Soll ich só verdérben den himmlischen Mórgen,
Da sie noch rúhen áll meine lieben Sórgen!
Gútes Wéib! kóstbare Kléinen!
Auróra, wie néukräftig liegt die Érd' um dich!
Und dieses Hérz fühlt wieder júgendlich,
Und mein Áuge wie sélig, dir entgégen zu weinen!

Goethe, Künstlers Erdewallen

Strenger Knittelvers:
(*Eua tridt ein vnnd spricht:*)

Ich bin das Ármut séligst Wéyb,
Beydé an Séel vnnd áuch an Léyb,
Seit dás ich fólget án den órten
Den schméichelháfften, süssen wórten
Der Héllisch Sátanischen Schlángen,
Das ich im Páradéiß entpfángen
Hab únd aß die verbótten frúcht,
Das ich nun fórt hin bin verflúcht
Von Gótt vnd háb sein gnád verlórn
Vnd bin auch áußgetrieben wórn
Vom Páradéiß vnd múß auff Érn
Mit schmértzen méine Kindt gebérn,
Mich áuch dückén vor méinem Mán.
Ach Gótt, groß vbel háb ich thán.

(*Adam kummet mit seiner hawen vnd spricht:*)

Gruß dich Gott, mein hertzliebes Wéyb!
Ich bin gantz múdt vnd mát von Léyb.
Ich háb daus ghréüt vnd ùmbgeháwen,
Das Érdtrich frúchtbarlich zu báwen
Gar nách dem Góttlichén gehéiß,
Das ich in méines Ángsichts schwéyß
Das ártselich brodt háb zu éssen.
Wie bist so tráwrig áuft thür gséssen?
Mein liebes Wéyb, was léidt dir án?

Hans Sachs, Fastnachtspiel »Wie Gott, der Herr, Adam vnnd Eua jhre Kinder segnet«

B. DAS KIRCHENLIED DES 16. JAHRHUNDERTS

§ 99. Volkssprachliche geistliche Lieder – oft als Kontrafakturen weltlicher Lieder oder als Nachdichtungen lateinischer Hymnen und Sequenzen – entstehen im hohen und vor allem späten Mittelalter aus den verschiedenartigsten Gebrauchssituationen: Leisen (aus den Kyrie-rufen der Laien erwachsen), Kreuzzugs- und Pilgerlieder, Marienlieder, Geißlerlieder, Liedeinlagen in geistlichen Spielen usw. Liturgische und nichtliturgische Elemente (von teils schwer bestimmbarer Herkunft) sind in ihnen vielfältig und oft kaum unterscheidbar miteinander verbunden. Für die Verwendung einiger dieser Lieder als Kirchenlieder im engeren Sinn, d. h. als Gemeindegesang im Rahmen der Liturgie, finden sich schon im späten Mittelalter Belege[1]. In und seit der Reformation erhält das Kirchenlied einen festen Platz in der Gottesdienstordnung, und so werden in dieser Zeit viele Lieder neugeschaffen oder aus altem überkommenen Liedgut neu geformt. Die Kirchenlieder des 16. Jahrhunderts, deren früheste (evangelische) schon 1524 zu einer Sammlung, einem ›Enchiridion‹ zusammengefaßt wurden, bilden Grundlage und wesentlichen Bestandteil aller späteren Gesangbücher. (Ebenso entsteht 1539 das erste katholische Gesangbuch, hrsg. von Michael Vehe.)

Wie in den gleichzeitigen Meisterliedern herrscht im Kirchenlied weithin das Prinzip der Silbenzählung und Alternation (zum Teil mit schweren

[1] W. I. Geppert, Kirchenlied, RL[2] I, S. 819–52, hier S. 822ff. (mit reichen Literaturangaben). – Zu Luthers Kirchenliedern bes. Heusler, Dt. Versgeschichte III, § 866ff. – G. Baesecke, Luthers deutscher Versbau, PBB 62 (1938), S. 60–121.

Tonbeugungen), daneben aber auch freiere Versgestaltung (auftaktlose Verse, z. T. in planvollem Wechsel mit auftaktigen; Kadenzentausch; einsilbige Innentakte). Mit Ausnahme der wenigen in Meistersingertradition entstandenen Lieder zeigt das Kirchenlied – im Vergleich zum Meisterlied – weniger und einfachere Aufbauelemente, aber breitere Vielfalt in den Strophenformen und läßt sich daher eher dem Volkslied vergleichen, s. § 101 ff. Verbreitetstes Aufbauelement ist der Vierheber, nach Heusler Viertakter (mit und ohne Auftakt, mit stumpfer, klingender und voller Kadenz), daneben, weniger häufig, Sechs- und Zweitakter. Reimbindungen, vor allem aber Kadenzverhältnisse in den reinen Viertakterstrophen oder Viertakter-abschnitten von Strophen entsprechen metrisch häufig denen alter Langzeilentypen: 4 k 4 s (nach Heusler) = Nibelungenzeile (auch im Hildebrandston und verwandten Strophenformen), 4 v 4 k (nach Heusler) = Vagantenzeile (Beispiele für letztere: Luther, ›Ein feste Burg‹, ›Aus tiefer Not‹).

§ 100. Der Strophenbau des Kirchenliedes bietet metrisch und musikalisch ein abwechslungsreiches Bild, da hier auf Formen verschiedenster Herkunft zurückgegriffen wird. Die einzelnen Strophen sind – der Herkunft und dem andersartigen Gebrauch entsprechend – weniger umfangreich als im Meisterlied (zwischen 4 und 14 Zeilen, 6–8 das Gebräuchlichste), doch bestehen die Lieder teils aus zehn, zwanzig und mehr Strophen (Gesangbücher späterer Jahrhunderte bringen meist nur eine Auswahl aus solchen vielstrophigen Liedern).

Neben stolligen Formen (metrisch und musikalisch Barformen) finden sich die verschiedensten Variationen durchgereimter und durchkomponierter Strophen. Vierzeiler, wie die alte ambrosianische Hymnenstrophe (s. o. § 40), aus zwei kurzen (Viertakter-) Reimpaaren bestehend, werden verhältnismäßig häufig verwendet (mit und ohne Kehrreim) und gehören auch weiterhin zu den Haupttypen des Strophenbaus; z. B. in Luthers ›Kinderlied auf die Weihnachten: Vom Himmel hoch da komm ich her‹ (Kontrafaktur des Volksliedes ›Ich komm aus fremden Landen her‹) oder in Nikolaus Hermanns ›Erschienen ist der herrlich Tag‹ usw. – Weitverbreitete Strophenformen im Kirchenlied des 16., wie späterer Jahrhunderte sind ferner der ›Hildebrandston‹ und die (stollig gebaute) siebenzeilige Strophe, die Luther aus dem Volkslied der Zeit ins Kirchenlied übernahm[1].

---

[1] E. F. Kossmann, Die siebenzeilige Strophe in der deutschen Literatur, Haag 1923, bes. S. 36ff. (Lutherstrophe), S. 56ff. (im protestantischen Choral).

Beispiel für den ›Hildebrandston‹, bei dem nun der ›Anversreim‹ konsequent durchgeführt ist, so daß Kreuzreime entstehen:

Hertzlich thut mich erfrewen	A 4 k a	A 3 a –
die liebe Sommer zeit,	A 4 s b	A 3 b
Wann Gott wird schön vernewen	A 4 k a	A 3 a –
alles zur ewigkeit,	A 4 s b	A 3 b
Den Himel vnd die Erden	A 4 k c	A 3 c –
wird Gott new schaffen gar,	A 4 s d	A 3 d
all Creatur sol werden	A 4 k c	A 3 c –
gantz herrlich, hübsch vnd klar.	A 4 s d	A 3 d

Johann Walther

Musikalisch erscheint diese metrische Form in doppelter Ausgestaltung: entweder durchkomponiert (wie in unserem Beispiel), so daß jeder Textzeile eine andere Melodiezeile entspricht, oder als Barform (Zeile 1–2 und 3–4 Stollen mit Wiederholung der Melodie, Zeile 5–8 Abgesang). Beide Arten der Vertonung dieser Strophenform finden sich auch im Kirchenlied der folgenden Jahrhunderte nebeneinander.
Beispiel einer siebenzeiligen Strophe:

A	*Aus tieffer not schrey ich zu dyr,*	A 4 v a	A 4 a
	Herr Gott erhor meyn ruffen	A 4 k b	A 3 b –
	Deyn gnedig oren her zu myr	A 4 v a	A 4 a
	vnd meyner bitt sie offen,	A 4 k b	A 3 b –
B	*Deñ so du willt das sehen an*	A 4 v c	A 4 c
	was sund vnd vnrecht ist gethan	A 4 v c	A 4 c
	wer kan Herr fur dyr bleyben?	A 4 k x	A 3 x –

Martin Luther

Sie zeigt metrisch und musikalisch durchweg stolligen Bau, Barform und wie der achtzeilige ›Hildebrandston‹ feste Kadenzregelung. In dieser besonderen Ausprägung, die man auch als ›Lutherstrophe‹ bezeichnet, wird sie im evangelischen Choral immer wieder nachgebildet. Formvarianten (durch veränderte Kadenzgestaltung und andere Reimanordnungen und -bindungen innerhalb des Abgesangs) treten dagegen zurück.

§ 101. Neben der silbenzählenden Kunst der Meistersinger lebt eine Lied- und Sangestradition weiter, in der die alte Füllungsfreiheit erhalten bleibt und – soweit wir beurteilen können – Tonbeugungen durchweg vermieden werden. Sie läßt sich formal dem frühen deutschen Minnesang vergleichen, geht zum Teil wohl auf typologisch noch ältere volkstümliche Liedformen zurück, bleibt uns aber in ihren genauen Beziehungen und der Herkunft nach schwer greifbar. Diese Lieder, die wir als »Volkslieder« bezeichnen, behalten auch im 16. Jahrhundert und später – fern von schulmäßiger Pflege – ihre freie Form. Manches davon fassen bereits die Sammlungen des 15./16. Jahrhundert zusammen (Lochamer, Glogauer, Frankfurter, Antwerpener Liederbuch z. B.), anderes erscheint auf Flugblättern. Wenn die Volkslieder auch durch Jahrhunderte hauptsächlich in mündlicher Tradition leben, müssen wir doch immer auch mit einem wechselseitigen Austausch zwischen mündlicher und schriftlicher Tradition rechnen. Die gelehrte, durch fremde Vorbilder bestimmte Dichtung und Poetik beachtet sie bis spät ins 18. Jahrhundert hinein kaum. Allenfalls berief man sich bei der Einführung des Daktylus und anderer Versmaße mit zwei- und mehrsilbigen Senkungen auf die »gemeinen Liedlein« mit ihren oft vielsilbigen Takten, aber Nachahmung fand ihre Form nicht. Ihre Verse galten als kunstlos, weil nicht ›gemessen‹, bis Herder durch die Ausgabe seiner »Volkslieder« (bei ihm auch diese Bezeichnung, dem englischen ›popular song‹ entsprechend) auch diesen weiten Bereich der Literatur erneut erschloß. Vorher schon hatte Thomas Percy in seinen ›Reliques of Ancient English Poetry‹ (1765) der literarischen Welt eine Sammlung ähnlicher Lieder und Gedichte vorgelegt. Wie mit dem Sammeln begann man Ende des 18. Jahrhunderts auch mit dem Nachbilden dieser Volksliedformen in der Kunstdichtung. Im deutschen Bereich ist Goethe wieder einer der ersten, der diese Anregungen aufgreift (Heidenröslein u. a.), dann vor allem – in Deutschland und England – die Romantiker. Neben antiken und romanischen Formen bilden die ›volksliedhaften‹ und ihre freieren Nachgestaltungen den Grundbestand metrischen Formgutes in der lyrischen Dichtung des 19. und z. T. auch noch des 20. Jahrhunderts.

§ 102. Charakteristisch für die Volkslieder sind einfache, stets gereimte, sangbare Strophenformen, wie auch die Anonymität der Überlieferung und ihre relativ späte Übernahme in den Bereich der Schriftlichkeit. Manche leben bis heute als gesungene Lieder außerhalb der eigentlich literarischen

Tradition; was dagegen in den großen, literarisch einflußreichen Sammlungen des 18./19. Jahrhunderts (Herder, Arnim – Brentano, Uhland u. a.) zusammengestellt wurde, ist ohne Melodieüberlieferung ediert[1]. – Eine umfangreiche Sammlung ›Deutsche Volkslieder mit ihren Melodien‹ gibt seit 1935 das Deutsche Volksliedarchiv (Freiburg i. Breisgau; die ersten Bände unter Leitung von John Meier) heraus. Für eine Untersuchung der Zusammenhänge zwischen metrischer und musikalischer Form bietet das Volkslied eine noch reichere Fülle von Beispielen als das Kirchenlied, wenn wir auch hier für Form und Inhalt immer mit mehr oder weniger tiefgreifenden Veränderungen (durch ›Zersingen‹ und ›Umsingen‹[2]) innerhalb jahrhundertelanger (mündlicher) Tradition rechnen müssen. Auch in diesem Bereich ist von der neueren Forschung das Zusammenwirken von Volkskunde, Musik- und Literaturwissenschaft gefordert.
Die den Volksliedern nachgebildeten ›volkstümlichen Lieder‹ der Buchdichtung sind hingegen Kunstlieder, vertonte Sprechdichtung bzw. überhaupt nur Sprech- oder Lesedichtung. Über diesen grundlegenden Unterschied hinweg zeigen sie metrisch und formal ähnlichen Bau wie die Volkslieder, so daß sie unter diesem Aspekt – auch im Gegensatz zu den fremden Vorbildern nachgebildeten Versmaßen und -formen (siehe § 114ff.) – hier mit behandelt werden sollen.

§ 103. Sprachlich-metrisches Grundmaß der Volkslieder wie der ›volkstümlichen Lieder‹ der Buchdichtung ist nach Heusler der gerade ($\frac{2}{4}$) Takt:

Es steht eine Lind in jenem Tal
x | x́ ⏑ ⏑ | x́ x | x́ x | x́ ∧
In meines Vaters Garten
x | x́ x | x́ x | –́ | x̀ ∧

Für die Buchdichtung muß dann oft eine aufgelöste, dreiteilige Form (oder gar $\frac{3}{4}$-Takt) angesetzt werden:

Mein Sohn, was birgst du so bang dein Gesicht?
x | x́ x | x́ ⏑ ⏑ | x́ ⏑ ⏑ | x́ ∧ Goethe, Erlkönig 2, 1

---

[1] Daneben auch schon zahlreiche Sammlungen mit Melodiebeispielen. Zusammenstellung s. E. Seemann und W. Wiora, Volkslied, in: Dt. Phil. im Aufriß II, [2]1960, Sp. 349–396, bes. Sp. 391ff.

[2] Als destruktive und konstruktive Art der Wandlung, E. Seemann, a. a. O., Sp. 326. – Zur Singweise des deutschen Volksliedes W. Wiora, a. a. O., Sp. 373ff.

Und der Kaiser ergreift den goldnen Pokal
⏑ ⏑ | x́ ⏑ ⏑ | x̀ x | x́ ⏑ ⏑ | x́ ^

Schiller, Der Graf v. Habsburg 3,1

Ich weiß nicht was soll es bedeuten Heine, Lorelei 1,1
$\frac{3}{4}$ x | x́ x x | x́ x x | ⊥́ x
oder $\frac{2}{4}$ x | x ⏑ ⏑ | x́ ⏑ ⏑ | ⊥́ | x̀ ^

Für die Sprechdichtung werden wir jedoch in der metrischen Beschreibung neben dem Taktprinzip auch das weniger streng festgelegte Hebigkeitsprinzip heranziehen müssen. Den Vers

Es war ein König in Thule

können wir sowohl als klingenden Viertakter x | x́ x | x́ ⏑ ⏑ | ⊥́ | x̀ ^ wie auch als Dreiheber mit weiblichem Versausgang x x́ x x́ x x x́ x auffassen.

Ein anderes Grundmaß findet sich in einer Gruppe von Volksliedern, die nur im Süden des deutschsprachigen Gebietes und da erst verhältnismäßig spät (17. Jahrhundert) auftaucht: der schwere dreiteilige (Ländler-) Takt (nach Heusler)[1] der Schnaderhüpfeln[2].

Mein Schatz ist ein Schneider
Ein Schneider muß sein
⊥̀ | ⊥́ ⊥̀ ⊥̀ | ⊥́ ⊥̀ ^
⊥̀ | ⊥́ ⊥̀ ⊥̀ | ⊥́ ^ ^

Metrisch-rhythmisch Vergleichbares erscheint auch in den ›volkstümlichen‹ Formen der Buchdichtung, so z. B. in dem Gedicht Mörikes:

Früh, wann die Hähne krähn, | ⊥́ ⊥̀ ⊥̀ | x́ x ⊥̀
Eh die Sternlein verschwinden, x̀ x | ⊥́ ⊥̀ ⊥̀ | ⊥́ x̀ ^ ^ ^
Muß ich am Herde stehn. | ⊥́ ⊥̀ ⊥̀ | x́ x ⊥̀
Muß Feuer zünden. ⊥̀ | ⊥̆ ⊥̀ | ⊥́ x̀
(Rhythmisierung nach Heusler, Dt. Versgeschichte III, § 1248)

§ 104. Eines der metrisch-formalen Hauptkennzeichen des Volksliedes ist die freie Versfüllung, die wechselnde Silbensumme metrisch gleichgebauter Zeilen. Darin unterscheidet es sich von Meistersang und Kirchenlied, auch vom späten Minnesang. Es steht darin der epischen Reim-

---

[1] Heusler, Dt. Versgeschichte III, § 1244 ff.
[2] C. Rotter, Der Schnaderhüpfel-Rhythmus, Berlin 1912.

paardichtung (mit Ausnahme der streng alternierenden des 13. Jhdts.) und vor allem dem frühen Minnesang nahe. Die nachbildende Buchdichtung ist dagegen im allgemeinen in der Versfüllung regelmäßiger und ebener. – Die Freiheiten erstrecken sich – wenn wir Heuslers Terminologie verwenden – auf Auftakt, Innentakte, Kadenz (nach dem Hebigkeitsprinzip auf: unterschiedlich umfangreiche Eingangs- und Binnensenkungen, männlichen und weiblichen Versausgang).

A u f t a k t: Im Volkslied umfaßt der Auftakt bis zu drei Silben, selten mehr. Die Erzähllieder, politischen Lieder haben gewöhnlich die längeren Auftakte. Einzelne Verse und Strophen erhalten dadurch eine Art ›Anfangsbeschwerung‹, einen rhythmisch weit ausholenden Einsatz, und heben sich so deutlich aus dem Strophen- oder Liedzusammenhang heraus. Im Strophengefüge kann dies sowohl steigernd wie retardierend wirken:

Erst hebt sich / án die klág der tréwen Fráwen
Uhland 188. 13,1

Das ist der / kríegsleut óbservánz und réchte
ebda. 15,1

Auftaktlose Zeilen erscheinen hingegen im Volkslied kaum. Auftakt und Auftaktlosigkeit sind nur selten fest geregelt.

Die ›volkstümliche‹ Dichtung seit Goethe begrenzt die Silbenzahl des Auftaktes noch enger. Während der gleichzeitige Knittelvers und auch der Spruch größere Freiheiten aufweisen, überschreitet im strophischen Lied der Auftakt höchst selten zwei Silben. – Gedichte mit auftaktlosen Versen sind selten. Durch Fehlen des Auftakts kann in Liedern und Gedichten (die ihn sonst durchführen) eine inhaltliche Pointierung auch rhythmisch prägnant herausgehoben werden; so z. B. die einzige auftaktlose Zeile in der Ballade vom Erlkönig:

Érlkönig hát mir ein Léids getán

Ungeregelter Auftakt und freie Behandlung der Kadenz lassen die F u g u n g der Strophenglieder als Bauelement fast ganz zurücktreten. Sie findet sich im Volkslied nur gelegentlich. In den ›Ländler‹-versen fällt der Auftakt, wenn er vorhanden ist, gewöhnlich in die Pausen, die am Schluß der zweitaktigen Verse entstehen. Nimmt er diese ganz ein, so liegt feste Fugung vor:

Mein Schatz ist ein Schneider, *ein Schneider muß sein*
x̀ | x́ x̀ x̀ | x́ x̀ (∧) | x̀ | x́ x̀ x̀ | x́ ∧ ∧

Innentakte: Einsilbige Takte sind im Volkslied selten, schwere (mehrsilbige), die bis zu fünf Silben umfassen können, dagegen sehr viel häufiger, unter ihnen vor allem die dreisilbigen:

Du / bíst ein / kléines / wáldvöge / léin,
du / fléugst den / grǘnen / wáld auß und / éin Uhland 15,3

Die Erzähllieder zeigen auch hier die größten Freiheiten:

An ainem / ábent ist herzog / Úolrich für / Stǘtgart / kómmen
Uhland 181. 3,1

Ähnliche Verhältnisse in der ›volkstümlichen‹ Buchdichtung: einsilbiger Innentakt wird meist gemieden, der mehrsilbige enger begrenzt als im Volkslied. Eine Tendenz zum Alternieren prägt sich hier deutlich aus. Doch erscheinen gerade in der Balladendichtung recht häufig dreisilbige Takte, die den mehr oder minder regelmäßig alternierenden Gang der Verse immer wieder durchbrechen und variieren – steigernd oder retardierend – und in ihrer Funktion jeweils spezifisch auf den Inhalt bestimmter Verse und Strophen bezogen sind.

Kadenz: Wo wir das Taktprinzip zugrunde legen, unterscheiden wir mit Heusler im neudeutschen Vers noch vier Kadenztypen (s. o. Knittelvers § 97): stumpfe (s), klingende (k), einsilbig (v) und zweisilbig (2v) volle Kadenz. Überstumpfe erscheint nur in Volksliedern und auch hier selten. Auf den metrischen Rahmen des Viertakters bezogen, ergeben sich also folgende Möglichkeiten:

s:	*wól über stéin und stóck* ^	Uhland 248. 4,2
	zu táuchen in díesen Schlúnd ^	Schiller, Der Taucher 1,2
k:	*da húbens án zu rénnèn*	Uhland 248. 4,1
	es wár ein hérzigs Véilchèn	Goethe, Das Veilchen 1,3
v:	*es wólt ein páuer hóchzeit hán*	Uhland 247. 1,1
	einen góldnen Bécher wérf ich hináb	Schiller, Der Taucher 1,3
2v:	*es wólt ein fúrman ins Élsaß fáren*	Uhland 284. 1,1
	auf den hérrlichen Jǘngling verwúndert scháuen	Schiller, Der Taucher, 4,6
Überstumpf:	*die sól man trínkèn* ^ | ^	Uhland 29. 1,2
	der sól im wínkèn ^ | ^	Ebenda 1,4

Wo wir dem Hebigkeitsprinzip folgen, unterscheiden wir nur – je nachdem der Vers mit einer betonten oder unbetonten Silbe schließt – männlichen und weiblichen Versausgang.

Die Freiheit der Versfüllung erstreckt sich beim Volkslied auch auf den Versschluß: Kadenzentausch ist sehr häufig. Selbst innerhalb einer Strophe wechselt die Form, wenn sie nicht durch den Reim gebunden ist. So wechseln v und k oft im Anvers der Langzeile:

Du fúrst dein hárnisch láuter und ráin. recht séist du ains kónigs kínt,
du máchst mich júngen héldèn mit gséhenden áugen blínt. Uhland 132. 6,1f.

In der ›volkstümlichen‹ Sprechdichtung wird diese metrische Freiheit des Volksliedes nicht nachgeahmt. Kadenztausch kommt wohl vor, bleibt aber seltene Ausnahme. Besonders bei Goethe gilt der Grundsatz des Kunstliedes: daß zur Gestalt der Strophe bestimmter gleichbleibender Ausgang der entsprechenden Glieder gehört. Davon weicht er nur gelegentlich in seinen Sprüchen (auch im West-östlichen Diwan) ab.

§ 105. Der Reim: In der Lautform ist der Reim des Volksliedes sehr frei. Konsonantische und vokalische Halbreime finden sich häufig.

Vokalischer Halbreim:	*überall / getan*	Uhland 80. 5,1f.
	tag / bedacht	Uhland 81. 1,2,4
	zeit / weib	Uhland 81. 5,2,4
Konsonantischer Halbreim:	*dir / für*	Uhland 80. 2,5f.
	schlecht / brächt	Uhland 136. 2,4,6

Identischer und rührender Reim erscheint gelegentlich: *sein / sein* (Uhland 80. 1,3f.) Paariger Reim herrscht vor. Dreireim hat z. B. Uhland 143 (Reimschema ab ab ccc dd). Die gebräuchlichsten Stellungen sind Paarreim (a a), Kreuzreim (ab ab), Schweifreim (aab ccb).

§ 106. Häufigstes metrisches Aufbauelement der Volkslieder ist der Viertakter. Fast ausschließlich bildet er in vielfältigen Reimbindungen und wechselnden Kombinationen die Volksliedstrophen. Daneben erscheint in der älteren Volksdichtung noch der Sechstakter und der Zweitakter. Jener bildet selten einen ganzen Ton. Er geht meist, der zweitaktige Vers stets mit dem Viertakter zusammen. Oft werden (sprachlichmetrische) Zweitakter im Kehrreim verwendet:

Ein Guckguck wolt außfliegen
zu seinem herzenliebe,
gúckgúck!
Pfui dich, pfui dich, du schwarzer vogel!
so tut man dich doch nindert loben,
gúckgúck! Uhland 12, Str. 1 u. 2.

So wöl wirs aber heben an
von einem reichen kargen man:
er hat ein frewlein hübsch und fein
vor dem beschloß er brot und wein,
das héia hó! Uhland 285, Str. 1.

(So am Schluß jeder Strophe).

§ 107. Reimbindungen und regelmäßig wechselnde Kadenzen innerhalb der Strophen lassen erkennen, daß im Volkslied und den verwandten Formen der Buchdichtung alte Langzeilentypen weiterleben. In den meisten Fällen erscheinen sie jedoch nicht mehr in Langzeilenform (endgereimt und in An- und Abvers gegliedert), sondern als vier- und mehrgliedrige Gruppen von Viertaktern, da durch Reimbindung auch der Anverse vielfach Kreuzreime entstehen. Theoretisch kann man sich z. B. aus einem endgereimten Nibelungen-Langzeilenpaar (4 k x | 4 s a :|) eine vierzeilige Viertakter-Strophe mit Kreuzreim (a b a b) entstanden denken, in der die Kadenzverhältnisse erhalten bleiben (Reim a: klingende Kadenz, Reim b: stumpfe Kadenz).
Die verbreitetsten Langzeilentypen sind:

1. Nibelungenzeile (auch im Hildebrandston): 4 k 4 s (oder 3 w 3 m = dreihebig mit weiblichem + dreihebig mit männlichem Versausgang), z. B.

Ich will zu lánd außréitèn, *sprách sich máister Híltebránt**
der mich die wég tät wéisèn *gen Bérn wol ín die lánt* ^

Uhland 132. 1, 1–4

(*Kadenzentausch v statt s)

In alter Langzeilenform:

Es stánd in álten Zéitèn *ein Schlóß so hóch und hébr,* ^
Weit glänzt' es über die Lándè *bis án das gráue Méer* ^

Uhland, Des Sängers Fluch

Mit durchgeführten Anversreimen:

Es wár ein König in Thúlè, *gar tréu bis án das Gráb,* ^
Dem stérbend séine Búhlè *einen góldnen Bécher gáb.* ^

Goethe, Der König in Thule

2. VAGANTENZEILE: 4 v 4 k (oder 4 m 3 w). Sie ist im Mittelalter keine Langzeilenform der Heldenepik, sondern Bauelement ›lyrischer‹ Liedstrophen (früher und später Minnesang, mittellateinische Lyrik), z. B.

In Ósterréich da lígt ein Schlóß, *das ist ganz wól gebáuwèt*
Von Sílber únd von rótem Góld, *mit Mármelstéin gemáurèt.*

Balladen, hrsg. v. J. Meier, Nr. 24 A

Was hör ich dráußen vór dem Tór, *Was áuf der Brücke schállèn?*
Laßt dén Gesáng vor únserm Óhr *Im Sáale wíderhállèn!*

Goethe, Der Sänger

3. CHEVY-CHASE-ZEILE: 4 v 4 s (oder 4 m 3 m). Je zwei bilden die vierzeilige Chevy-Chase-Strophe (so genannt nach einer berühmten englischen Volksballade). Sie ist in der englischen Volksballadendichtung weit verbreitet und wird seit dem 18. Jahrhundert auch in Deutschland nachgebildet. Die englische Form hat Waisenanverse und Reimbindung nur der ›Abverse‹, d. h. der 2. und 4. Zeile der Strophe (Reimschema: x a x a), die deutsche führt mit wenigen Ausnahmen Kreuzreim durch (Reimschema: a b a b).

God prósper lóng our nóble kíng *Our líves and sáfeties áll;* ^
A wóeful húnting ónce there díd *In Chévy-Cháse befáll.* ^

Das Wásser ráuscht, das Wásser schwóll, *Ein Físcher sáß darán,* ^
Sah͠ nach der Ángel rúhevóll, *Kühl͠ bis ans Hérz hinán.* ^

Goethe, Der Fischer

§ 108. Strophenformen[1]

Aus der Fülle der in den Aufbauelementen sehr einfachen, im Aufbau aber äußerst vielgestaltigen Strophenformen, die das Volkslied aufweist, greifen wir die gebräuchlichsten heraus:

VIERZEILER, aus 2mal 2 Viertaktern bestehend, mit verschiedenen Arten der Reimbindung und Kadenzabstufung, stehen nach Zahl und Verbreitung an erster Stelle. Sie werden daher vielfach auch als Volksliedstrophe bezeichnet. Hier nur drei Beispiele für viele Variationsmöglichkeiten innerhalb des einfachen metrischen Rahmens:

---

[1] Eine umfangreiche und detaillierte Darstellung der metrischen Formen: G. Pohl, Der Strophenbau im deutschen Volkslied, Berlin 1921.

1. Zwei kurze Reimpaare (Reimschema aa bb, Kadenzen v s v s):

Die röslein sind zu brechen zeit,
derhalben brecht sie heut!
und wer sie nicht im sommer bricht
der brichts im winter nicht.

Uhland 23. 1

2. Ein Langzeilenpaar mit Waisenanvers (Reimschema xa xa, Kadenzen k s k s):

Ach Elslein liebes Elslein
wie gern wär ich bei dir!
so sein zwei tiefe wasser
wol zwischen dir und mir.

Uhland 45. 1

3. Ein Langzeilenpaar mit Kreuzreim (Reimschema ab ab, Kadenzen v s v s):

Der schreiber breitt sein mäntelein
wol in das grüne gras,
er bat die herzallerliebste sein
und daß sie zu ihm saß.

Uhland 112. 2

Zweizeiler (meist aus zwei Viertaktern bestehende Reimpaare) sind dagegen weniger häufig. Im gesungenen Lied sind sie meist durch Kehrreim oder Textwiederholung erweitert.

Es blies ein jeger wol in sein horn,
und alles, was er blies, das war verlorn.

Uhland 103. 1

Sechszeiler können aus verschiedenen Kombinationen von Reimpaaren oder Langzeilen allein bzw. Reimpaaren und Langzeilen bestehen. Eine verbreitete Form der sechszeiligen Strophe in Volkslied und Kirchenlied ist die ›Schweifreimstrophe‹[1].

1. Verbindung von Langzeilenpaar und Reimpaar (Reimschema xa xa bb, Kadenzen v k v k v v):

Es ritt ein jäger wolgemut
wol in der morgenstunde,
wolt jagen in dem grünen wald

---

[1] In dieser Strophenform u. a. F. Freiligrath, ›Prinz Eugen der edle Ritter‹; Paul Gerhardt, ›Nun ruhen alle Wälder‹; ›Ade nun zur guten Nacht‹.

mit seinem ross und hunde;
als er da kam auf grüne heid
fand er ṣeins herzen lust und freud.

Uhland 105. 1.

2. Schweifreimstrophe (Reimschema a a b c c b, Kadenzen nicht festgelegt, hier k k s k k s):

Insbruck! ich muß dich laßen
ich far dahin mein straßen,
in fremde land dahin;
mein freud ist mir genommen
die ich nit weiß bekommen
wo ich im ellend bin.

Uhland 69. 1.

Achtzeiler setzen sich wiederum in verschiedenen Abwandlungen aus Reimpaaren und Langzeilen zusammen. Geläufig ist die der Nibelungenstrophe verwandte, dem Hildebrandston entsprechende Form (Reimschema ab ab cd cd, Kadenzen k s k s k s k s):

Weiß mir ein blümli blawe,
von himmelblawen schein,
es stat in grüner awe,
es heißt Vergiß nit mein;
ich kunt es nirgent finden,
was mir verschwunden gar,
von rif und kalten winden
ist es mir worden fal.

Uhland 54. 1.

§ 109. Unter den Strophenformen des Volksliedes finden sich auch solche mit unpaarigem Bau.

Dreizeiler erscheinen teils mit Dreireim, teils als Reimpaare mit Waise in Anfangs-, Zwischen- oder Schlußstellung, vielfach durch Kehrreim erweitert; verhältnismäßig seltene Form.

Gar hoch auf jenem berge,
da stet ein rautenstreuchelein
gewunden auß der erden.

Uhland 290/91. 1.

Fünfzeiler sind dagegen recht häufig belegt, wiederum in vielen Abwandlungen der Reimbindungen und Kadenzverhältnisse; besonders hervorzuheben die ›Lindenschmidt-Strophe‹, die schon im frühen Minnesang (MF 3,7) belegt ist und eine metrische Variante der Morolfstrophe darstellt (s. o. § 75):

Es ist nit lang daß es geschah
daß man den Lindenschmid reiten sah
auf einem hohen rosse,
er reit den Reinstrom auf und ab,
hat sein gar wol genoßen.
Uhland 139. 1.

(Reimschema aa bxb, Kadenzen v v k v k.)
SIEBENZEILER weisen in der Mehrzahl der Fälle stolligen Bau auf (Reimschema: Stollen ab ab, Abgesang ccc cxc ccb usw.). Den Aufgesang bildet meist ein Langzeilenpaar in Kreuzreimbindung und mit regelmäßiger Kadenzabstufung; für den Abgesang sind je nach Reimbindung und Versausgang mehrere Varianten möglich. Aus dem Volkslied wandert dieser Strophentyp ins Kirchenlied (s. d.) und wird dort als Form noch beherrschender. Als Beispiel die ›Schüttensamen-Strophe‹ (im 15./16. Jahrhundert sehr verbreitet; Reimschema ab ab cxc, Kadenzen k s k s v v s):

Wöl wir aber singen
von ainem edelman?
der wolt die von Nürnberg zwingen,
wie im der kunst zerran;
der Schüttensamen was er genant
er hat die von Nürnberg oft griffen an,
geraubt und auch geprant.
Uhland 136. 1.

Strophen, die mehr als neun Zeilen umfassen, kennt das Volkslied kaum; Neunzeiler sind dagegen überliefert; sie sind z. T. freilich schon recht kompliziert gebaut (vgl. das Reiterlied, Uhland 145; ferner Nr. 71 und Nr. 141, Reiterlied in Meistersingertradition). – Die zeilenreicheren Töne finden sich im allgemeinen unter den Erzählliedern (vgl. noch Uhland 142/43).

§ 110. Auch in der volkstümlichen Buchdichtung ist der Vierzeiler die Hauptform. Goethe verwendet ihn häufig: die Strophe des ›Erlkönig‹ besteht aus zwei Reimpaaren aa bb; die des ›Bergschloß‹ aus Langzeilenpaaren mit Anverswaise (xa xa, Kadenzen k s k s):

Da droben auf jenem Berge,
Da steht ein altes Schloß,
Wo hinter Toren und Türen
Sonst lauerten Ritter und Roß.

Diese Form wird späterhin sehr häufig verwendet (besonders bei Heine); seltner sind dagegen Vierzeiler aus zwei Vagantenzeilen (v a k b :|) und die Chevy-Chase-Strophe.

Schiller hat den Vierzeiler nur in zwei Rätseln. Bevorzugte Form ist bei ihm der Sechszeiler aus dem Vagantenzeilenpaar mit abschließendem Reimpaar (Kadenz v, seltener 2 v):

Drei Worte nenn' ich euch, inhaltschwer,
Sie gehen von Munde zu Munde,
Doch stammen sie nicht von außen her,
Das Herz nur gibt davon Kunde;
Dem Menschen ist aller Wert geraubt,
Wenn er nicht mehr an die drei Worte glaubt.

Die Worte des Glaubens 1.

Ähnliche Form zeigt ›Der Taucher‹: v a | s b, v a | v b; 2 v c | 2 v c. Beziehungen und Entsprechungen zwischen dem Strophenbau des Volkslieds und dem der ›volkstümlichen‹ Dichtung lassen sich für einzelne Formen, häufiger noch für ihre Aufbauelemente immer neu feststellen. Viel mehr als eine Gegenüberstellung und einfache Beschreibung vermögen wir jedoch noch nicht zu geben. Strophenformen, ob von Liedern oder Gedichten, sind keine ›Ergebnisse‹, die sich durch Additionen und Subtraktionen ausklügeln lassen; und ausführliche Untersuchungen – wie ein Überblick über die neudeutschen Strophenformen (fremde Vorbilder und heimische Tradition gleichermaßen berücksichtigend) – stehen noch aus.

D. GEREIMTE JAMBISCHE, TROCHÄISCHE UND DAKTYLISCHE VERSE

§ 111. Die Kunstdichtung der Neuzeit steht – im Gegensatz zu den Formen aus eigener Tradition – von vornherein sehr viel stärker unter fremden Formeinflüssen und unter strengeren ›Regeln‹ (Opitz!), ein Verhältnis, das in gewisser Weise auch die metrische Terminologie prägt. Neben Takt- und Hebigkeitsprinzip werden für die metrische Beschreibung neuhochdeutscher Verse – besonders solcher, die romanische und antike Formen nachbilden – Begriffe und Bezeichnungen aus der antiken Metrik verwendet. Auf deutsche Verse übertragen bedeuten sie jedoch etwas grundsätzlich anderes. ›Jambus‹, ›Trochäus‹ usw. kennzeichnen in der griechischen und lateinischen Dichtung bestimmte Kombinationen von langen (–) und kurzen (◡) Silben, deren Quantität bis auf wenige Ausnahmen durch die Grammatik festgelegt ist. Metrische Formeln dieser Versfüße:

Jambus	◡ –	(*hăbēnt*)
Trochäus	– ◡	(*hōrtŭs*)
Daktylus	– ◡ ◡	(*pīscĭbŭs*)

Solche festen Quantitätsverhältnisse kennt die deutsche Sprache nicht. Dagegen läßt sich – stark vereinfachend – dem Wechsel von langen und kurzen Silben im antiken Vers der Wechsel von betonten und unbetonten Silben im deutschen vergleichend gegenüberstellen[1]. In streng alternierenden Versen bezeichnen daher ›jambisch‹ und ›trochäisch‹ – genau genommen – nur den Versanfang näher: Jambische Verse beginnen mit Auftakt, trochäische Verse sind auftaktlos. Metrische Formeln:

jambisch	x x́ x x́ x x́ x ...
trochäisch	x́ x x́ x x́ x x́ ...

Mit dieser Definition treffen wir jedoch nur einen metrischen Unterschied. Auf den Versrhythmus bezogen erweisen sich beide Termini als vieldeutig und wenig präzis, denn ›jambisch‹ und ›trochäisch‹ lassen sich weder einfach mit ›steigendem‹ und ›fallendem‹ Rhythmus gleichsetzen, noch sonst exakt rhythmisch definieren[2]. Um rhythmische Charakteristika und Besonderheiten einzelner Verse, Strophen und Gedichte zu erfassen, sind metrische Schemata zwar grundlegend, aber nicht allein tragfähig. Darüberhinaus ist jeweils zu untersuchen, wie sich die metrischen Hebungen nach der Sinnschwere des sie tragenden Wortes abstufen, wie sich sprachlich-syntaktische Gruppen, die sogenannten Kola, zu den metrischen Aufbauelementen (Vers, Versgruppe, Strophe) verhalten, oder auch, welche Wirkungen sich aus leichten Abweichungen von einem traditionsgebun-

---

[1] Man hat daraus einen grundsätzlichen Unterschied zwischen griechischer und germanischer Metrik abgeleitet und gesagt, jene sei messend (quantitierend), diese wägend (akzentuierend). Das muß insofern eingeschränkt werden, als auch die deutsche Metrik mit dehnfähigen Silben ›rechnet‹ und in der antiken der Akzent eine, wenn auch heute noch stark umstrittene Rolle spielt.

[2] Auch Pretzels Vorschlag, nach dem vorwiegend ›trochäischen‹ Betonungssystem der deutschen Sprache (*Und múnter fördert ér die Schritte* ...) eher zwischen »Trochäen mit und ohne Auftakt« zu differenzieren, stellt metrisch-rhythmisch nur eine Kompromißlösung dar (vgl. Pretzel, Dt. Verskunst, Sp. 2373 ff.).

denen, mehr oder minder strengen metrischen Schema ergeben. Rhythmus ist dabei form- und inhaltsbezogen zugleich. Doch sind alle diese Fragen heute – zwar heftig umstritten – noch so wenig geklärt und verbindlich zu fassen, daß wir im folgenden von ihrer Diskussion weitgehend absehen und uns auf metrische ›Fakten‹ und Definitionen beschränken[1].

§ 112. Die metrische Analogie zwischen antiken ›Quantitätsverhältnissen‹ und deutschen ›Qualitätsverhältnissen‹ im Vers formuliert – grundlegend für alle folgenden Epochen der deutschen Verskunst – Martin Opitz (1597–1639) in seinem »Buch von der Deutschen Poeterey« (1624):

»Nachmals ist auch ein jeder (!) verss entweder ein iambicus oder ein trochaicus; nicht zwar das wir auff art der griechen vnnd lateiner eine gewisse größe der sylben können ihn acht nemen; sondern das wir aus den accenten und dem thone erkennen, welche sylbe hoch und welche niedrig gesetzt soll werden.

Ein Jambus ist dieser:

Erhalt uns Herr bey deinem Wort.

Der folgende ein Trochéus:

Mitten wir im leben sind.«[2]

Weiterhin faßt Opitz in dieser Abhandlung die metrischen ›Regeln‹ zusammen, die historisch für die Dichtung seines Kreises und seiner Zeit, sachlich aber für die Kunstdichtung der Neuzeit überhaupt Geltung erlangen sollten. Er fordert:

1. strenge Alternation (Daktylen, d. h. Hebung + zweisilbige Senkung, werden nur begrenzt ›erlaubt‹). Dabei sollen jedoch metrische Akzente und Wortbetonung übereinstimmen. Tonbeugungen, die noch so häufig in der Dichtung des 16. Jahrhunderts begegnen, sind unbedingt zu vermeiden. Das bleibt das sprachlich-metrische Grundprinzip deutscher Dichtung überhaupt.

2. Reinheit des Reims. Rührende und identische Reime sollen möglichst nicht verwendet werden.

---

[1] Problematik und Möglichkeiten eines Versuches, hier systematisch und terminologisch zu ordnen und zu definieren, zeigen u. a.: Kayser, Versschule, bes. ›Vom Rhythmus‹. – Ders., Geschichte des deutschen Verses, Bern 1960, bes. S. 80, 127ff., 143ff. – In Anlehnung an frühere Versuche Sarans und Heuslers: F. Lockemann, Der Rhythmus des deutschen Verses. Spannkräfte und Bewegungsformen in der neuhochdeutschen Dichtung, München 1960.

[2] Martin Opitz, Buch von der deutschen Poeterei (Abdruck der ersten Ausgabe 1624), hrsg. u. erl. v. H. Becker, NDL 1, Halle [6]1955, S. 36.

3. als Vorbilder zumeist romanische Versmaße und Strophenformen (Alexandriner, Vers commun, Sonett, Epigramm, verschiedene Odenformen).

Dies bleibt bestimmend, bis in der zweiten Hälfte des 18. Jahrhunderts die Formmöglichkeiten der deutschen Dichtung aus anderen Quellen neu erweitert und bereichert werden (Nachbildung antiker Formen, freie Rhythmen, Rückgriff auf die ›volkstümlichen‹ Formen von Volkslied und Knittelvers).

§ 113. Jamben und Trochäen – nach Heusler taktmäßig rhythmisiert – zeigen folgende Rhythmenbilder:

Jamben $\frac{2}{4}$ x | x́ x | x́ x | x́ x | . . .
Trochäen $\frac{2}{4}$ | x́ x | x́ x | x́ x | . . .

Sie enden entweder auf betonte Silbe (männlich) oder auf unbetonte (weiblich).

Der Daktylus läßt sich auf verschiedene Weise darstellen:

im $\frac{3}{4}$ Takt: x́ x x | x́ x x | . . .
im $\frac{4}{4}$ Takt: ⊥́ x̀ x | ⊥́ x̀ x | . . .
im $\frac{2}{4}$ Takt: x́ ◡ ◡ | x́ ◡ ◡ | . . .

Ein daktylischer Vers kann theoretisch auf Hebung (. . . x́ ∧ ∧), auf eine Senkungssilbe (. . . x́ x ∧) oder auf zwei Senkungssilben (. . . x́ x x) enden. Meist ist der letzte Daktylus verkürzt (x́ ∧ ∧ oder x́ x ∧), d. h. in der Terminologie der antiken Metrik: der Vers ist katalektisch (Gegensatz: akatalektisch; d. h. der letzte Versfuß ist vollständig).

Heusler rhythmisiert und definiert auch die Versmaße der neuhochdeutschen Sprechdichtung durchweg nach dem Taktprinzip. Das kann für die rhythmische Interpretation überall da wichtig und fruchtbar sein, wo es sich um Formen handelt, die ursprünglich musikalisch-rhythmisch gebunden sind, sich späterhin dann ablösen und weiterentwickeln[1]. Im allgemeinen zieht jedoch die moderne Verslehre die Bezeichnung und Beschreibung nach Zahl und Abfolge der Hebungen oder nach antiken Versfüßen und Metren (in Umdeutung auf deutsche Versgestaltung, s. o. § 111) vor. Es ist damit z. T. ein engerer Bezug zu den historischen Vorbildern gewahrt, wie auch – ganz allgemein – ein rhythmisch neutrales Schema gegeben, an dem die Interpretation dann differenzierend einsetzen kann. Taktmäßige Rhythmisierung bedeutet dabei nur eine unter

[1] vgl. a. W. Mohr, Goethes Verskunst, WW 4 (1953/54), S. 151–163.

vielen Möglichkeiten, läßt sich aber nicht absolut setzen. Wir legen daher im folgenden den metrischen Definitionen und Beschreibungen das Hebigkeitsprinzip zugrunde und geben eine Übersicht über die wichtigsten Verstypen und Strophenformen, welche die deutsche Dichtung – in breiterem Umfange als die meisten anderen europäischen Literaturen – fremdem metrischen Formengut nachgebildet hat.

§ 114. Auftaktige alternierende Verse oder Jamben (mit Reimbindung):

1. Zweiheber

Sie bilden selten ganze Gedichte (durchgeführt z. B. in E. Lasker-Schülers ›Klein-Sterbelied‹). Häufiger kommen sie in Formen vor, in denen die Hebungszahl der einzelnen Verse wechselt, z. B. Madrigalen, Faustversen. vgl.

Wies Gott gefällt
x x́ x x́

2. Vierheber

Wie die Viertakter in Volkslied und verwandten Formen bilden sie kurze Reimpaare und ›Langzeilen‹ und finden sich relativ weit verbreitet. Beispiel:

Johann der muntre Seifensieder
x x́ x x́ x x́ x x́ x
Hagedorn

3. Fünfheber

Zwischen zwei Formen verschiedener Herkunft ist hier zu unterscheiden:
Der Vers commun, ein französischer 10/11-Silber, jambisch alternierend, mit männlichem und weiblichem Versausgang und fester Zäsur nach der vierten Silbe, wird von Opitz neben dem Alexandriner als ›Standardvers‹ eingeführt und beschrieben. In den deutschen ›gemeinen Versen‹ liegt die Zäsur meist nach der zweiten Hebung; gelegentlich wird sie freier behandelt, z. B.

Auff, auff, mein Geist, | vnd du mein gantzer sinn,
Wirff alles das | was welt ist von dir hin. Opitz
Vom steine | der zu unverhofftem Spiel Gryphius

Der Endecasillabo (= Elfsilber), der Hauptvers des italienischen Epos, hat feste Silbenzahl und daher durchweg nur weiblichen Versausgang. In der deutschen Dichtung löst er den Alexandriner und den Vers commun ab und gehört seit der zweiten Hälfte des 18. Jahrhunderts bis heute zu den verbreitetsten Verstypen. Häufig erscheint er vor allem in den italienischen Strophenformen (Sonett, Stanze, Terzine), gelegentlich auch mit männlichem Versschluß (dann als 10-Silber; da die deutsche Sprache nicht so reich an weiblichen Reimen ist wie die italienische). Da der Endecasillabo keine feste Zäsur fordert, diese also ständig wechselnd an beliebiger Stelle erscheinen kann, stellt er ein vielseitiges und bewegliches Versmaß dar:

Drum tu wie ich und schaue, froh-verständig,
Dem Augenblick ins Auge! Kein Verschieben!
Begegn' ihm schnell, wohlwollend wie lebendig,
Im Handeln sei's, zur Freude, sei's dem Lieben;
Nur wo du bist, sei alles, immer kindlich,
So bist du alles, bist unüberwindlich.

Goethe, Marienbader Elegie

4. Alexandriner

Der Alexandriner, der seinen Namen nach der Verwendung in französischen Alexanderepen des 12. Jahrhunderts erhält, ist der Hauptvers der klassischen französischen Tragödie, ein 12/13-Silber mit männlichem und weiblichem Versschluß. In Deutschland erscheint er seit Beginn des 17. Jahrhunderts. Von Opitz in feste Regeln gefaßt und besonders empfohlen, wird er der beherrschende Verstyp der deutschen Barockdichtung, tritt aber nach der Mitte des 18. Jahrhunderts immer stärker zurück gegenüber freieren Versformen. Goethe verwendet ihn noch in seiner frühen Zeit (›Die Laune des Verliebten‹)[1]. Nach der Reimstellung unterscheidet man: heroischen Alexandriner aa bb ... und elegischen Alexandriner mit Kreuzreim ab ab.

In deutscher Dichtung erscheint er als jambischer Sechsheber meist mit einer festen Zäsur nach der dritten Hebung. Diese »Zweischenkligkeit« der Form begünstigt, ja verlangt geradezu Antithetik der Aussage[2] und epigrammatische Pointierung, vgl.

---

[1] vgl. Pretzel, Dt. Verskunst, Sp. 2480ff.

[2] Grundlegendes hierüber bei Benno von Wiese, Die Antithetik in den Alexandrinern des Angelus Silesius, Euphorion 29 (1928), S. 503–522. – Vgl. auch Schillers Charakterisierung des Alexandriners (Brief an Goethe vom 15. Okt. 1799): »Die Eigenschaft des Alexandriners, sich in zwei gleiche Hälften zu trennen, und die Natur des Reims, aus zwei Alexandrinern ein Couplet zu machen, bestimmen nicht bloß die ganze Sprache, sie bestimmen auch den ganzen inneren Geist ... Alles stellt sich dadurch unter die Regel des Gegensatzes, und wie die Geige des Musikanten die Bewegungen der Tänzer leitet, so auch die zweischenkligte Natur des Alexandriners die Bewegungen des Gemüts und der Gedanken.«

Ich bin so groß als Gott: er ist als ich so klein;
Er kann nicht über mich, ich unter ihm nicht sein.

Angelus Silesius

Heusler dagegen rhythmisiert den Alexandriner als achttaktige Langzeile, bestehend aus zwei Viertakten, von denen aber jeweils nur drei Hebungen (im ganzen also sechs) sprachlich verwirklicht sind. Formel: A 4 s A 4 k (s), z. B.

Des schwéren krieges lást ^, den Déutschland jétzt empfindèt.

Opitz

Die Taktpause, die Heusler hier an der Stelle der Zäsur ansetzt, läßt sich allerdings so schematisch nicht festlegen, da die syntaktische Gliederung einen solch regelmäßigen scharfen Einschnitt oft nicht erlaubt. Auch die Kadenzen entsprechen nicht immer der Heuslerschen Formel (z.T. k statt s, wv statt k). – Die rhythmisch neutrale Beschreibung (Hebungen) ist diesen Rhythmisierungen doch vorzuziehen, da sie sich im Einzelfall besser differenzieren läßt.

Welch reiche Variationsmöglichkeiten diese verhältnismäßig starre und strenge Form doch bietet, zeigen besonders die Gedichte und Dramen des Andreas Gryphius. Er spielt bald die beiden Vershälften in ihrer Gegensätzlichkeit aus, reiht dann wieder Halbzeile für Halbzeile als lange Beispielreihe nebeneinander, zerstückelt ein anderes Mal die Zeilen völlig in einzelne gereihte Wörter und faßt schließlich in langen, sich steigernden Satzgebilden eine ganze Gruppe von Langzeilen zusammen und führt sie in großem Schwung zu einem Gipfel[1]. Eines seiner Sonette, in dem das freie Spiel mit Zäsur und Enjambement besonders ausgeprägt ist, hierfür als Beispiel:

Der schnelle Tag ist hin; die Nacht schwingt ihre Fahn
Und führt die Sterne auf. Der Menschen müde Scharen
Verlassen Feld und Werk, wo Tier und Vögel waren,
Traurt itzt die Einsamkeit. Wie ist die Zeit vertan!

---

[1] vgl. E. Trunz, Die Entwicklung des barocken Langverses, Dichtung und Volkstum 39 (1938), S. 427–468, hier S. 464. – Außer den genannten Aufsätzen vgl. zum Alexandriner ferner: F. Saran, Die Rhythmik des französischen Verses, 1904. – Hildegard Kehl, Spielarten des deutschen Lustspielalexandriners, 1931. – Gerhard Storz, Ein Versuch über den Alexandriner, in: Festschrift f. P. Kluckhohn und H. Schneider, Tübingen 1948, S. 231–242. – Th. Buck, Die Entwicklung des deutschen Alexandriners, Diss. Tübingen 1957.

Der Port naht mehr und mehr sich zu der Glieder Kahn.
Gleich wie dies Licht verfiel, so wird in wenig Jahren
Ich, du, und was man hat, und was man sieht, hinfahren.
Dies Leben kömmt mir vor als eine Rennebahn.

Laß, höchster Gott, mich doch nicht auf dem Laufplatz gleiten!
Laß mich nicht Ach, nicht Pracht, nicht Lust, nicht Angst verleiten!
Dein ewig heller Glanz sei vor und neben mir!

Laß, wenn der müde Leib entschläft, die Seele wachen,
Und wenn der letzte Tag wird mit mir Abend machen,
So reiß mich aus dem Tal der Finsternis zu dir!

Andreas Gryphius, Abend

Im 19. Jahrhundert erscheint der Alexandriner noch vereinzelt in lyrischer und didaktischer Dichtung bei Friedrich Rückert (z. B. in »Weisheit des Brahmanen«), Justinus Kerner und Freiligrath (hier auch in Verbindung mit kürzeren Versen).

Ein indischer Brahman, geboren auf der Flur,
Der nichts gelesen als den Veda der Natur. Rückert

§ 115. Auftaktlose alternierende Verse oder Trochäen (mit Reimbindung):

1. VIERHEBER

Sie weisen männlichen und weiblichen Versausgang auf und lassen sich streng regelmäßig gebauten Volksliedversen (ohne Auftakt) vergleichen. Opitz und die Anakreontiker, die sie z. T. auch reimlos verwenden, bilden sie aber wohl anderen (griechischen) Vorbildern nach (sogenannte »anakreontische Trochäen«), die meist mit Reimbindung versehen werden.

Ich empfinde fast ein grawen,
Daß ich, Plato, für und für
Bin gesessen über dir. Opitz

Durch Herder und die Romantiker wird ein neuer Formeinfluß wirksam: die achtsilbigen, assonierenden Verse der spanischen Romanzen. Diese sogenannten »spanischen Trochäen« sind jedoch meist reimlos (s. u. § 127). Gereimte vierfüßige Trochäen u. a. bei Goethe (›Kleine Blumen, kleine Blätter‹ u. a.), Schiller (›Lied an die Freude‹, ›Klage der Ceres‹ u. a.), Carossa (›Via Appia‹). Heimische und fremde Formtraditionen sind beim auftaktlosen gereimten Vierheber kaum zu unterscheiden.

2. Fünfheber (mit männlichem und weiblichem Versschluß)
Gereimte fünffüßige Trochäen sind in der deutschen Dichtung verhältnismäßig selten (im Gegensatz zum fünfhebigen jambischen Vers). Sie finden sich u. a. bei Schiller und Goethe; Weinheber (›Beschreibung eines Himmels‹).

Da ihr noch die schöne Welt regieret,
An der Freude leichtem Gängelband
Selige Geschlechter noch geführet,
Schöne Wesen aus dem Fabelland!

Schiller, Die Götter Griechenlands

Nach Corinthus von Athen gezogen
Kam ein Jüngling dort noch unbekannt.
Einen Bürger hofft er sich gewogen;
Beide Väter waren gastverwandt.

Goethe, Die Braut von Corinth

Über die reimlosen fünffüßigen Trochäen, die sogenannten serbischen Trochäen, siehe § 127.

§ 116. Jambotrochäische Verse von mehr als sechs Hebungen sind in der deutschen Dichtung kaum gebräuchlich. Beispiele bieten die Barockdichtung (Opitz, Gryphius), Platen und in neuer Zeit Ernst Stadler; (achthebige Verse z. B. hat Wilhelm Lehmanns ›Gesang der Welt‹). Verse mit sieben oder acht Hebungen sind nach Heusler als Langzeilen aufzufassen.

Jambisch:

Ein Mühlstein und ein Menschenherz   wird stets herumgetrieben

Logau

Doch bist du allzu weit entfernt,   du hörst mein seufzen nicht

Philipp v. Zesen

Schon war gesunken in den Staub   der Sassaniden alter Thron

Platen

Trochäisch:

Willst du fremde Fehler zählen,   heb an deinen an zu zählen

Logau

Ungrad ist den Göttern lieb,   dreimal ist er auch gebunden

Opitz

Auch wo sich in der modernen Lyrik Verse von sechs und mehr Hebungen finden, sind sie durch frei bewegliche Zäsuren untergliedert. Mit der Angabe des metrischen Rahmens (jambisch oder trochäisch, Zahl der Hebungen) ist dabei jedoch über die einzelnen Verse noch wenig ausgesagt. Die

Frage nach dem Rhythmus, der ›inneren Form‹ (Gliederung, Abstufungen der Hebungen usw.) ist hier – wie in der modernen Lyrik allgemein – von besonderer und primärer Wichtigkeit. Als Beispiel einige Verse aus einem Gedicht von Ernst Stadler:

Mein Gott, ich suche dich. Sieh mich vor deiner Schwelle knien
Und Einlaß betteln. Sieh, ich bin verirrt, mich reißen tausend Wege fort ins Blinde,
Und keiner trägt mich heim. Laß mich in deiner Gärten Obdach fliehn,
Daß sich in ihrer Mittagsstille mein versprengtes Leben wiederfinde.

Stadler, Zwiegespräch.

§ 117. Jambotrochäische Verse mit wechselnder Hebungszahl (Madrigalverse, Freie Verse, Faustverse).

Verse von unterschiedlicher Länge (verschiedene Takt- oder Hebungszahlen), aber meist alternierend (d. h. mit regelmäßigem Wechsel von Hebung und Senkung) erscheinen in der frühen deutschen Barockdichtung als Nachbildungen italienischer Madrigale. Man bezeichnet sie daher auch als Madrigalverse[1]. Sie stehen ursprünglich in enger Beziehung zur Musik und sind in Singspiel, Oper, Oratorien und Kantaten weit verbreitet (vgl. Arien und Rezitative der Oratorien und Kantaten J. S. Bachs). Losgelöst von der Musik leben diese freien Formen – teils reimend, teils auch reimlos – in der lyrischen Dichtung weiter (besonders bei Goethe und den Romantikern) und setzen sich besonders intensiv in vielfältigen Variationen wiederum in der modernen Lyrik durch (s. o. das Beispiel von Ernst Stadler). Hier ein Beispiel für gereimte, trochäische Madrigalverse (2- und 4-hebig) aus dem 17. Jahrhundert:

Schöne Linde!
Deine Rinde
Nehm den Wunsch von meiner Hand:
Kröne mit den sanften Schatten
Diese stets begrasten Matten,
Stehe sicher vor dem Brand!
Reißt die graue Zeit hier nieder
Deine Brüder:
Soll der Lenze diese Äst
Jedes Jahr belauben wieder
Und dich hegen wurzelfest.

Johann Klaj, An eine Linde

---

[1] vgl. a. K. Voßler, Geschichte der Aufnahme des Madrigals in Deutschland bis auf Caspar Ziegler, Weimar 1897. – K. Spitta, Die Anfänge madrigalischer Dichtung in Deutschland, in: Spitta, Musikgeschichtliche Aufsätze, 1894, S. 63–76.

Aus der französischen Dichtung (Lafontaine, Molière) kommt im 18. Jahrhundert ein neuer Anstoß zur Nachbildung jambischer und trochäischer Verse mit freier Hebungszahl. Diese sogenannten freien Verse (=frz. ›vers libres‹) sind nach ihrer metrischen Form im Deutschen mit den Madrigalversen völlig identisch. Gellert, Hagedorn, Lessing und Wieland verwenden diese anpassungsfähigen und beweglichen Formen in Fabeln und Verserzählungen. Wie dabei durch variierte Zeilenlängen, wechselnde Zäsuren, Enjambement, leichte Abweichungen vom Reimschema (Wechsel von Paarreim, Kreuzreim und umschließendem Reim) pointiert und rhythmisch spannungsvoll erzählt werden kann, zeigt folgendes Beispiel:

Klorinde starb; sechs Wochen drauf
Gab auch ihr Mann das Leben auf,
Und seine Seele nahm aus diesem Weltgetümmel
Den pfeilgeraden Weg zum Himmel.
»Herr Petrus, rief er, aufgemacht!«
»Wer da?« – »Ein wackrer Christ.« –
»Was für ein wackrer Christ?«
»Der manche Nacht,
Seit dem die Schwindsucht ihn aufs Krankenbette brachte,
In Furcht, Gebet und Zittern wachte.
Macht bald!« – – Das Tor ward aufgetan.
»Ha! ha! Klorindens Mann!
Mein Freund«, spricht Petrus, »nur herein;
Noch wird bei eurer Frau ein Plätzchen ledig sein.«
»Was? meine Frau im Himmel? Wie?
Klorinden habt ihr eingenommen?
Lebt wohl, habt Dank für eure Müh'!
Ich will schon sonst wo unterkommen.«

Lessing, Die eheliche Liebe

Madrigalverse oder freie Verse werden schon früh ins Drama übernommen (z. B. Andreas Gryphius, ›Catherina von Georgien‹), sie lockern die starre Fügung der Alexandriner und verleihen den Monologen und Dialogen rhythmische Spannung und Abwechslung. Jambische Madrigalverse – teils gereimt, teils reimlos – verwendet Goethe in größerem Umfang vor allem im ›Faust‹; deshalb wird diese Formvariante der Madrigalverse auch als Faustvers bezeichnet. Sie bestimmen den metrisch-rhythmischen Gesamteindruck und Charakter dieser Dichtung und bilden den breiten und beweglichen Untergrund, der eine Fülle von andersartigen Formen (Knittelverse, Liedformen, antike Versmaße) aufzunehmen und zu verbinden vermag[1]. Verse zwischen 4 und 6 Hebungen gebraucht Goethe im ›Faust‹ am häufigsten, z. B.

Der Géist der Médizin ist leicht zu fássen!
Ihr dúrchstudiert die gróß und kléine Wélt,
Um és am Ende géhn zu lássen,
Wie's Gótt gefállt.
Vergébens, dáß ihr ringsum wissenscháftlich schwéift,
Ein jéder lérnt nur, wás er lérnen kánn;
Doch dér den Áugenblick ergréift,
Das ist der réchte Mánn.

Faust I, Schülerszene

§ 118. Daktylische Verse (mit Reimbindung)

Versen mit dreisilbigen ›Takten‹ gestand Opitz, der die Alternation zum metrischen Grundprinzip erklärte, nur ein begrenztes Daseinsrecht in der deutschen Dichtung zu. Daktylische Versmaße gelangen jedoch in größerem Umfang mit italienischen Chorlied- und Tanzformen, dann mit Arien und Chorliedformen der Oper und der lyrisch-dramatischen Kantate seit ungefähr 1600 nach Deutschland. Ähnlich wie die mittelhochdeutschen Daktylen sind sie wohl als schwere Daktylen zu rhythmisieren (s. o. § 89). Sie behaupten sich vor allem in der Lieddichtung und dringen von da späterhin auch in die Sprechdichtung. – Wir kennen gereimte Daktylen z. B. aus Simon Dachs ›Anke von Tharaw‹ (vierhebig)

Ánke von Tháraw öss dé my gefóllt,
Sé öss mihn léwen, mihn góet on mihn gólt

und Neanders ›Lobe den Herrn‹ (fünfhebig)

Lóbe den Hérren den máchtigen Kónig der Éhren,
Méine geliebete Séele das ist mein Begéhren.

Daktylische Verse mit Auftakt verwendet Bürger

Ich will euch erzáhlen ein Márchen gar schnúrrig:
Es wár mal ein Káiser, der Káiser war knúrrig.

Der Kaiser und der Abt

(Gereimte Daktylen z. B. auch bei Rilke, »Sonette an Orpheus« I, 7.) Von daktylischem Versmaß sprechen wir in diesem Zusammenhang allerdings

[1] vgl. a. W. Mohr, a. a. O., S. 158ff.

nur, wenn durchweg ›Hebung + zweisilbige Senkung‹ als metrisches Aufbauelement erscheint (wobei jedoch gelegentlich eingestreute einsilbige Senkung das Schema nur variiert, nicht durchbricht)[1]. – Reimlose Daktylen – als Nachbildung antiker Formen (vor allem im Hexameter) – tauchen in größerem Umfang erst seit Klopstock auf und sind in der neuhochdeutschen Dichtung weitaus häufiger vertreten als die gereimten Formen.

Strophenformen

§ 119. Neben den verschiedenen fremden Versmaßen (teils in Zusammenhang mit ihnen oder auch unabhängig) wird eine Reihe von Strophenformen übernommen und eingeformt, ein Vorgang, der die deutsche Dichtung mehr als jede andere in Europa abhängig erscheinen läßt von einem vorgeprägten, übernational verfügbaren metrischen Formengut. Auf Einzelheiten dieser Anverwandlung kann in diesem Rahmen nicht näher eingegangen werden. Wir geben im folgenden eine Übersicht – nach Herkunftsgruppen geordnet – über Strophenformen der gereimten und alternierenden (jambotrochäischen) lyrischen Dichtung.

§ 120. Italienische Strophen

1. Sonett

Es ist eine strenge, 14-zeilige Strophenform, die durch die Reimstellung in je zwei ›Quartette‹ (Vierzeiler) und ›Terzette‹ (Dreizeiler) untergliedert wird[2]. Verschiedene Reime und Reimstellungen schließen die ersten acht Zeilen wie die letzten sechs enger zusammen, wobei der formalen Gliederung sehr häufig auch eine inhaltliche entspricht. Die Form zwingt hier zu einem klaren und straffen inneren Aufbau, in dem Steigerung, Kontrast und Parallelität jeweils auf verschiedene Weise wirksam werden können. – Die ›Grundform‹ mit dem Reimschema

abba abba cdc cdc

(mit gleicher Reimstellung und nur je zwei Reimen in den Quartetten und Terzetten) läßt sich vielfältig abwandeln, indem man einmal neue Reime hinzufügt (im Terzett: cde cde), vor allem aber durch variierte Reimstellung innerhalb der letzten sechs Zeilen (z. B. cde dec; cde dce usw.). Er-

---

[1] vgl. A. Heusler, Dt. Versgeschichte III, § 1039ff. – Zur Rhythmisierung ferner: A. Köster, Deutsche Daktylen, ZfdA 46 (1902), S. 113–27 (nicht überzeugend).

[2] vgl. H. Welti, Geschichte des Sonetts in der deutschen Literatur, 1884. – H. Mitlacher, Moderne Sonettgestaltung, 1932. – G. Wilker-Huersch, Gehalt und Form im deutschen Sonett, Diss. Bern 1952. – Walter Mönch, Das Sonett, 1955. – E. C. Wittlinger, Die Satzführung im deutschen Sonett, Diss. Tübingen 1956.

halten bleibt jedoch zumeist – formal wie inhaltlich – ein deutlicher Einschnitt zwischen Quartetten und Terzetten, der durch Enjambement nur selten überspielt wird. Die Sonderform des ›Shakespeare-Sonetts‹, das sich in drei Quartette plus abschließendes Reimpaar gliedert und zur epigrammatischen Zuspitzung und Summierung drängt, hat sich in der deutschen Dichtung nicht durchgesetzt.

Die Dichtung des 17. Jahrhunderts, in der das Sonett zu den bevorzugten Strophenformen zählt, verwendet als Vers vorwiegend den Alexandriner (s. o. § 114). Seiner Herkunft nach gehört jedoch zum Sonett der (italienische) Endecasillabo, der im Deutschen als jambischer Fünfheber nachgebildet wird. In dieser Form wird es auch – nachdem es im 18. Jahrhundert für geraume Zeit gegenüber anderen Formen zurücktreten mußte – von den Anakreontikern und Bürger, später dann von Goethe und den Romantikern wieder aufgegriffen (A. W. Schlegel spricht sogar von einer »Sonettenwuth« der Zeit) und wirkt ins 19. und 20. Jahrhundert weiter, z. B.

Sich in erneutem Kunstgebrauch zu üben,
Ist heil'ge Pflicht, die wir dir auferlegen:
Du kannst dich auch, wie wir, bestimmt bewegen
Nach Schritt und Tritt, wie es dir vorgeschrieben.

Denn eben die Beschränkung läßt sich lieben,
Wenn sich die Geister gar gewaltig regen;
Und wie sie sich denn auch gebärden mögen,
Das Werk zuletzt ist doch vollendet blieben.

So möcht' ich selbst in künstlichen Sonetten,
In sprachgewandter Maße kühnem Stolze,
Das Beste, was Gefühl mir gäbe, reimen:

Nur weiß ich hier mich nicht bequem zu betten,
Ich schneide sonst so gern aus ganzem Holze,
Und müßte nun doch auch mitunter leimen.

Goethe, Das Sonett

Daneben hat man auch andere Versarten für das Sonett verwendet, wie sich ja auch neben der überwiegenden Anzahl streng regelmäßig gebauter Sonette immer wieder solche finden, in denen mit der vorgegebenen Form experimentiert wird. Grundsätzlich erhalten bleibt dabei der Umfang: 14 Zeilen, wie auch die Gliederung in Versgruppen von zweimal vier und zweimal drei Zeilen. Besonders in der Dichtung des 20. Jahrhunderts wird die Sonettform auch frei umspielt, ihr strenger Rahmen oft nahezu gesprengt. Als Beispiel sei hier eines der »Sonette an Orpheus« (Rilke) angeführt, das zwischen der strengen Sonettform und freieren Madrigalformen (?) steht.

Nur wer die Leier schon hob
auch unter Schatten,
darf das unendliche Lob
ahnend erstatten.

Nur wer mit Toten vom Mohn
aß, von dem ihren,
wird nicht den leisesten Ton
wieder verlieren.

Mag auch die Spieglung im Teich
Oft uns verschwimmen:
Wisse das Bild.

Erst in dem Doppelbereich
werden die Stimmen
ewig und mild.

Das Sonett kann für sich als einstrophiges Gedicht bestehen. Ausgeprägt ist jedoch zu allen Zeiten die Tendenz, Sonette zu einem inhaltlich mehr oder minder stark gebundenen Zyklus zu ordnen (im Englischen z. B. bei Spenser und Shakespeare, im Deutschen Gryphius' »Sonn- und Feiertagssonette«, Goethes Sonette, Platens »Sonette aus Venedig«, Rilkes »Sonette an Orpheus«). Wo mehrere Sonette formal zu einer festen Einheit zusammengefaßt werden, geschieht das nach bestimmten Gesetzen. Es sind dann immer fünfzehn, die einen Sonettenkranz bilden. Von dem zweiten bis zum vierzehnten wiederholt jedes die Schlußzeile des vorhergehenden als Anfangszeile. Die Anfangszeile des ersten ist gleich der Schlußzeile des vierzehnten. Das fünfzehnte, das »Meistersonett«, enthält alle vierzehn Anfangszeilen der übrigen in ihrer Reihenfolge (Weinheber in »Späte Krone«).

Eine Sonderform ist das Schweifsonett oder geschwänzte Sonett (sonetto colla coda), das auch im Deutschen nachgebildet wurde. Es ist ein Sonett, dem ein oder mehrere Terzette angehängt sind, von denen jedes mit einer Halbzeile beginnt, die auf eine Zeile des vorhergehenden Terzetts reimen muß. A. W. Schlegels Sonett auf Merkel schließt mit der Zeile:

Rückkehr ins Vaterland um da zu ferkeln!

Die Coda setzt fort:

Journale fürchtet Merkeln.
Merklich zeigt er verkleinernde Natur;
Schon ward Merkur durch ihn zum Merkel nur.

2. Terzine

Die Terzinenform ist keine in sich geschlossene Strophe, sondern Aufbauelement einer Kette dreizeiliger Perioden (Zeilengruppen), die durch den übergreifenden Reim zusammengefügt werden[1]. Sie bildet das tragende metrische Gerüst der Divina Commedia Dantes; in der deutschen Dichtung ist diese ›fließende‹ Form nie ganz heimisch geworden. Sie erscheint in Übersetzungen, dann aber auch eigenständig nachgebildet bei den Romantikern (Schlegel, Tieck), späterhin bei Rückert und Platen, George und Hofmannsthal. Goethe verwendet sie zu Beginn von ›Faust II‹ und in dem Gedicht ›Bei Betrachtung von Schillers Schädel‹. – Der Vers der Terzinenform ist im Italienischen der Endecasillabo, im Deutschen der jambische Fünfheber mit männlichem und weiblichem Versausgang. Reimschema: aba bcb cdc . . . xyx yzyz. Als Abschluß wird am Ende eine Zeile, die den Mittelreim der letzten Terzine hat, angefügt. Syntaktische und inhaltliche Verbindungen überspielen sehr häufig die einzelnen ›Strophen‹ (Strophensprung), z. B.

Salas y Gomez raget aus den Fluten
Des stillen Meers, ein Felsen kahl und bloß,
Verbrannt von scheitelrechter Sonne Gluten

Ein Steingestell ohn alles Gras und Moos,
Das sich das Volk der Vögel auserkor
Zur Ruhstatt im bewegten Meeresschoos. . .

Es dient der Stein, worauf er litt dem Toten
Zur Ruhestätte wie zum Monumente,
Und Friede sei dir, Schmerzenssohn, entboten!

Die Hülle gibst du hin dem Elemente;
Allnächtlich strahlend über dir entzünden
Des Kreuzes Sterne sich am Firmamente,
Und was du littest, wird dein Lied verkünden.

Chamisso

[1] s. H. Schuchardt, Ritornell und Terzine, 1875. – K. Voßler, Dichtungsformen der Romanen, 1951. – R. Bernheim, Die Terzine in der deutschen Dichtung, Diss. Bern 1954.

3. STANZE (Ottaverime oder Oktave)
Die Stanze oder Ottaverime ist eine achtzeilige Strophe, eine Großform, die der epischen Dichtung der Italiener und Spanier vor allem zugehört. Im Deutschen wird sie seit dem 17. Jahrhundert für die lyrische Dichtung übernommen[1] (in abgewandelter Form: Verse mit verschiedener Taktzahl, leicht variiertem Reimschema in Wielands ›Oberon‹). In der Lyrik (Heinse, Goethe, Schiller, Rückert, Platen, Rilke ›Winterliche Stanzen‹ u. a.) verbinden sich mit dieser anspruchsvollen, schweren Form entsprechende Themen und Arten der Aussage. – Die charakteristische Reimstellung zeigt gleichzeitig die innere Gliederung der Strophe:

a b a b a b c c.

Meist liegt ein Einschnitt nach der sechsten Zeile und das abschließende Reimpaar rundet die Strophe ab – zusammenfassend, steigernd, sentenzhaft. – Während die italienische Form nur Endecasillabi (Elfsilber) kennt, kann die deutsche aus Versen verschiedener Art aufgebaut sein; jambische Fünfheber sind seit Heinse strenger durchgeführt; männliche und weibliche Reime wechseln (im Unterschied zum Italienischen), z. B.

Der Morgen kam, es scheuchten seine Tritte
Den leisen Schlaf, der mich gelind umfing,
Daß ich, erwacht, aus meiner stillen Hütte
Den Berg hinauf mit frischer Seele ging;
Ich freute mich bei einem jeden Schritte
Der neuen Blume, die voll Tropfen hing;
Der junge Tag erhob sich mit Entzücken,
und alles war erquickt, mich zu erquicken.

Goethe, Zueignung.

Eine Sonderform der Stanze ist die Siziliane mit der Reimstellung: a b a b a b a b. Sie ist erst von Rückert in die deutsche Dichtung eingeführt worden.
Die Nonarime erweitert die Stanze um eine Zeile, die den zweiten Reim der Strophe wieder aufgreift: a b a b a b c c b.
Die sogenannte Spenserstanze, die in England aufkam (Spensers ›Fairie Queene‹, 1590), bildet die französische Balladenstrophe nach; sie wird in Deutschland nur in Übersetzungen verwendet. Sie besteht aus

[1] vgl. G. Bünte, Zur Verskunst der deutschen Stanze, 1928. – L. Mittner, Galatea, DVjs 27 (1953), S. 555–581, bes. S. 565ff. (Stanze u. a. romanische Strophenformen in der Romantik).

8 fünfhebigen Versen mit der Reimstellung a b a b b c b c, an die sich ein Sechsheber mit dem Reim c anschließt. Diese Schlußbeschwerung verleiht der Strophe eine hörbare Abrundung.

4. Sestine

Diese ursprünglich provenzalische Liedform[1] verlangt innerhalb eines streng festgelegten Rahmens ein hohes Maß von spielerischer Beweglichkeit der Sprache und Gedankenführung. Im Deutschen ist sie – im Unterschied zu den romanischen Literaturen – nicht allzu häufig vertreten (im Barock z. B. bei Opitz und Gryphius; in und nach der Romantik in Übersetzungen; bei Zacharias Werner auch im Drama, ferner bei Rückert). In der Sestine sind sechs Strophen durch die in bestimmter Anordnung wiederkehrenden Endwörter der einzelnen Verse verbunden. Jede Strophe umfaßt sechs Zeilen. Bei einer einfacheren Form wiederholen sich die Endwörter so, daß von der zweiten bis fünften Strophe jede das Schlußwort der vorhergehenden am Ende der ersten Zeile hat. Darauf folgen die übrigen in ihrer Reihenfolge. Also:

1. Strophe	:	Endwörter	1 2 3 4 5 6
2. „	:	„	6 1 2 3 4 5
3. „	:	„	5 6 1 2 3 4 usw.
6. „	:	„	2 3 4 5 6 1.

Auf die sechs Strophen folgt ein dreizeiliges »Geleit«, das die Reimwörter in der Reihenfolge der ersten Strophe in der Mitte und am Schluß der Zeilen enthält. Jambische Fünfheber bzw. Alexandriner (Barock) werden als Verse verwendet. Als Beispiel eine Alexandrinersestine:

Wo ist mein Aufenthalt, mein Trost und schönes Licht?
Der trübe Winter kömt, die Nacht verkürzt den Tag;
Ich irre ganz betrübt um diesen öden Wald;
Doch were gleich jetzt Lenz und Tag ohn alle Nacht,
Und hett' ich für den Wald die Lust der ganzen Welt,
Was ist Welt Tag und Lenz, wo nicht ist meine Zier?

Ein schönes frisches Quell gibt Blumen ihre Zier,
Dem starken Adler ist nicht liebers als das Licht,
Die süße Nachtigal singt fröhlich auf den Tag,
Die Lerche suchet Korn, die Ringeltaube Wald,
Der Reiger einen Teich, die Eule trübe Nacht;
Mein Lieb, ich suche dich für allem auf der Welt.

[1] s. a. K. Voßler, Dichtungsformen der Romanen, 1951.

So lange bist du mir das Liebste von der Welt,
So lange Pales hegt der grünen Weide Zier,
So lange Lucifer entdeckt das klare Licht,
So lange Titans Glanz bescheint den hellen Tag,
So lange Bachus liebt den Wein und Pan den Wald,
So lange Cynthia uns leuchtet bei der Nacht.

Die schnelle Hindin sucht den Hirschen in der Nacht,
Was schwimmt und geht und kreucht, liebt durch die ganze Welt
Die grimme Wölfin schatzt den Wolf für ihre Zier,
Die Sterne leihen uns zum Lieben selbst ihr Licht;
Ich aber gehe nun allhier schon manchen Tag,
O Schwester, ohne dich durch Berge, Wild und Wald.

Was ist, wo du nicht bist? So viel der kühle Wald
Ein Sandfeld übertrifft, der Morgen für der Nacht
Uns angenehmer ist, der Maler dieser Welt,
Der Lenz, für Winterluft, so viel ist deine Zier,
Die Schönheit, diese Lust mir lieber, o mein Licht,
Als das so weit und breit bestrahlt wird durch den Tag.

Der Trost erquickt mich doch, es komme fast der Tag,
Da ich nicht werde mehr bewohnen Berg und Wald,
Da deine Gegenwart und die gewünschte Nacht
Der Treu noch lohnen soll; indessen wird die Welt
Vergessen ihrer selbst, eh' als ich deiner Zier,
Mein höchster Aufenthalt, mein Trost und schönes Licht.

Laß wachsen, edler Wald, mit dir mein treues Licht,
Die Liebste von der Welt; es schade deiner Zier,
O Baum, kein heißer Tag und keine kalte Nacht.

Opitz, Aus »Schäferei von der Nymphen Hercinie«.

5. TRIOLETT

Es ist eine achtzeilige Strophenform aus jambischen und trochäischen Versen mit zwei Reimklängen, metrisch identisch mit dem einfachsten altfranzösischen Rondeau. Die beiden ersten Zeilen kehren am Schluß wieder (als 7. und 8. Zeile), und die erste allein als vierte, so daß sich folgendes Reimschema ergibt: A B a A a b A B (Großbuchstabe = Zeilenwiederholung). Innerhalb von acht Zeilen wird also die erste Zeile dreimal wiederholt, in deutschen Gedichten jedoch vielfach leicht variiert. Nachbildungen dieser spielerisch-strengen Form erscheinen in der deutschen Literatur seit der Anakreontik, z. B.

Der erste Tag im Monat May
Ist mir der glücklichste von allen.
Dich sah ich und gestand dir frey
Den ersten Tag im Monat May,
Daß dir mein Herz ergeben sey.
Wenn mein Geständnis dir gefallen,
So ist der erste Tag im May
Für mich der glücklichste von allen.

Hagedorn, Der erste May.

6. Ritornell

Diese Liedform besteht, ähnlich wie die Terzine, aus dreizeiligen Strophen[1]. In diesen reimt oder assoniert die erste mit der dritten Zeile, die mittlere ist Waise. Reimschema: a w a b w b c w c ... Durch diese Reimanordnung wirken die Dreizeilengruppen des Ritornells geschlossener als in den Terzinen. Aufgelockerter und rhythmisch spannungsvoller erscheinen sie durch die wechselnde Länge der einzelnen Verse, z. B.

Blühende Myrte –
Ich hoffte, süße Frucht von dir zu pflücken;
Die Blüte fiel; nun seh' ich, daß ich irrte.

Schnellwelkende Winden –
Die Spur von meinen Kinderfüßen sucht' ich
An eurem Zaun, doch konnt' ich sie nicht finden.

Muskathyazinthen –
Ihr blühtet einst in Urgroßmutters Garten;
Das war ein Platz, weltfern, weit, weit, dahinten!

Dunkle Zypressen –
Die Welt ist gar zu lustig;
Es wird doch alles vergessen.

Storm, Frauen-Ritornelle.

7. Madrigal

Madrigalformen, aus dem Italienischen übernommen und ursprünglich musikalisch gebunden, sind freie strophische Gebilde von wechselndem Umfang, innerhalb deren auch Umfang und Versmaß der einzelnen Zeilen

---

[1] H. Schuchardt, Ritornell und Terzine, 1875.

variieren können (jambische, trochäische, daktylische 3-, 4-, 5-Heber usw.). Die Reimanordnung ist gleichfalls sehr frei gestaltet (auch reimlose Zeilen können eingeschaltet sein). Diese Formen, die sich in der Lyrik des Barock, der Anakreontik, der Romantik finden, lassen sich nur am Einzelbeispiel als ›Strophe‹ beschreiben. Ihre historische Entwicklung im Deutschen ist noch kaum zu überblicken. – Unstrophisch und in ihrer Form dann mit den ›vers libres‹ (freien Versen) zusammenfallend, werden madrigalische Formen auch ins Drama übernommen (s. o. § 117).

§ 121. Spanische Strophen

1. Dezime

Trochäische Vierheber bilden die einzelnen Verse dieser zehnzeiligen Strophe[1], der das Reimschema a b a b a c d c c d (variiert a b a b a c c d d c u. a.) zugrunde liegt.

Aus vier Dezimen zusammengesetzt ist die Glosse[1], eine Gedichtform, in der ein vorangestelltes, vierzeiliges Motto oder Thema frei abgehandelt oder parodiert wird, wobei die Schlußzeile jeder Dezime eine Zeile des Mottos wiederholt (vgl. Tiecks Prolog zum Oktavian; Uhland). Das Motto wird dabei meist von einem anderen Dichter übernommen (Tiecks Oktavian-Motto z. B. ist mehrfach glossiert worden). Als Beispiel eine Glosse Uhlands zu diesem Thema:

Mondbeglänzte Zaubernacht,
Die den Sinn gefangen hält,
Wundervolle Märchen Welt,
Steig auf in der alten Pracht!

Romantiker

Finster ist die Nacht und bange,
Nirgends eines Sternleins Funkel;
Dennoch in verliebtem Drange
Wandl' ich durch das grause Dunkel
Mit Gesang und Lautenklange.
Wenn Kamilla nun erwacht
Und das Lämpchen freundlich facht,
Dann erblick ich, der Entzückte,
Plötzlich eine sterngeschmückte
Mondbeglänzte Zaubernacht.

[1] E. Hügli, Die romanischen Strophen in der Dichtung deutscher Romantiker, 1900.

Recensent

Laß er doch sein nächtlich Johlen,
Poetaster Helikanus!
Was er singt, ist nur gestohlen
Aus dem Kaiser Oktavianus,
Der bei mir nicht sehr empfohlen,
Den ich der gelehrten Welt
Von den Alpen bis zum Belt
Preisgab als ein Werk der Rotte,
Die den Unsinn hub zum Gotte,
Die den Sinn gefangen hält.

Romantiker

Welche Stimme, rauh und heischer!
Ist das wohl der Baur Hornvilla?
Ist es Klemens wohl, der Fleischer?
Von den Fenstern der Kamilla
Heb dich weg, du alter Kreischer!
Was die krit'sche Feder hält
Von den Alpen bis zum Belt,
Wüt es doch zu Haus und schäume,
Nur verschon' es ihrer Träume
Wundervolle Märchenwelt.

Recensent

Bänkelsänger, Hackbrettschläger,
Volk, das nachts die Stadt durchleiert,
Nennt sich jetzt der Musen Pfleger;
Nächstens, wenn Apoll noch feiert,
Dichten selbst die Schornsteinfeger.
Zeit, wo man mit Wohlbedacht
Nur lateinschen Vers gemacht,
Zeit gepuderter Perücken,
Drauf Pfalzgrafen Lorbeern drücken,
Steig auf in der alten Pracht.

Uhland, Der Romantiker und der Recensent

2. Kanzion[1]

besteht aus zwei Strophen, von denen die erste halb so lang ist wie die zweite und den Grundgedanken enthält. Dieser wird in der ersten Hälfte

[1] vgl. E. Hügli, Die romanischen Strophen, 1900.

der zweiten Strophe modifiziert und am Ende mit denselben Reimen wiederholt; z. B.

Wenn ich unverstanden bliebe,
Ohne Gegenstand mein Streben,
Keine Liebe mir gegeben,
Würd' ich dennoch innig lieben
Umso inniger nur leben.

Was mein Sehnen lieblich wähnte,
Was ich liebesehnend meine,
Ist so heiter, lind und reine,
Daß kein Sinn sich weiter sehnte,
Der gesehn dies einzig Eine,
Wenn ich fern von Freuden bliebe,
Ohne Gegenstand mein Streben,
Keine Liebe mir gegeben,
Würd ich dennoch innig lieben
Und in heitern Freuden schweben.

F. Schlegel in ›Fantasie‹

§ 122. Französische Strophen

1. Quatrain

Diese vierzeilige Strophenform, die als Zeilenbaustein meist den Alexandriner verwendet und umarmenden Reim (abba, gelegentlich auch andere Varianten: Vierreim, Kreuzreim) aufweist, erscheint besonders häufig in der didaktischen und epigrammatischen Dichtung des 17. und 18. Jahrhunderts, z. B.

Du sollst zum ersten gott, hernach die eltern ehren,
Sollst recht sein und gerecht, sollst trew und unverwandt
Dem der in unschuld schwebt stets bieten deine hand;
Denn du wirst auch hernach von Gott dein urteil hören.

Opitz

2. Rondeau

Das Rondeau, das mit dem altfranzösischen nicht zu verwechseln ist, umfaßt 12–14 Zeilen und hat meist nur zwei Reimklänge. Die Anfangsworte der ersten Zeile werden refrainartig und reimlos nach der 8. und 13. Zeile wiederholt (daher auch die Bezeichnung Rundum, Ringelgedicht im Deutschen) und bewirken eine formale, oft auch inhaltliche Gliederung. Diese Strophenform ist ursprünglich auch musikalisch gebunden und bestimmt; sie erscheint in Deutschland vornehmlich in der Barockdichtung.

Als Beispiel eine verhältnismäßig frühen Nachbildung dieser graziösen Liedform in der deutschen Dichtung:

Ihr wisset, was für schwere Klagen,
Für große Schmerzen, Sorg und Plagen
Mich eure Schönheit zart und rein,
Und eurer braunen Augen Schein
Schon lange Zeit hat machen tragen.
Was sollt ich euch dann weiters sagen,
Weil uns die Lieb zugleich geschlagen,
Dann das uns jetz kann füglich sein
Ihr wisset was.
Derhalben länger nicht zu zagen,
So wollet mir nu nicht versagen
Viel tausend Küß für tausend Pein;
Und weil wir beed jetzund allein,
So lasset uns auch vollends wagen
Ihr wisset was.

G. R. Weckherlin, An die Marina.

§ 123. Orientalische Strophen

Die persisch-arabische Poesie wurde erst um 1800 für die deutsche Dichtung entdeckt. Mit wenigen Ausnahmen haben sich jedoch diese Formen als Vorbilder nicht durchsetzen können. Selbst Goethe, den die Begegnung mit orientalischer Dichtung (besonders Hafis) zu eigenschöpferischer Erwiderung im »Westöstlichen Divan« führt, äußert sich über die hohe Künstlichkeit dieser sprachlich und metrisch äußerst anspruchsvollen Formen zurückhaltend und verwendet sie kaum. Erst Platen und Rückert bilden sie in größerem Umfange nach. Die verschiedenartigen, messenden (quantitierenden) Versmaße wurden dabei durch Jamben, Trochäen und Daktylen wiedergegeben. Rückert versuchte auch gelegentlich, die persisch-arabischen Versmaße ursprungsgetreu nachzubilden und verfuhr dabei ähnlich wie Klopstock, Hölderlin und Platen u. a. bei der Übertragung der antiken Odenformen (s. u. § 128ff.).

1. Ghazél und Kassidé

Das Ghazel[1] (Gh ist ein Kehllaut, ähnlich wie norddeutsch r zu sprechen, z ist stimmhaftes s) umfaßt bis zu 30 Zeilen. Den Reim des ersten Reimpaares

[1] H. Tschersig, Das Ghazel in der deutschen Dichtung und das Ghazel bei Platen, 1907. – D. Balke, Westöstliche Gedichtformen, Diss. Bonn 1952.

greifen alle geraden Zeilen (4., 6., 8. usw.) auf, die übrigen Zeilen sind reimlos. Der Reim erstreckt sich oft über mehrere Wörter. Beweglich und fließend im Umfang (des Ganzen wie der einzelnen Verse), doch durch die strenge Reimforderung oft künstlich und monoton wirkend, hat das Ghazel (arab. = Gespinst), das in der orientalischen Lyrik weit verbreitet ist, in der deutschen Dichtung nur wenig Nachahmer gefunden (u. a. bei Platen und bei Weinheber in »Kammermusik«). Als Beispiel eine Nachdichtung Rückerts (nach Dschelaleddin Rumi):

Wohl endet Tod des Lebens Not,
Doch schauert Leben vor dem Tod.
Das Leben sieht die dunkle Hand,
Den hellen Kelch nicht, den sie bot.
So schauert vor der Lieb ein Herz,
Als wie von Untergang bedroht.
Denn wo die Lieb erwachet, stirbt
Das Ich, der dunkele Despot.
Du laß ihn sterben in der Nacht
Und atme frei im Morgenrot.

Die Kassidé hat dieselbe Form, ist aber im ganzen länger und wird nur für ernste Themen und Inhalte gewählt.

2. Das Rubâi

Dieser persische Vierzeiler hat nur einen Reimklang, der der ersten, zweiten und vierten Zeile zukommt, die dritte ist reimlos, z. B.

Im Wasser wogt die Lilie, die blanke, hin und her,
Doch irrst du, Freund, sobald du sagst, sie schwanke hin und her;
Es wurzelt ja so fest ihr Fuß im tiefen Meeresgrund,
Ihr Haupt nur wiegt ein lieblicher Gedanke hin und her.

Platen

§ 124. Abschließend sei nochmals betont, daß wir hier metrische Typen und Schemata beschrieben haben, deren individuelle Gestaltung durch den einzelnen Dichter zu untersuchen und zu werten gleichermaßen in den Bereich einer Verslehre im weiteren Sinne gehört. Dafür kann jedoch hier vorderhand nur das metrische Rüstzeug als Voraussetzung gegeben werden. Alles weitere muß Aufgabe der Einzelinterpretation bleiben, die den diffizilen Zusammenhängen zwischen Metrum, Sprache und Rhythmus nachspürt, sie dann aber historisch zu verstehen und zu objektivieren sucht. Das bedeutet ferner, daß wir jede metrische Form nicht nur in ihrer spezifischen historischen Entwicklung – die oben im einzelnen Fall jeweils kurz angedeutet wurde – sehen dürfen, sondern sie immer auch in den breiteren Rahmen der Verskunst einer Epoche einbeziehen müssen. Darauf kann in diesem Zusammenhang – als Aufgabe – nur hingewiesen werden, denn aus Gründen der Übersichtlichkeit war für die gereimten Formen der neuhochdeutschen Kunstdichtung der systematisch-additive Überblick einer historisch entwickelnden Darstellung vorzuziehen (s. a. § 143 ff.).

V. KAPITEL

DIE NEUHOCHDEUTSCHE REIMLOSE DICHTUNG

§ 125. Bis zur ersten Hälfte des 18. Jahrhunderts beherrscht die klangliche Bindung durch den Endreim in seinen verschiedenen Varianten die deutsche Versdichtung fast ausnahmslos. Dann tauchen auch reimlose Verse und Strophenformen auf, die sich sowohl in der Lyrik wie im Epos und Drama neben den gereimten durchsetzen und behaupten und die – mit Ausnahme der freien Rhythmen – wiederum fremden Vorbildern nachgeformt sind (z. B. Blankvers, Hexameter, Odenformen). Die einzelnen Gattungen verhalten sich zu dieser Kontroverse um Reim und Reimlosigkeit, die auch späterhin (Romantik, Naturalismus, Expressionismus) in den Auseinandersetzungen der Dichter und Kritiker wieder aufgegriffen wird, verschieden. In Drama und Epos dominieren seit der 2. Hälfte des 18. Jahrhunderts reimlose Verse, während sich in der Lyrik eine komplexere Entwicklung vollzieht; Klassik, Romantik und 19. Jahrhundert verwenden – teils unter dem Einfluß romanischer und volkstümlicher Dichtung – eine breite Vielfalt von gereimten Formen, neben denen jedoch die reimlosen weiterbestehen (bei Dichtern wie Hölderlin erhalten diese sogar das absolute Übergewicht). Reimlosigkeit als Programm und Kampfparole proklamiert wiederum der Naturalismus (Arno Holz); in der Lyrik des 20. Jahrhunderts treten beide Formtendenzen abwechselnd stärker hervor; wie sie sich zueinander verhalten, bleibt im Einzelfall noch zu untersuchen[1]. – Das Gedicht unserer Gegenwart – in der Nachfolge des Expressionismus – ist vorwiegend reimlos.

Die Nachbildung reimloser jambischer und trochäischer Verse, besonders die Übertragung antiker Metren in die deutsche Sprache geschieht im wesentlichen nach den gleichen Prinzipien, die bei der Anwendung der antiken metrischen Terminologie auf deutsche Verse erörtert wurde (vgl. § 111; ferner § 130ff.). Sprachliche Akzentabstufungen übernehmen dabei weitgehend, aber nicht ausschließlich die Funktion der antiken Quantitätsverhältnisse. – Wir verfolgen kurz die wichtigsten reimlosen Versmaße und Strophenformen, wobei wir wiederum diffizilere rhythmische Probleme weitgehend ausklammern müssen.

[1] Eine Aufstellung von Verhältniszahlen reimloser und gereimter Formen in repräsentativen Anthologien moderner Lyrik gibt W. Kayser, Geschichte des deutschen Verses, S. 56ff.

§ **126.** Unter den reimlosen jambischen Versen verbreitet sich – rasch, intensiv und nachhaltig – vor allem im Drama der

BLANKVERS

Die englische Bezeichnung – ›blank verse‹ – dieses jambischen Fünfhebers[1] weist schon auf ein charakteristisches Unterscheidungsmerkmal gegenüber anderen jambischen Fünfhebern (Vers commun, Endecasillabo): seine Reimlosigkeit. Durch die Vermittlung der englischen Dichtung, für die er im 16. Jahrhundert als reimlose Variante des Vers commun geschaffen wird (Surrey) und die ihn bald vielseitig verwendet (Marlowe, Shakespeare, Milton u. a.), gelangt er nach Deutschland, zuerst in Übersetzungen (englische Dramen, Miltons ›Paradise Lost‹), vereinzelt auch im Drama (Wieland, ›Lady Johanna Gray‹ 1758). Seit Lessings ›Nathan‹ (1779) wird er zum beherrschenden deutschen Bühnenvers.

Die reichen Variationsmöglichkeiten seines Schemas lassen ihn dafür besonders geeignet erscheinen. Schon Marlowe, der Vorläufer Shakespeares, hatte frei mit ihm experimentiert und das starre metrische Gerüst weitgehend aufgelockert. Ähnliches versucht man auch im Deutschen durch viele ineinandergreifende Abwandlungen: frei gestalten läßt sich der Auftakt (ein- oder zweisilbig, auch auftaktloser, trochäischer Einsatz) wie die Abstufung der einzelnen Hebungen gegeneinander. Männlicher und weiblicher Versschluß wechseln (d. h. Ausgang auf betonte und unbetonte Silbe); im Versinnern finden sich gelegentlich zweisilbige Senkungen. Durch Zäsurwechsel und Enjambement wird die Geschlossenheit des einzelnen Verses sehr oft aufgelöst. Werden dann noch kürzere und längere Verse (2- bis 4-hebig oder 6- und 7-hebig) eingestreut, so erscheint das Versgefüge fast gesprengt und der Vorwurf der »Prosanähe«, den man oft gegen den Blankvers erhoben hat (Goethe; Heusler), ist in manchen Fällen durchaus berechtigt.

Die einzelnen Dichter gehen in der Anwendung dieser Freiheiten verschieden weit. Goethe und Grillparzer bauen ihre dramatischen Blankverse fast ebenso regelmäßig wie ihre gereimten jambischen Fünfheber. Bei Schiller bewegen sich die Jamben vom ›Wallenstein‹ bis zur ›Jungfrau von Orleans‹ auf einer mittleren Linie, ›Don Carlos‹ ist freier, die ›Braut von

[1] vgl. F. Zarncke, Über den fünffüßigen Jambus bei Lessing, Schiller und Goethe, in: Kleine Schriften Bd. 2, S. 309ff. – E. Zitelmann, Der Rhythmus des fünffüßigen Jambus, NJbb 19 (1907), S. 500–533, 545–70. – R. Haller, Studie über den deutschen Blankvers, DVjs 31 (1957), S. 380–424.

Messina‹ gebundener. Hebbel und Otto Ludwig lockern relativ wenig auf. Sehr frei ist dagegen Lessings Vers; ebenfalls, nur in anderer Weise, Kleists Bühnenvers. Relativ ›prosanahe‹ sind die Blankverse G. Hauptmanns, metrisch gebundener dagegen die Hofmannsthals. – Die reimlosen jambischen Fünfheber der Lyrik sind meist strenger und regelmäßiger gebaut.

Charakteristische Unterschiede in der Verwendung wie der sprachlich-rhythmischen Ausdrucksmöglichkeiten des Blankverses bei verschiedenen Dichtern lassen sich an der Art, wie dramatische Rede und Vers ineinanderspielen, besonders deutlich zeigen. Hier drei Beispiele:

Daja: *Dénkt doch, Náthan!*
Nathan: *Nún?*
Daja: *Das árme Kind erschrák wohl récht darüber!*
Da schickt . . .
Nathan: *Der Pátriárch?*
Daja: *Des Súltans Schwéster,*
Prinzéssin Síttah . . .
Nathan: *Nícht der Pátriárch?*
Daja: *Nein, Síttah! – Hört Ihr nicht? – Prinzéssin Síttah –*
Schickt hér und läßt sie zú sich hólen.
Nathan: *Wén?*
Läßt Récha hólen? – Síttah läßt sie hólen? –
Nun wénn sie Síttah hólen läßt, und nicht
Der Pátriárch . . .
Daja: *Wie kómmt Ihr dénn auf dén?*

Lessing, Nathan der Weise IV, 8.

Mit Ausnahme der Anfangszeile (trochäischer Einsatz, Dreiheber) baut Lessing hier regelmäßig alternierende Fünfheber, die aber durch den schnellen Redewechsel innerhalb der einzelnen Verse, rasche Folge von Ausrufen und Fragen (kleine syntaktische Einheiten) und Enjambements kaum noch als Versgefüge wirken oder hörbar werden können. Auch in monologischen Abschnitten lockert Lessing durch reiche Zäsurierung und Enjambement seinen Vers bis zur Prosanähe auf.

Prinzessin: *So nímm ihn wég, und, sóll ich íhn entbéhren,*
Vor állen ándern séi er dír gegönnt!
Ich séh' es wóhl, so wírd es bésser séin.

Muß ich denn wieder diesen Schmerz als gut
Und heilsam preisen? Das war mein Geschick
Von Jugend auf; ich bin nun dran gewöhnt.
Nur halb ist der Verlust des schönsten Glücks,
Wenn wir auf den Besitz nicht sicher zählten.

Leonore: *Ich hoffe dich, so schön du es verdienst,*
Glücklich zu sehn.

Prinzessin: *Eleonore! Glücklich?*
Wer ist denn glücklich? – Meinen Bruder zwar
Möcht ich so nennen, denn sein großes Herz
Trägt sein Geschick mit immer gleichem Mut;
Allein, was er verdient, das ward ihm nie.

Goethe, Torquato Tasso, III, 2, 1773 ff.

Bei Goethe bewegen sich, wenn wir mit Lessing vergleichen, Dialog, sprachlich-syntaktische Fügung und Vers sehr viel gleichmäßiger. Wechselnde Zäsuren, Enjambement und Verteilung eines Verses auf zwei Sprecher bringen auch hier Verschiebungen und Spannung in den ruhigen, weitausschwingenden Gang der Verse, aber sie lösen ihn nicht auf in eine Folge kleinteiliger Bewegungen. Rhythmische Spannung bewirkt auch die Abstufung der Hebungen gegeneinander, ihre wechselnde Dichte in der Folge der Verse und Versabschnitte. Leichte Abweichungen vom jambischen Versmaß, rhythmisch herausgehoben und auf den Inhalt bezogen, können unmittelbar aussagekräftig sein (trochäische, d. h. auftaktlos einsetzende Verse; hier *Glücklich zu sehn* mit schwebender Betonung!)

Oberpriesterin: *O die Entsetzliche(,)!*
Prothoe: *Nun, was auch gibts?*
Erste Amazone: *Der Bogen stürzt ihr aus der Hand danieder!*
Zweite: *Seht, wie er taumelt –*
Vierte: *Klirrt und wankt und fällt!*
Zweite: *Und noch(,) einmal am Boden zuckt –*
Dritte: *Und stirbt,*
Wie er der Tanaïs geboren ward.

(,)

Oberpriesterin: *Dú, meine gróße Hérrscherin, vergíb mir!*
Diána ist, die Góttin dír zufríeden,
Besánftigt wíeder hást du íhren Zórn.
(,)
Die gróße Stífterin des Fráuenréiches,
Die Tánais, dás gestéh ich jétzt, sie hát
Den Bógen würdger nícht geführt als dú.

Kleist, Penthesilea, 24. Auftritt

Gleichlauf und Gegensatz von syntaktischer und Versbewegung verleihen Kleists Blankvers eine intensive rhythmische Spannung. Alle Freiheiten in der Gestaltung des Verses, seiner Gliederung und Aufteilung in Rede und Gegenrede, die bei Lessing den Verscharakter oft nahezu aufheben, können bei Kleist zu zwei äußersten Möglichkeiten rhythmischer Form führen: er erreicht damit einmal eine gleitende, schwebende Musikalität von Vers und Sprache, in der Pausen und Übergänge retardierend und steigernd eine eigene Ausdrucksgebärde schaffen, die über den reinen Wortsinn der Verse hinaus komplexe Beziehungen andeutet (vgl. wie hier der Fall des Bogens sprachlich-rhythmisch gegenwärtig wird). Oft aber sprengt die syntaktische Bewegung rücksichtslos das Versgefüge; sprunghaft und nachdrücklich charakterisieren solche Verse Situationen und Charaktere (vgl.: *Du, meine große Herrscherin, vergib mir!* und *Die Tanais, das gesteh ich jetzt, sie hat*). Bei Kleist ist der Blankvers im deutschen Drama rhythmisch am eigenwilligsten geprägt und differenzierte Formansage für ein vielschichtiges Geschehen geworden.

JAMBISCHER TRIMETER

Im deutschen Drama konnte sich der jambische Trimeter[1], der Hauptvers des antiken Dramas, neben dem Blankvers nicht durchsetzen. Goethe verwendet ihn in ›Faust II‹ (vor allem im Helenaakt), Schiller in einigen Szenen der ›Jungfrau von Orleans‹ und der ›Braut von Messina‹; er findet sich ferner gelegentlich bei Platen und Mörike, die ja vielseitig mit antiken Formen experimentieren, auch beim jungen Hofmannsthal (›Idylle‹).

Der antike jambische Trimeter besteht aus drei Metren, d. h. in diesem Falle s e c h s Versfüßen (Jamben)[2] und ist dipodisch (je zwei Versfüße zusammenfassend) gegliedert.

Antike Formel: ⏓ –́ ⏑ –́ | ⏓ –́ ⏑ –́ | ⏓ –́ ⏑ –́

[1] s. a. H. Paulussen, Rhythmik und Technik des sechsfüßigen Jambus in Deutschland und England, 1913. – G. Rosenthal, Der Trimeter als deutsches Versmaß, Diss. Breslau 1934.

[2] daher auch die Bezeichnung S e n a r; über Versfuß – Metrum vgl. unten § 130ff.

In der ersten Silbe der drei Dipodien sind Länge und Kürze vertauschbar (sillaba anceps). – Im Deutschen wird der Vers als auftaktiger Sechsheber nachgebildet. Gliederung und geregelte Zäsur vor der dritten und vierten Hebung sind nur selten versucht worden. Zweisilbige Senkungen und trochäischer Einsatz als Variationen des Schemas finden sich häufiger. Der Versschluß ist stets männlich, z. B.

Phorkyas: *Ált ist das Wórt, doch bléibet hóch und wáhr der Sínn,*
Daß Schám und Schönheit nie zusámmen, Hánd in Hánd,
Den Weg verfolgen über der Erde grünen Pfad.
Tief eingewurzelt wohnt in beiden alter Haß,
Daß wo sie immer irgend auch des Weges sich
Begegnen, jede der Gegnerin den Rücken kehrt.
Dann eilet jede wieder heftiger, weiter fort,
Die Scham betrübt, die Schönheit aber frech gesinnt,
Bis sie zuletzt des Orkus hohle Nacht umfängt,
Wenn nicht das Alter sie vorher gebändigt hat.

Goethe, Faust II, 8754ff.

Hat die letzte Dipodie statt des zweiten Jambus einen Trochäus

⏑ – ⏑ – ⏑ – ⏑ – ⏑ – – ⏑,

so entsteht der Choliambus, der hinkende Jambe oder Hinkvers. Er ist gelegentlich aus Spielerei und mit ironisierender Absicht deutsch nachgebildet worden:

Ein Liebchen hát ich, dás auf einem Áug schielte

Rückert

Der Chóliámbe íst ein Vérs für Kúnstrichter

A. W. Schlegel

§ 127. Reimlose trochäische Verse

1. Vierheber

Der reimlose vierhebige Trochäus wird von Herder zuerst in Übersetzungen aus dem Spanischen (Cid) verwendet. Diese Verse, die im Deutschen teils reimlos, teils – wie in ihrer Heimat – assonierend erscheinen, heißen deshalb auch spanische Trochäen. Gereimt, als Nachbildung ursprünglich reimloser griechischer anakreontischer Verse, kennt sie schon die Barockdichtung. Seit Herder werden sie durch das Vorbild spanischer Dichtung erneut für die deutsche Dichtung wirksam. Die Romantiker verwenden sie mit Assonanz, und unter ihnen lockt vor allem Brentano diesem Vers die rhythmisch und klanglich subtilsten Wirkungen ab (Romanzen). Der vierhebige Trochäus gehört zu den verbreitetsten Versen des frühen 19. Jahrhunderts, auch Heine (›Atta Troll‹) und Scheffel (›Trompeter von Säckingen‹) übernehmen ihn (späterhin auch G. Hauptmann ›Der weiße Heiland‹). Der Vers hat stets den zweisilbig vollen (weiblichen) Schluß, bei Herder auch mit männlichem Schluß; z. B.

Tráuernd tíef saß Dón Diégo,
Wohl war keiner je so traurig;
Gramvoll dacht er Tag und Nächte
Nur an seines Hauses Schmach.

Herder, Cid

Selig bist du, liebe Kleine,
Die du auf der Bäume Zweigen
Von geringem Trank begeistert,
Singend wie ein König lebest!

Goethe, An die Zikade

2. Fünfheber

Der fünfhebige Trochäus läßt sich seiner Herkunft nach teils auf Nachahmungen der Verse des Catull zurückführen, teils auf die Übersetzung der unstrophischen Heldenlieder der Serben, deren Zehnsilber Herder in diesem Versmaß wiedergab. Daher bezeichnet man diese Verse auch als serbische Trochäen. Sie haben ursprünglich nur weiblichen Versausgang. In der deutschen Dichtung finden sie sich u. a. bei Bürger, Goethe (Nachdichtungen und Eigenes), C. F. Meyer, A. Miegel, M. Mell, (›Die Schönwetterhexe‹).

Wás ist Wéißes dórt am grǘnen Wálde?
Ist es Schnee wohl oder sind es Schwäne?
Wär es Schnee da, wäre weggeschmolzen,
Wärens Schwäne, wären weggeflogen.
Ist kein Schnee nicht, es sind keine Schwäne,
's ist der Glanz der Zelten Asan Aga,
Niederliegt er drin an seiner Wunde.

Ihn besucht die Mutter und die Schwester,
Schamhaft säumt sein Weib zu ihm zu kommen.

Goethe, Klaggesang von der edlen Frauen des Asan Aga. Nachdichtung einer serbokroatischen Volksballade.

3. Verse von wechselnder Hebungszahl

Zur Gruppe der reimlosen jambo-trochäischen Verse gehören ferner freie Verse. Neben den gereimten jambischen Versen mit wechselnder

Hebungszahl (Madrigalverse, freie Verse, Faustverse) entstehen – bei noch weitergreifender Lockerung des Versgefüges – reimlose Formen. Sie stehen dann häufig im Wechsel mit reimlosen trochäischen Versen und zeigen schon den Übergang zu den freien Rhythmen.
Ein Beispiel für freie trochäische Verse ohne Reimbindung:

Taglang nachtlang stand mein Schiff befrachtet,
Günst'ger Winde harrend saß mit treuen Freunden
– Mir Geduld und guten Mut erzechend –
Ich im Hafen.
Und sie wurden mit mir ungedultig:
Gerne gönnen wir die schnellste Reise,
Gern die hohe Fahrt dir; Güterfülle
Wartet drüben in den Welten deiner,
Wird Rückkehrendem in unsern Armen
Lieb' und Preis dir.

Goethe, Seefahrt.

B. ANTIKE STROPHENFORMEN (ODEN)

§ 128. Unter der Bezeichnung ›Ode‹ faßt man in der antiken Dichtung wie in den europäischen Literaturen lyrische Formen verschiedenster Prägung zusammen. Allgemeine Charakteristika dieser schwer abzugrenzenden Form sind etwa: strophischer Bau (im Unterschied zur ›scheinstrophischen‹ Gliederung der Hymne), der ›erhabene Gegenstand‹ und der feierliche ›Ton‹, in dem dieser Gegenstand geformt und besungen wird. Die Ode ist teilweise auch sangbar, d. h. eine Art Liedform, und noch im 18. Jahrhundert konnte ›Ode‹ einfach ein sangbares Gedicht bezeichnen. Streng abzugrenzen von dieser weitgefaßten Charakterisierung der Ode (unter die z. B. auch Goethes ›Oden an meinen Freund (Behrisch)‹ schon zu den freien Rhythmen überleitend, noch fallen würden) ist der Terminus ›Ode‹, wie ihn die Verslehre verwendet und auf den wir uns im folgenden allein stützen. In der Metrik verstehen wir unter Oden strophische Gedichte, die bestimmte, streng regelmäßig gebaute antike Odenformen nachbilden[1].

[1] s. a. K. Vietor, Geschichte der deutschen Ode, ²1961. – E. Busch, Die Form von Klopstocks Ode, GRM 28 (1940), S. 39–50. – O. Fach, Klopstock und Hölderlin. Grenzen der Odenstrophen, Diss. Zürich 1952.

§ 129. Den entscheidenden Anstoß zur Einformung antiker Odenstrophen (wie auch des daktylischen Hexameters, s. § 134ff.) gibt im 18. Jahrhundert Klopstock. Die ersten Versuche dieser Art liegen jedoch schon früher: nicht auf die Griechen, sondern auf Horaz zurückgreifend, übernimmt das lateinische Kirchenlied des Mittelalters antike Strophenformen. Darauf bauen im 16. und 17. Jahrhundert Martin Myllius, Johannes Clajus, Matthias Apelles von Löwenstern u. a. auf, die vor allem die sapphische und alkäische Strophe nachahmen. Die einzelnen Zeilen werden – entgegen antikem Vorbild – gereimt. Opitz erwähnt beide Formen in seinem ›Buch von der deutschen Poeterei‹, erklärt jedoch, sich selbst nie an ihnen versucht zu haben und zitiert als Beispiel einige Strophen von Ronsard[1]. Reimlose deutsche Oden schreiben zuerst Pyra und Lange (in »Thirsis und Damons freundschaftlichen Liedern« 1745), später dann Klopstock, der die Griechen zum unmittelbaren Vorbild nimmt, ihre verschiedenen Odenmaße aber nicht nur nachbildet, sondern – auf ihnen weiterbauend – eigene Odenformen gestaltet. Der strengen, antiken Formtradition der Ode stehen Klassik, Romantik im allgemeinen fern, doch wirkt sie – unabhängig von den verschiedenen literarischen Bewegungen des 19. und 20. Jahrhunderts – weiter bei Hölderlin, Platen und in der modernen Dichtung besonders bei Weinheber und R. A. Schröder, von denen jeder in individueller Weise die vorgegebenen Schemata zu erfüllen sucht.

§ 130. Die Nachbildung antiker Formen in der deutschen Dichtung[2] wird entscheidend mitbestimmt durch den Komplex von Vorstellungen und Kenntnissen über antike Metrik, den sich die einzelnen Dichter erworben

---

[1] Besonders aufschlußreich ist sein Hinweis auf den Vortrag dieser Gedichte: »Die Saphischen gesänge belangendt, bin ich des Ronsardts meinung, das sie, in vnseren sprachen sonderlich, nimmermehr können angenehme sein, wann sie nicht mit lebendigen stimmen vnd in musicalische instrumente eingesungen werden, welche das leben und die Seele der Poeterey sind(!). Dann ohne zweifel, wann Sappho hat diese verse gantz verzucket, mit vneingeflochtenen fliegenden haaren vnnd lieblichem anblicke der verbuhleten augen, in jhre Cither, oder was es gewesen ist, gesungen, hat sie jhnen mehr anmutigkeit gegeben, als alle trompeten und paucken den mannhafftigen vnnd kühnen versen, die jhr Landtsmann Alcéus, als er ein Krieges oberster gewesen, ertichtet hat.« M. Opitz, Buch von der deutschen Poeterei, hrsg. v. H. Becker, NDL 1, Halle [6]1955, S. 43.

[2] s. a. A. Heusler, Deutscher und antiker Vers, 1917. – H. L. Stoltenberg, Deutscher und antiker Vers, Zs. f. Ästh. u. allg. Kunstwiss. 12 (1917), S. 460ff. – F. Saran, Die Quantitätsregeln der Griechen und Römer, in: Stand und Aufgaben der Sprachwissenschaft, Festschr. f. W. Streitberg, 1924, S. 299–325. – A. Kabell, Metrische Studien II. Antiker Form sich nähernd, Uppsala 1960.

haben. Neben Opitz und seinen Nachfolgern, welche die regelmäßige Folge von langen und kurzen Silben im antiken Vers im Deutschen durch den entsprechend geregelten Wechsel von betonten und unbetonten Silben wiedergeben (s. o. § 111 f.), hat es auch Versuche gegeben, die antiken Quantitätsverhältnisse im Deutschen unmittelbar nachzubilden (teils unter Berücksichtigung der Betonungsverhältnisse).[1] Wenn sich dies als Prinzip auch nicht durchsetzen konnte, spielen doch solche Quantitätsverhältnisse und ihre Übertragung in den theoretischen Auseinandersetzungen über metrische Einzelfragen immer wieder eine bedeutende Rolle (zur Spondeenfrage s. § 139).

§ 131. Wir geben im folgenden einen kurzen Überblick über einige Grundbegriffe der antiken Metrik, die für Terminologie und Interpretation der deutschen Nachbildungen wichtig sind:
Von den ›Versfüßen‹ (rhythmische Motive – Silbengruppen –, die nach Zahl und Abfolge von Längen und Kürzen definiert werden) wurden Jambus (⏑ –), Trochäus (– ⏑) und Daktylus (– ⏑ ⏑) bereits erwähnt. Dazu kommen:

Anapäst	⏑ ⏑ –	(*pĕrĕō*)
Amphibrachys	⏑ – ⏑	(*rŏsārŭm*
Spondeus	– –	(*cōgō*)
Creticus	– ⏑ –	(*ēxĕūnt*)
Jonicus a maiore	– – ⏑ ⏑	(*cōncēdĕrĕ*)
Jonicus a minore	⏑ ⏑ – –	(*rĕgĭōnēs*)
Choriambus	– ⏑ ⏑ –	(*pērcĭpĭēs*) u. a.

Länge (–) und Kürze (⏑) stehen dabei im Verhältnis 2:1, d. h. kleinste Zeiteinheit (Mora) ist die kurze Silbe, deren je zwei nach der Konvention der antiken Metrik einer langen Silbe entsprechen. Beim Jambus, Trochäus und Anapäst bilden immer z w e i Versfüße ein M e t r u m, während bei den übrigen immer ein Fuß als Metrum gilt. Metren sind die Aufbauelemente der Verse (Zeilen), die sich nach ihnen zahlenmäßig bestimmen: Trimeter, Hexameter. Der jambische Trimeter besteht also aus drei Metren, bzw. sechs Füßen (sechsfüßiger Jambus: ⏑ – ⏑ –, ⏑ – ⏑ –, ⏑ – ⏑ –), der Hexameter (im allgemeinen der daktylische Hexameter) aus sechs Metren = Versfüßen (Daktylen, deren letzter verkürzt ist):

– ⏑ ⏑ – ⏑ ⏑ – ⏑ ⏑ – ⏑ ⏑ – ⏑ ⏑ – ⏑

[1] vgl. P. Habermann, Antike Versmaße und Strophenformen im Deutschen, RL ^{2}I, S. 70–84, bes. S. 70 ff.

§ 132. Verse, die sich nicht aus gleichen Metren aufbauen, kennt vor allem die Lyrik[1]. In den Odenstrophen insbesondere finden sich Verse, die nicht nur verschieden lang sondern auch metrisch ungleich gebaut sind. Bestimmte Versfüße als Aufbauelemente lassen sich hier meist nicht eindeutig unterscheiden und bezeichnen. Für die Nachbildung im Deutschen ist dies jedoch nicht entscheidend; Silbenzahl und die geregelte Folge von Längen und Kürzen innerhalb der einzelnen Zeilen sind in diesem Zusammenhang in erster Linie zu beachten.

Der Anfangszeile der Ode des Horaz

Integer vitae scelerisque purus

liegt folgendes metrische Schema zugrunde:

– ‿ – ‿̄ – ˡ ‿ ‿ – ‿ – ‿̄

(‿̄ = sillaba anceps, d. h. lange und kurze Silbe können hier metrisch gleichwertig verwendet werden).

Die deutsche Übersetzung dieser Zeile gibt – in Akzentverhältnisse übertragen – das antike metrische Schema genau wieder, weist sogar die Zäsur auf, die Horaz immer nach der fünften Silbe setzt:

Wer in Unschuld lebt, / und von Sünden rein ist Osterwald

(Intendiertes) metrisches Schema:

x́ x x́ x x́ ˡ x x x́ x x́ x

Heusler rhythmisiert auch hier nach dem Taktprinzip und gelangt für diesen antiken Vers zu folgender metrisch-rhythmischen Formel:

x́ x | x́ x | x́ ‿ ‿ | x́ x | x́ x

Antike Versfüße und -maße durchweg einem Taktschema einzufügen, liegt zwar in der Konsequenz des Heuslerschen Systems, legt jedoch mehrdeutige rhythmische Verhältnisse zu einseitig fest. Wir führen sie daher im folgenden nur als Beispiel einer möglichen metrisch-rhythmischen Interpretation an. Die Frage nach der individuellen Erfüllung antiker metrischer Schemata durch die einzelnen Dichter ist damit noch nicht beantwortet. Eine Antwort darauf läßt sich für ein bestimmtes Gedicht, einen Dichter nur aufgrund vieler Einzelbeobachtungen geben (z. B. Abstufungen der Hebungen nach der Sinnschwere der Wörter, Beziehung zwischen metrischer und syntaktischer Gliederung usw.). Darauf kann hier im einzelnen nicht näher eingegangen werden; wir geben im folgenden nur – als eine wichtige Voraussetzung – das metrische Gerüst dieser Strophen.

---

[1] vgl. Crusius-Rubenbauer, Römische Metrik, München [4]1959, S. 33ff.

§ 133. Die wichtigsten antiken Odenstrophen im Deutschen sind:

1. Sapphische Strophe

Sie besteht aus drei gleichgebauten (elfsilbigen) sapphischen Versen und einem abschließenden (fünfsilbigen = Daktylus + Trochäus) Adonius (dieser so bezeichnet nach seiner Verwendung in griechischen Klagegesängen auf den Tod des Adonis). Bei der griechischen Dichterin Sappho (um 600 v. Chr.), deren Namen die Strophe auch trägt, und späterhin bei Horaz (65–8 v. Chr.) erscheint diese Form sehr häufig. In der deutschen Dichtung[1] vor Klopstock wird sie gelegentlich nachgebildet (Mönch von Salzburg, 14. Jhdt.; Kirchenlied und Schuldrama des 16. Jhdts.), jedoch nur nach der Silbenzahl der einzelnen Zeilen, ohne daß eine rhythmische Nachgestaltung versucht würde. – Klopstock variiert diese Form, indem er die zweisilbige Senkung der ersten drei Zeilen – im antiken Schema festliegende Kürzen (6. und 7. Silbe) – einmal nach der ersten, dann nach der zweiten, dann nach der dritten Hebung setzt (z. B. ›Die tote Clarissa‹). Hölderlin verwendet sie nur einmal (›Unter den Alpen gesungen‹), Hölty, Platen (›Los des Lyrikers‹, ›Pyramide des Cestius‹), Lenau u. a. gelegentlich; unter den modernen Dichtern hat sie besonders Weinheber formstreng und eigenwillig nachgebildet (in »Zwischen Göttern und Dämonen« und in »Adel und Untergang«). – Die kürzere Schlußzeile verleiht der Strophe einen rhythmisch präzisen und pointierten Abschluß (Nicht nur gelängte Schlußzeilen runden eine Strophe ab!). Strophensprung, d. h. daß die syntaktische Gliederung die strophische überspielt, findet sich in allen Odenformen häufig.

Metrisches Schema:

– ◡ – ⏓ – ◡ ◡ – ◡ – ⏓
– ◡ – ⏓ – ◡ ◡ – ◡ – ⏓
– ◡ – ⏓ – ◡ ◡ – ◡ – ⏓
– ◡ ◡ – ◡

Taktrhythmisierung nach Heusler:

x́ x | x́ x | x́ ◡ ◡ | x́ x | x́ x
x́ x | x́ x | x́ ◡ ◡ | x́ x | x́ x
x́ x | x́ x | x́ ◡ ◡ | x́ x | x́ x
x́ ◡ ◡ | x́ x

Íntegér vitáe scelerísque púrus,
nón egét mauris iaculis nec árcu,
néc venénatis gravidá sagíttis,
Fúsce, pharétra. Horaz

---

[1] s. a. E. Brocks, Die sapphische Strophe und ihr Fortleben im lateinischen Kirchenlied des Mittelalters und in der neueren deutschen Dichtung, Progr. Marienwerder 1890. – H. Rüdiger, Das sapphische Versmaß in der deutschen Literatur, ZfdPh 58 (1933), S. 140–164.

Tót ist álles Búch und das Wórt der Schríften.
Únd die Frácht ward léicht, ihr beschwíngten, zárten
stíllen Vögel, die ihr heráufzieht über
púrpurne Méerflut.

J. Weinheber, Antike Strophen, Gesang vom Manne II.

2. Alkäische Strophe

Aufbauelemente dieser nach dem griechischen Dichter Alkaios (um 660 v. Chr.) benannten Strophe sind: zwei alkäische Elfsilber, ein Neunsilber und ein Zehnsilber. – Neben der sapphischen Strophe gehört sie bei Horaz zu den bevorzugten Odenformen. In der deutschen Dichtung[1], die sie – ähnlich wie die sapphische Strophe – auch im 16./17. Jahrhundert schon verwendet, gewinnt sie eine sehr viel breitere Formtradition als diese. Sehr häufig finden wir sie bei Klopstock, Hölty, Hölderlin (in weitaus den meisten seiner Oden) und in neuerer Dichtung bei R. A. Schröder und wiederum bei Weinheber.

Metrisches Schema:

⏓ – ⏑ – ⏓ – ⏑ ⏑ – ⏑ ⏓
⏓ – ⏑ – ⏓ – ⏑ ⏑ – ⏑ ⏓
⏓ – ⏑ – ⏓ – ⏑ – ⏓
– ⏑ ⏑ – ⏑ ⏑ – ⏑ – ⏓

Taktrhythmisierung nach Heusler:

x | x́ x | x́ x | x́ ⏑ ⏑ | x́ x | x́ ^
x | x́ x | x́ x | x́ ⏑ ⏑ | x́ x | x́ ^
x | x́ x | x́ x | x́ x | x́ x
| x ⏑ ⏑ | x́ ⏑ ⏑ | x́ x | x́ x

Odí profánum vúlgus et árceó,
favéte línguis, cármina nón priús
audíta Músarúm sacérdos
vírginibús puerísque cánto. Horaz

Nur éinen Sómmer gönnt, ihr Gewáltigèn!
Und éinen Hérbst zu réifem Gesánge mir,
Daß wíllig̀er mein Hérz vom süßen
Spíele gesättiget dánn mir stérbe! Hölderlin, An die Parzen.

Tonbeugungen sind hier im Deutschen vielfach nicht zu vermeiden (*gewáltigèr, wílligèr*), aber man wird – ähnlich wie bei der Verwendung von Zäsur und Enjambement – hier eher nach der individuellen Gestaltung des vorgegebenen Schemas (Abstufung der Hebungen, Verhältnis von metrischen Hebungen und Bedeutungsschwere einzelner Wörter) fragen

[1] s. a. K. Vietor, Geschichte der deutschen Ode, [2]1961. – E. Brocks, Das Fortleben der alkäischen Strophe im lateinischen Kirchenlied und in der neueren Dichtung, GRM 13 (1925), S. 363–382.

müssen, als beckmesserisch ›Sprachwidrigkeiten‹ und Verstöße gegen das Schema zusammenzustellen. –

Ein metrisches Formexperiment zu dieser Hölderlinstrophe ist Weinhebers ›Transfiguration in eine kleine sapphische Strophe‹:

Éinen Sómmer gönnt, ihr Gewáltgen! Éinen
Hérbst mir núr zu réifem Gesánge, dáß mein
Hérz, vom süßen Spiele gesáttigt, dánn mir
williger stérbe. Variationen auf eine hölderlinische Ode

3. Erste asklepiadeische Strophe

Unter der Bezeichnung ›Asklepiadeische Strophe‹ faßt man mehrere Varianten eines Strophentyps zusammen, der von dem griechischen Dichter Asklepiades (um 300 v. Chr.) geschaffen und ausgestaltet wurde und den dann Horaz – wenn auch in geringerem Umfang als die beiden oben erwähnten Strophenformen – für seine Odendichtung übernahm. – Aufbauelemente der Strophen, deren Zählung in den Handbüchern teilweise voneinander abweicht, sind: der kleinere asklepiadeische Vers (ein Zwölfsilber mit fester Zäsur nach der sechsten Silbe, also genau in der Mitte), der Glykoneus (ein trochäisch-daktylischer Achtsilber) und der Pherekrateus (ein Siebensilber; katalektischer, d. h. ›unvollständiger‹ Glykoneus).

Die erste asklepiadeische Strophe besteht aus drei asklepiadeischen Versen, die auch im Deutschen zumeist mit Zäsur nach der dritten Hebung nachgebildet werden, und einem abschließenden Glykoneus. Abwandlungen ergeben sich, indem in jeder der drei ersten Zeilen die zweisilbige Senkung frei verschoben werden kann (z. B. Platen, ›Lange begehrten wir ...‹). – In der deutschen Dichtung erscheint sie nicht so häufig wie ihre Formvariante, die zweite asklepiadeische Strophe; u. a. bei Klopstock, Platen, Weinheber.

Metrisches Schema:	Taktrhythmisierung nach Heusler:
– ⏓ – ⏑ ⏑ – ¦ – ⏑ ⏑ – ⏑ ⏓	x́ x | x́ ⏑ ⏑ | –́ | x́ ⏑ ⏑ | x́ x | x́ ^
– ⏓ – ⏑ ⏑ – ¦ – ⏑ ⏑ – ⏑ ⏓	x́ x | x́ ⏑ ⏑ | –́ | x́ ⏑ ⏑ | x́ x | x́ ^
– ⏓ – ⏑ ⏑ – ¦ – ⏑ ⏑ – ⏑ ⏓	x́ x | x́ ⏑ ⏑ | –́ | x ⏑ ⏑ | x́ x | x́ ^
– ⏓ – ⏑ ⏑ – ⏑ ⏓	x́ x | x́ ⏑ ⏑ | x́ x | x́ ^

Wélchen König der Gótt über die Königè
Mit einwéihendem Blick, áls er gebóren wárd,
Sáh vom hóhen Olýmp, dieser wird Ménschenfréund
Séin, und Váter des Váterlánds!

Klopstock, Friedrich der Fünfte

4. Zweite asklepiadeische Strophe

In der Form unterscheidet sie sich von der ersten asklepiadeischen Strophe dadurch, daß auf z w e i asklepiadeische Verse ein Pherekrateus und ein Glykoneus folgen (s. o.). – Bei Hölderlin ist sie nach der alkäischen Strophe (s. o.) die am häufigsten nachgebildete Odenform, ein Verhältnis, das auch die strenge deutsche Odendichtung ganz allgemein widerspiegelt. Charakteristische und berühmte Beispiele für die zweite asklepiadeische Strophe finden sich z. B. bei Klopstock (›Der Zürcher See‹), Hölty (›Die Mainacht‹), Hölderlin (›Heidelberg‹, ›Sokrates und Alcibiades‹), Weinheber (›Ode an die Buchstaben‹).

<table>
<tr><td>Metrisches Schema:</td><td>Taktrhythmisierung nach Heusler:</td></tr>
<tr><td>– × – ⏑ ⏑ – ˈ – ⏑ ⏑ – ⏑ ⏓</td><td>x́ x | x́ ⏑ ⏑ | ⊥́ | x́ ⏑ ⏑ | x́ x | x́ ^</td></tr>
<tr><td>– ⏓ – ⏑ ⏑ – ˈ – ⏑ ⏑ – ⏑ ⏓</td><td>x́ x | x́ ⏑ ⏑ | ⊥́ | x́ ⏑ ⏑ | x́ x | x́ ,</td></tr>
<tr><td>– ⏓ – ⏑ ⏑ – ⏓</td><td>x́ x | x́ ⏑ ⏑ | x́ x</td></tr>
<tr><td>– ⏓ – ⏑ ⏑ – ⏑ ⏓</td><td>x́ x | x́ ⏑ ⏑ | x́ x | x́ ^</td></tr>
</table>

Héilig Wésen! gestö́rt háb ich die góldenè
Gö́tterrúhe dir óft, únd der gehéimerèn,
Tíefern Schmérzen des Lébens
Hást du mánche gelérnt von mír.

O vergiß es, vergib! gleich dem Gewölke dort
Vor dem friedlichen Mond, geh ich dahin, und du
Ruhst und glänzest in deiner
Schöne wieder, du süßes Licht! Hölderlin, Abbitte

An Hölderlins Oden wird immer wieder deutlich, wie sehr das metrische Schema nur Voraussetzung ist, das mit ausgeprägter rhythmischer Eigenwilligkeit jeweils neu und frei gestaltet, nicht einfach ausgefüllt wird. In der natürlichen, sicheren Beherrschung dieser strengen Formen läßt sich Hölderlin unter den modernen Dichtern besonders Weinheber vergleichen, wenn sich Weinheber auch vielfach der antiken Form noch mehr unterwirft. Ein Beispiel für seine Gestaltung der zweiten asklepiadeischen Strophe:

Dúnkles, grúftdunkles Ú, sámten wie Júninácht!
Glóckentö́niges Ó, schwingend wie róte Brónze:
Gróß und Wúchtendes málte ihr:
Rúh und Rúhende, Nót und Tód.

Zielverstiegenes I, Himmel im Mittaglicht,
Zitterndes Tirili, das aus der Lerche quillt:
Lieb, ach Liebe gewittert
Flammenzüngig aus deinem Laut.

Weinheber, Ode an die Buchstaben.

5. Freie Weiterbildungen der antiken Odenstrophen

Klopstock selbst schon bildet in seinen Oden nicht nur antike Strophen nach, die sich nach der klassischen Formtradition bezeichnen lassen, sondern entwickelt auch – vom Vorbild dieser Tradition bestimmt – neue Strophenschemata. Die metrischen Formeln, nach antikem Muster durch Längen und Kürzen beschrieben, stellt er als Bauplan seinen freieren Odenformen voran, um seine metrisch-rhythmischen Intentionen deutlich werden zu lassen. Das mag als ›Lesehilfe‹ gemeint sein, ist aber noch allgemeiner durch die Struktur der deutschen Ode bestimmt. Auch bei den streng traditionellen Strophen können wir ja erst aus dem Neben- und Ineinander von Sprachgestalt und metrischem Schema, die sich wechselseitig interpretieren, die besondere – und gleichzeitig auch typenhaft bestimmte – Gestaltung eines Gedichtes nachvollziehen und verstehen. Dies ist zwar eine Grundvoraussetzung jeder metrisch-rhythmischen Deutung und Beschreibung von Gedichten, erscheint aber gerade bei den komplizierten Odenstrophen besonders wichtig. – Als Beispiel eine der freien Odenformen Klopstocks:

Metrisches Schema:	Taktrhythmisierung nach Heusler:
⏑ ⏑ – ⏑ (–) – ⏑ ⏑ –, – (⏑) – ⏑	⏑ ⏑ | x́ x | x́ ⏑ ⏑ | x́ x | x́ x
– ⏑ ⏑ –, – ⏑ (–) – ⏑ ⏑ –	x́ ⏑ ⏑ | ⏊́ | x́ x | x́ ⏑ ⏑ | x́ ∧ | ∧
⏑ – ⏑ ⏑ – ⏑ ⏑ –	x | x́ ⏑ ⏑ | x́ ⏑ ⏑ | ⏊́ | ∧
⏑ ⏑ – –, (⏑) ⏑ ⏑ – ⏑	⏑ ⏑ | ⏊́ | x́ ⏑ ⏑ | x́ x

Wie der Rhéin im hö́heren Tál férn hérkommt,
Ráuschend, als kä́m Wáld und Félsen mit íhm,
Hochwógig erhébt sich sein Stróm,
Wie das Wéltmèer die Gestáde.

Dieses Schema wird – genau wie bei den festgeprägten Odenformen – allen Strophen dieser Ode (mit geringen Abweichungen) zugrunde gelegt. Die Interpretation der Klopstockschen Strich-Haken-Formeln bereitet jedoch vielfach Schwierigkeiten, besonders wo er mehrere Längen hintereinanderreiht. Ob hier jede Silbe als Hebung wiedergegeben werden soll (so vor allem Heusler) oder damit nur »volle klangstarke Silben« (Kayser) gemeint sind, bleibt eine umstrittene Frage. – In ihrer eigenwilligen metrisch-rhythmischen Anlage (Häufung von Senkungen und Hebungen, wechselnder Umfang der einzelnen Verse usw.) stehen diese Odenformen den freien Rhythmen teilweise schon sehr nahe.

C. HEXAMETER UND PENTAMETER

§ 134. Der daktylische Hexameter[1], der epische Vers der Griechen und Römer, und das aus Hexameter und Pentameter bestehende Distichon[2] besitzen erst seit Klopstock in der deutschen lyrischen, epischen und didaktischen Dichtung eine breitere Formtradition. Wie bei der Übernahme antiker Odenformen ist Klopstock auch hier kein absoluter Neuerer. Schon vor ihm wurden deutsche Hexameter und Distichen gebaut, teils mit schweren Tonbeugungen (d. h. ohne Rücksicht auf das Übereinstimmen von metrischen und Wortakzenten), teils auch gereimt. Aber diese Versuche bei Fischart, Clajus, Geßner haben keine breitere Nachwirkung, und auch Gottscheds Ansätze in seiner ›Critischen Dichtkunst‹ theoretisch und durch (eigene, gute!) Beispiele den Hexameter für die deutsche Dichtung zu empfehlen und zu fördern, bleiben – um mit Heusler zu sprechen – im Bereich der »metrischen Gymnastik« stecken. Klopstock kann zwar Anregungen, aber keine brauchbare Überlieferung dieser Form vorfinden und greift daher unmittelbar auf die antiken Vorbilder zurück. Der ›Messias‹ in seinen metrisch immer wieder überarbeiteten Fassungen zeigt deutlich, wie er mit diesem Versmaß ringt und leider auch, wie er immer weniger seinem rhythmischen Empfinden, dafür aber mehr und mehr der zum Teil mißverstandenen Formel folgt. J. H. Voß setzt beides fort: Anpassung an das deutsche Sprachgefühl und pedantisches Achten auf das Strich-Haken-Schema mit dem Grundsatz: Jeder Strich eine betonte Silbe. Das führt bei ihm vielfach zu Tonbeugungen, die er dann geradezu zum Gesetz erhebt (s. u.). Goethe und Schiller bauen ›korrekte‹ deutsche

[1] s. a. S. Levy, Der deutsche Hexameter und Alexandriner, ZfdPh 54 (1929), S. 329–338. – F. G. Jünger, Über den deutschen Hexameter, Die Literatur 40 (1937/38), S. 648–653. – E. Busch, Klopstocks deutsche Hexameter, ZfdB 14 (1938), S. 372ff.

[2] s. a. O. Weinreich, Zur Ästhetik des Distichons, Neue Jbb. 23, Bd. 45 (1920), S. 87ff. – L. Strauß, Zur Struktur des deutschen Distichons, Trivium 6 (1948), S. 52–83.

Hexameter, ohne sich dem Quantitätenzwang der antiken Formel streng zu unterwerfen. Das trägt Goethe die scharfe Kritik des Verstheoretikers Voß ein:

Nimmer begriff eur Ohr jenes hellenische Maß

Unter seinem und A. W. Schlegels Einfluß bessert Goethe vor allem in ›Hermann und Dorothea‹ manchen ›Fehler‹ (Trochäus statt Spondeus). – Die – nicht sehr breite – Formtradition des Hexameters reicht bis ins 20. Jahrhundert; u. a. verwenden ihn Hölderlin (Elegien), Platen, Mörike (›Idylle vom Bodensee‹), G. Hauptmann (›Till Eulenspiegel‹), R. A. Schröder und – Thomas Mann (›Gesang vom Kindchen‹).

§ 135. Die antike Formel für den Hexameter ist:

– ⏖ – ⏖ – ⏖ – ⏖ – ⏑⏑ – ⏓

Der Vers besteht aus sechs Daktylen, von denen der letzte um eine Silbe verkürzt (katalektisch) ist. Für die ersten vier Paare von Kürzen kann beliebig Länge eintreten. Der Daktylus wird dann – bei gleicher metrischer Zeitdauer und Quantität – zu einem Spondeus. Im fünften Fuß werden die Kürzen nur sehr selten durch eine Länge ersetzt. Die letzte Silbe ist anceps, d. h. sie kann lang oder kurz sein.
Daraus ergibt sich, daß die Silbensumme zwischen 13 und 17 liegen kann, und daß der Vers nach Zahl und Anordnung der Silben 16 Variationsmöglichkeiten bietet. – Der **deutsche Hexameter** ist ein **auftaktloser, sechshebiger** Vers mit verhältnismäßig freier Versfüllung, d. h. mit ein- oder zweisilbigen Senkungen; zweisilbig fast immer nach der fünften Hebung. Einsilbige Senkung ist an dieser Stelle sehr selten (5–6 % bei Klopstock, bei Goethe überhaupt nur Ausnahme). In der Regel hat der Hexameter weiblichen Versschluß.
Heusler rhythmisiert den Hexameter im leichten dreiteiligen Takt (nach den antiken Quantitätsverhältnissen ist der Daktylus ein vierzeitiges Metrum 2:1:1, der Spondeus entsprechend 2:2), z. B.

$\frac{3}{4}$ x́ x x | x́ x x | x́ x x | x́ x x | x́ x x | –́ x

Bei einsilbiger Senkung erhält der betreffende Verstakt statt | x́ x x | die Form | –́ x |.

§ 136. Der **Pentameter** hat in der antiken Metrik die Formel:

– ⏖ – ⏖ – – ⏑ ⏑ – ⏑ ⏑ ⏓

Die Bezeichnung ist irreführend und wahrscheinlich auf Grund falscher Messungen entstanden, denn es handelt sich hier nicht um einen aus fünf sondern aus sechs Metra bestehenden Vers (3. und 6. Fuß katalektisch). Da nur die Kürzen der ersten beiden Versfüße durch Längen ersetzt werden können, umfaßt der Pentameter 12 bis 14 Silben; die Variationsmöglichkeiten nach Zahl und Anordnung der Silben sind auf 4 beschränkt. – Der deutsche Pentameter ist ein auftaktloser sechshebiger Vers mit zumeist männlichem Versschluß. Dritte und vierte Hebung folgen – ohne Senkung – unmittelbar aufeinander, so daß an dieser Stelle mehr oder minder stark ein Einschnitt (Zäsur) spürbar wird, der den Vers deutlich in zwei Hälften teilt. Diese metrisch-rhythmische Besonderheit des Verses kann durch die syntaktische und inhaltliche Gliederung noch unterstrichen (Antithesen, Parallelismen, Chiasmen usw.) oder auch überspielt werden. Einsilbige Senkungen finden sich auch im Deutschen nur nach den ersten beiden Hebungen.

Heusler rhythmisiert – wie beim Hexameter – im leichten dreiteiligen Takt:

$\frac{3}{4}$ x́ x x | x́ x x | ⌞́ | x́ x x | x́ x x | ⊥́

Dabei können die ersten beiden Verstakte auch die Form | ⊥́ x |, der dritte die Form | ⊥́ ^ | haben.

Während der Hexameter für sich das Versmaß epischer Dichtung bildet, erscheint der Pentameter meist nur im Wechsel mit dem Hexameter (Distichon, Elegie usw., s. u.), z. B.:

Ságet, Stéine, mir án, o sprécht, ihr hóhen Paläste!
Stráßen, rédet ein Wórt! Génius, régst du dich nicht?
Ja, es ist alles beseelt in deinen heiligen Mauern,
Ewige Roma; nur mir schweiget noch alles so still.
O wer flüstert mir zu, an welchem Fenster erblick' ich
Einst das holde Geschöpf, das mich versengend erquickt?
Ahn' ich die Wege noch nicht, durch die ich immer und immer,
Zu ihr und von ihr zu gehn, opfre die köstliche Zeit?
Noch betracht' ich Kirch' und Palast, Ruinen und Säulen,
Wie ein bedächtiger Mann schicklich die Reise benutzt.

Goethe, Römische Elegien I.

§ 137. Metrisch-rhythmisch läßt sich der Hexameter vielfältig und abwechslungsreich variieren durch die wechselnde Verteilung ein- und zweisilbiger Senkungen. Außer der erwähnten ›Regel‹, daß einsilbige Senkung nach der fünften Hebung nicht verwendet werden sollte, bestehen darüber jedoch keine festen Angaben. Besondere Verstypen können wir nach der Lage der einsilbigen Senkungen nicht aufstellen und müssen in jedem einzelnen Fall erneut fragen, wie der Dichter die Eintönigkeit vermeidet; vgl. z. B. die Verteilung einsilbiger Senkungen in den Eingangsversen von Goethes ›Reineke Fuchs‹:

Pfingsten, das liebliche Fest war gekommen; es grünten und blühten
Feld und Wald; auf Hügeln und Höhn, in Büschen und Hecken
Übten ein fröhliches Lied die neu ermunterten Vögel;
Jede Wiese sproßte von Blumen in duftenden Gründen,
Festlich heiter glänzte der Himmel und farbig die Erde.
Nobel, der König, versammelt den Hof; und seine Vasallen.

Da beim Pentameter die einsilbigen Senkungen nur nach den ersten beiden Hebungen vorkommen, so sind hier die Abwechslungsmöglichkeiten geringer:
nach der ersten Hebung:

Nícht die éherne Brúst rührt es des stýgischen Zéus

nach der zweiten Hebung:

Dénn das Gemeine géht klánglos zum Órkus hináb

Schiller, Nänie

§ 138. Weitere Variationsmöglichkeiten bieten Stärke und Verteilung der Zäsuren; schon die antike Metrik fordert sie für den Hexameter. Dem entsprechend muß auch seine deutsche Nachbildung eine Hauptzäsur aufweisen und zwar nach der 3. oder 4. Hebung oder den ihnen folgenden Senkungen. Im Deutschen wird dieser Einschnitt durch die syntaktische Gliederung bestimmt; er ist männlich oder weiblich je nachdem, ob betonte oder unbetonte Silbe vorangeht:

3 m *So bewóg er sie éinst* | *in éinem Téiche zu wáten*
3 w *Víele Físche gewínnen;* | *sie hábe den Schwánz nur ins Wásser*
4 m *Méin Geschlécht zu beschímpfen und mích;* | *so hát er mir ímmer*
4 w *Dúrch den Morást, und hátte verspróchen,* | *sie sólle des Táges*

Von den vier Arten des Hexameterschnitts, 3 m, 3 w, 4 m, 4 w, sind die drei ersten bei den Griechen und Römern die üblichen. Die vierte, 4 w (post quartum trochaeum), haben die Griechen gemieden, weshalb sie strenge Nachahmer, wie z. B. Voß, gleichfalls ablehnen. Goethe und Schiller bessern sie in ihren Hexameterdichtungen späterhin aus. Bei Klopstock und Platen erscheint diese Zäsur hingegen häufiger.
Außer diesen Zäsuren finden sich häufig noch Nebenzäsuren, und zwar nach der zweiten Hebung oder der ihr folgenden Senkung. Durch diese

beiden Einschnitte, die gegeneinander abgestuft sind, wird der Vers dann in drei Teile gegliedert:

2 m *Feld und Wald,* ' *auf Hügeln und Höhn,* ' *in Büschen und Hecken* (4 m)
2 w *Jede Wiese* ' *sproßte von Blumen* ' *in duftenden Gründen* (4 w)
2 w *Nobel, der König,* ' *versammelt den Hof;* ' *und seine Vasallen* (4 m)
2 m *Reineke Fuchs,* ' *der Schelm!* ' *der vielbegangenen Frevels* (3 m)

Während die Hauptzäsur, deren häufigste und hörbarste 3 m oder 3 w ist, niemals fehlen darf, können die Nebenzäsuren beliebig stehen oder fehlen. Unter den letzteren war bei Theokrit die Tmesis bucolica besonders beliebt, die vor die fünfte Hebung meist bei vorangehender zweisilbiger Senkung fällt. Hauptzäsur ist in diesem Zusammenhang 3 m oder w. Theokrits Brauch wurde vor allem von Voß und seiner Schule nachgeahmt.

Jener sprach's und verwirrt ' *enteilte sie,* ' *Qualen erduldend*
Voß

Bei Goethe ergibt sich dieser besondere Nebenschnitt vor der fünften Hebung oft ganz natürlich (besonders im ›Reineke Fuchs‹):

Edel seid ihr und groß ' *und ehrenvoll,* ' *jedem erzeigt ihr*
Aber vor allen Dingen ' *erbarmt euch,* ' *daß er mein Weib so*

In der Achilleis wendet er ihn – unter Schlegels Einfluß – bewußt an:

Wo er die Stunden durchwachte, ' *die nächtlichen,* ' *schaute der Flammen*
Alle stürzen zugleich ' *dem Graben zu,* ' *gierig der Arbeit.*

Im Pentameter liegt der metrische Einschnitt zwischen dritter und vierter Hebung; regelmäßige Zäsuren, die den Vers noch weiter gliedern und abwechslungsreicher gestalten, spielen daher hier keine Rolle.

§ 139. Mit dem Problem der sprachlich-metrischen Nachbildung antiker Daktylen und Spondeen setzt sich besonders die Verstheorie des 18. und des beginnenden 19. Jahrhunderts auseinander (vor allem J. H. Voß und seine Schule). Da diese Regeln über die Sprachbehandlung auch die Dichtung beeinflußten und manche Eigenheiten, Tonbeugungen usw. nur von daher verständlich werden, fassen wir das Wichtigste kurz zusammen. Je nach der Schwere der zweiten und dritten Silbe lassen sich für den ›deutschen Daktylus‹ 6 Typen angeben:

A. *fröhliche, könnten die*
B. *Dämmerung, Jahre nur*
C. *fruchtbares, schallt unter*
D. *Vaterland, Ungetüm*
E. *Vorhof der, Kaufmann ge-*
F. *Landstraße, aufsteigen*

A bis C fügen sich ohne jede Härte dem deutschen Hebigkeitsschema des Hexameters, auch da wo Silbenschwere besonders berücksichtigt wird. Typ D paßt für Voß und seine Schule nicht in das Schema – ⌣ ⌣ hinein, Schiller und Goethe hingegen verwenden ihn unbedenklich. Typ E veranlaßt beim Vorlesen eine leichte Stauung des rhythmischen Flusses:

Schlafen, denn alle sind müd, und G r i m b a r t b e s o n d e r s ermattet.

Hiergegen wenden sich strenge Theoretiker wie Voß, Schlegel und Platen (auch Klopstock). Schiller indes verwendet ihn, und Goethe läßt sich erst durch Schlegel bestimmen, ihn zu meiden. – Typ F fügt sich rhythmisch auch im Deutschen nur schwer und fehlt daher – mit Ausnahme des frühen Klopstock – bei den meisten.

Noch schwieriger gestaltete sich den strengen Rechnern das Problem der einsilbigen Senkung, d. h. die Nachbildung der Senkungslänge im S p o n d e u s (– – statt – ⌣ ⌣). Um dem Vorwurf zu entgehen, an diesen Stellen des Hexameters statt ›Spondeen‹ nur ›Trochäen‹ zu schaffen – was Klopstock und nach ihm auch Schiller und Goethe als Vorzug und Freiheit des deutschen Hexameters betrachteten –, bemühten sich Voß und seine Schule um »kraftvolle Senkungen«, was zu mehr oder minder starken Tonbeugungen führte. Unter der Bezeichnung ›f a l s c h e S p o n d e e n‹[1] faßt man hier zwei Erscheinungen zusammen:

1. Man verbindet zwei Wurzelsilben zu einem ›Spondeus‹, von denen die zweite, die Senkungslänge, nach dem Hebungsschema des deutschen Hexameters keinen metrischen Akzent erhält (gleichgewogener Spondeus). Dies finden wir bei Voß vor allem im Versschluß für – – (die letzte Silbe ist anceps ⏓), z. B.

   . . . ein bórstenumstárrt Schwein

   . . . der Hérrscher im Dónnergewólk Zeus

2. Wörter wie ›Weisheit, Wehklag, steinreich‹ enthalten im Deutschen zwei lange Silben, deren erste nach den germanischen Betonungsgesetzen den Hauptton trägt. Im nach Quantitätsprinzipien gebauten Vers glaubte man, nun die zweite Silbe mit dem metrischen Akzent versehen zu können (Voß: geschleifter, Heusler: umgedrehter Spondeus) und baute bewußt Verse mit starken Tonbeugungen:

   Dieser begánn w o h l m é i n e n d und rédete vór der Versámmlung
   Wút, W e h k l á g, A n g s t á u s r u f láut a u f s c h ó l l von dem Schláchtfeld
   Klopstock

[1] vgl. auch P. Habermann, Antike Versmaße, RL ²I, S. 71f.

Schiller hat diese Tonbeugung nur vereinzelt. Am freiesten davon sind Goethes Elegien und der ›Reineke Fuchs‹. – Nach Voß' Meinung war der nach den natürlichen Betonungsgesetzen gebaute Hexameter »kunstlose Natürlichkeit«, der tonbeugende hingegen »durch Kunst veredelte Natur«. Diese Stilisierung gegen die Sprache blieb jedoch eine zeitgebundene Erscheinung und hat sich in der deutschen Verskunst – auch wo sie antiken Vorbildern folgt – nicht durchgesetzt.

§ 140. Gedichte, die nur aus Hexametern bestehen, sind stichisch. Besondere Gruppenbildung zu einer Art Strophe zeigt nur das Distichon, in dem sich je ein Hexameter und ein Pentameter verbinden. In der Antike wird es hauptsächlich für Epigramme, Elegien und Idyllen verwendet und erscheint seit dem 18. Jahrhundert auch in deutschen Nachbildungen dieser Formen (z. B. Goethe: Römische Elegien, Venezianische Epigramme; Hölderlin: Brot und Wein, Menons Klage um Diotima; Schiller: Das Glück; usw.).
Als Beispiel Schillers epigrammatische Charakterisierung von Hexameter und Pentameter:

Im Hexameter steigt des Springquells flüssige Säule.
Im Pentameter drauf fällt sie melodisch herab.

Das Distichon

Mörike, der antike Versmaße und Strophenformen bis in die metrische Parodie hinein sicher beherrscht und sie als frei verfügbare Formelemente variiert und in neue Zusammenhänge stellt, experimentiert auch mit dem Distichon. Hier einige Zeilen als Beispiel für die paradoxe Auflösung des Versgefüges im strengen Schema:

»Schláfst du schon Ríke?« – »Noch nicht.« – Sag! hást du denn héut die Kukúmern
Éingemacht?« – »Já.« – »Und wieviel náhmst du mir Éssig dazú?« –
»Nícht zwei völlige Máß.« – »Wie fást zwei Máß? und von wélchem
Krúg? von dem kléinern doch nicht, línks vor dem Fénster am Hóf?« –
»Fréilich.« – »Verwúnscht! So dárf ich die Próbe nun nóch einmal máchen,
Ében indém ich gehófft, schón das Ergébnis zu séhn!
Kónntest du mich nicht frágen? – »Du wárst in der Schúle.« – »Nicht wárten?« –
»Líeber, zu lánge beréits, lágen die Gúrken mir dá.« –

Aus ›Häusliche Szene‹.

§ 141. Über das Experiment mit den strengen antiken Odenstrophen gelangt Klopstock zu einer neuen Form: den freien Rhythmen. Ansätze dazu lassen bereits seine freien Odenstrophen (s. o. § 133,5) erkennen, in denen er das antike Schema zwar abwandelt, aber die Verbindlichkeit eines – wenn auch sehr frei gestalteten – metrischen Rahmens für eine Reihe von Strophen noch nicht aufhebt. Wo auch diese aufgegeben wird, kann jene vielgestaltige Fülle metrisch schwer zu definierender Formen entstehen, die man als freie Rhythmen bezeichnet und die eigentlich nur noch bedingt in den Bereich der Metrik im engeren Sinne fallen. Vergleichbares aus der deutschen Verskunst vor Klopstock bieten die Madrigalverse (s. o. § 117), die sich aber von den freien Rhythmen durch die Reimbindung unterscheiden und die ursprünglich musikalisch gebunden sind. Wenn auch kein unmittelbarer Einfluß anzusetzen ist, schaffen madrigalische Verse neben der stark rhythmisch geprägten Sprache der Psalmen (in der Übersetzung Luthers) und den rhythmisch durchgestalteten Rezitativen der Kantaten (später dann auch die Sprache Ossians) mit die Voraussetzungen für diese neuen Formen. Auch in der weiteren Entwicklung wirken immer wieder andere Formtendenzen (antike Verse, Madrigalformen, volkstümliche Dichtung u. a.) variierend und modifizierend auf die freien Rhythmen ein, die von relativ regelmäßig gebundenen Formen bis an die Grenze lockerer rythmischer Prosa alle Spielarten durchlaufen können[1].

Von Klopstock (eine seiner berühmtesten Hymnen in freien Rhythmen ist die ›Frühlingsfeier‹ 1759) übernehmen die Dichter des ›Sturm und Drang‹ die freien Rhythmen als angemessen empfundene Form ihrer gegen jeden traditionellen Formzwang sich wendenden Dichtung. Auch der junge Goethe dichtet seine großen Hymnen in freien Rhythmen, nähert sich aber – vor allem in der Begrenzung der einzelnen Verse – wieder regelmäßiger gebundenen Formen (z. B. Prometheus, An Schwager Kronos, Das Göttliche). Mit Heusler hier jedoch zwischen ›echten‹ freien Rhythmen und besonderen Hymnenformen mit einheitlichem Grundmaß (An Schwager Kronos, Ganymed, Meine Göttin u. a.) zu unterscheiden, erscheint gezwungen und von der Form her nicht berechtigt. – Hölderlins späte Hymnen gestalten in freien Rhythmen metrische Elemente antiker Verse nach

[1] s. a. L. Benoist-Hanappier, Die freien Rhythmen in der deutschen Lyrik, 1905. – R. M. Meyer, Das Gesetz der freien Rhythmen, Euphorion 18 (1911), S. 273–295. – E. Busch, Stiltypen der deutschen freirhythmischen Hymne, 1934. – A. Closs – W. Mohr, RL [2]I, S. 479–482. – A. Closs, Freie Rhythmen, 1947.

und gelangen so auf anderem Wege als Goethes Hymnen zu neuer Formstrenge. – Novalis' ›Hymnen an die Nacht‹ und Heines ›Nordseebilder‹ bilden zwei ›Grenzfälle‹ der freien Rhythmen als eigenständiger Versform: Novalis zeigt die Auflösung zur freien rhythmischen Prosa, Heine schließt dagegen eher an die alte Vierhebertradition an (Volkslied, Knittelvers) und hält in gewissem Umfang an Zeilen angenähert gleicher Hebungszahl fest. Die freirhythmischen Gedichte, die im Naturalismus und seiner Nachfolge entstehen, erscheinen vielfach nur optisch – im Druckbild – als gebundene Formen; metrisch-rhythmische Stilisierung der Sprache, eine der Grundvoraussetzungen des Verses, ist hier nur in Ansätzen durchgeführt oder tritt ganz zurück. – Dies gilt auch für eine große Anzahl der freirhythmischen Formen in der Dichtung des 20. Jahrhunderts, in der seit dem Expressionismus freie Rhythmen verschiedenster Prägung in sehr viel breiterem Umfang verwendet werden als in früheren Epochen, da sie unmittelbarer und intensiver ausdrucksfähig – nicht mit jahrhundertealter Formtradition belastet – erscheinen. In großen Zügen lassen sich unter den freien Rhythmen der modernen Dichtung zwei Haupttendenzen unterscheiden: eine sich mehr der rhythmischen Prosa nähernde (Expressionismus; z. B. Johannes R. Becher ›Mensch stehe auf‹ und ›Vorbereitung‹, R. Schickele ›Ode an die Engel‹ in »Menschheitsdämmerung«) und eine stärker antikisierende (z. B. Rilke ›Duineser Elegien‹), dazwischen aber eine Fülle von Spielarten und Varianten, die sich jeweils nur nach ihrer ›inneren Form‹, nicht mit metrischen Schemata beschreiben und erfassen lassen.

§ 142. Die freien Rhythmen sind in der an Nachbildungen fremder Versmaße und Strophenformen so reichen deutschen Dichtung eine der wenigen eigenständigen Formen, die aber nun in der modernen Lyrik (teilweise auch im Drama) zum übernationalen Formengut gehören (Walt Whitman, Paul Claudel, T. S. Eliot, Dylan Thomas). Metrisch lassen sie sich nur negativ definieren: sie haben k e i n e feste Strophenform, k e i n e feste Hebungszahl der einzelnen Verse und – innerhalb der einzelnen Verse – k e i n e regelmäßige Ordnung von Hebung und Senkung. Ihr Verscharakter liegt in der eigenwilligen rhythmischen Stilisierung, in der teils bestimmte metrische Formen anklingen können, teils einmal geprägte rhythmische Motive wiederkehren oder variiert werden. Da die freien Rhythmen stark sprechrhythmisch geformt sind, erhält die Gliederung in Kola eine wichtige Funktion im Aufbau der Verse und Versgruppen. Vom Dichter eindeutig festgelegt sind nur Umfang der einzelnen Versgruppen und deren

Gliederung in Verse von unterschiedlicher Länge. Aus der Anordnung der hebungs- und senkungsfordernden Silben wird zwar der rhythmische Verlauf des einzelnen Verses bis zu einem gewissen Grade deutlich, bleibt aber im einzelnen grundsätzlich mehrdeutig. Metrisch-rhythmische Deutung und subjektive Interpretation greifen gerade bei den freien Rhythmen besonders eng ineinander.

Einige Beispiele für die verschiedenen Gestaltungsmöglichkeiten freier Rhythmen:

Dem Géier gléich,
Der auf schwéren Mórgenwòlken
Mit sánftem Fíttig rúhend
Nach Béute schául,
Schwébe mein Líed.
Denn ein Gótt hat
Jédem seine Báhn
Vórgezèichnet,
Die der Glǘckliche
Rásch zum fréudigen
Ziele rénnt;
Wém aber Únglück
Das Hérz zusámmenzòg,
Er sträubt vergébens
Sich gégen die Schránken
Des éhernen Fádens,
Dén die doch bíttre Schére
Nur éinmal lö́st.

Goethe, Harzreise im Winter

Taktmäßige Rhythmisierungen müssen bei diesen freien Formen besonders problematisch erscheinen, da sie einen unangemessenen Zwang zur rhythmischen Eindeutigkeit in sich tragen. Wir geben hier dennoch – als eine mögliche metrisch-rhythmische Interpretation – Heuslers Rhythmisierung (Dt. Versgeschichte III, § 1166). Er geht in diesem Abschnitt vom Sechsakter als Grundmaß (!) aus und faßt Versgruppen folgendermaßen zusammen:

1 x | x́ x | x́ ⏑ ⏑ | x́ x | x́ x | x́ x | ∧
3 x | x́ x | x́ x | x́ x | ∧ x | x́ x | x́ ∧
5 | x́ ⏑ ⏑ | –́
6 ⏑ ⏑ | –́ | x̀ ∧ | ⏑́ ⏑ ⏑ ⏑ | –́ | x́ x | ⏑́ ⏑

9 ⏑ ⏑ | x́ ⏑ ⏑ | x́ x | x́ ⏑ ⏑ | x́ x | ⊥ | ^ ^
12 | x́ ⏑ ⏑ | ⊥ | x̀ x | x́ x | x́ x | x̀
14 x | x́ x | x́ ⏑ ⏑ | x́ ⏑ ⏑ | x́ ⏑ ⏑ | x́ ⏑ ⏑ | x́ x
17 | x̀ ⏑ ⏑ | x́ x | x́ x | ^ x | x́ x | x́

Freie Rhythmen, in denen Reminiszenzen antiker Verse (Hexameter und Pentameter) anklingen, bilden den beweglichen metrischen Rahmen von Rilkes ›Duineser Elegien‹:

Wér, wenn ich schrîee, hö́rte mich dènn aus der Éngel
Ó́rdnungen? ùnd gesétzt selbst, es nä́hme
éiner mich plö́tzlich ans Hérz: ich vergînge von séinem
stä́rkeren Dásein. Dènn das Schö́ne ist nichts
àls des Schrécklichen Ánfang, dèn wir noch gráde ertrá̈gen,
ùnd wir bewúndern es só, wèil es gelássen verschmä́ht,
úns zu zerstö́ren. Ein jèder Éngel ist schrécklich.
Únd so verhált ich mich dènn und verschlúcke den Lóckruf
dúnkelen Schlúchzens. Ách, wen vermö́gen
wir denn zu bráuchen? Éngel nicht, Ménschen nicht,
únd die fíndigen Tíere mérken es schòn,
dàß wir nicht sehr verlä́ßlich zu Háus sind
ìn der gedéuteten Wélt. Die erste Elegie

Abschließend noch ein Beispiel, das auf einem frei umspielten alternierenden Versmaß aufbauend durch rhythmische Wiederholung und Gegensätze (gliedernde Funktion der Zweiheber!) eine eigenständige ›innere Form‹ gewinnt:

Gró́ßer Bä́r, komm heráb, zóttige Nácht,
Wólkenpèlztier mìt den álten Áugen,
Stérnenáugen,
dùrch das Díckicht bréchen schimmernd
déine Pfóten mìt den Krállen,
Stérnenkrállen,
wáchsam hálten wir die Hérden,
dóch gebánnt von dir, und mißtráuen
déinen müden Flánken und den schárfen
hálbentblößten Zä́hnen,
álter Bä́r. Bachmann, Anrufung des großen Bären.

VI. KAPITEL

GESCHICHTLICHER ABRISS DER NEUHOCHDEUTSCHEN VERSKUNST

§ 143. Der im wesentlichen systematisch-additiven Übersicht über die Versmaße und Strophenformen, welche der neuhochdeutschen Dichtung aus eigenen und fremden Formtraditionen seit dem späten Mittelalter immer zahlreicher und vielfältiger zur Verfügung stehen, soll abschließend und ergänzend ein kurzer historischer Überblick über die Entwicklung der neuhochdeutschen Verskunst an die Seite gestellt werden, denn erst wo wir metrische Formen im weiteren Zusammenhang der Dichtungsgeschichte sehen und erfassen, lassen sich – formal wie historisch – konkretere Ansatzpunkte für Interpretation und Wertung einzelner Dichtungen gewinnen. In ihrer Verwendung sind Versmaße und Strophenformen – oft stärker noch als inhaltliche und stilistische Charakteristika – der Mode, dem Formzwang einer Epoche unterworfen und müssen aus dieser historischen Gebundenheit heraus oder auch im Gegensatz zu ihr erfaßt und gedeutet werden. So steht die metrische Form eines Gedichts gleichsam in einem durch mehrere Gestaltungstendenzen bestimmten historischen ›Feld‹: sie besitzt – in den einzelnen Epochen mehr oder minder stark hervortretend – eine eigene Entwicklungsgeschichte; daneben wird sie mit wechselnder Intensität von den Gestaltungstendenzen ihrer Zeit geprägt. Erst vor diesem historischen Hintergrund im weitesten Sinn läßt sich die individuelle Ausgestaltung durch den Dichter im einzelnen herausarbeiten und werten. – Die verschiedenen Tendenzen der deutschen Versgeschichte seit dem 16. Jahrhundert suchen wir im folgenden kurz zu skizzieren; mehr als ein Abriß kann jedoch in diesem Zusammenhang nicht gegeben werden[1].

§ 144. Jede Darstellung der deutschen Versgeschichte der Neuzeit, die nach der kanonischen Periodisierung von Mittelalter und Neuzeit mit dem 16. Jahrhundert einsetzt, steht vor der Schwierigkeit – vielfach kaum deutlich wahrgenommen –, mit etwas zu beginnen, was im strengen Sinne kein Anfang ist. Für Praxis und Theorie der Verskunst bedeutet das 16. Jahrhundert eher eine Zeit des Übergangs, in der Formtraditionen des späten Mittelalters auslaufen und erstarren (z. B. im Meistersang) oder aber, allmählich weitergebildet und umgewandelt, Ansätze einer neuen Entwick-

[1] Für detailliertere Darstellungen vgl. z. B. Heusler, Deutsche Versgeschichte III. – W. Kayser, Geschichte des deutschen Verses, Bern 1960.

lung erkennen lassen. Besonders deutlich zeigt sich diese Kontinuität im Bereich der strophischen Lieddichtung, in der zwar einerseits die komplizierten Strophengerüste des Meistersangs auch gleichzeitig das Ende einer Entwicklung darstellen, andererseits aber in Volkslied, Kirchenlied und Gesellschaftslied eine Fülle von einfacheren Strophenformen (vierzeilige Volksliedstrophe, Schweifreimstrophe, siebenzeilige Strophe, Hildebrandston usw.) weiterlebt, die in der Lieddichtung des 17./18. Jahrhunderts und der lyrischen Sprech- und Lesedichtung des 18.–20. Jahrhunderts immer wieder aufgegriffen werden. Einzeluntersuchungen, die diesen Zusammenhängen nachgehen oder doch zumindest eine statistische Übersicht bieten, fehlen noch fast gänzlich, so daß vorläufig diese weitreichenden historischen Bezüge nur angedeutet werden können. – Wie die meisten metrischen Formen der Lieddichtung schließen auch die gereimten Vierheber der erzählenden und didaktischen Dichtung, in Satire und Fastnachtsspiel des 16. Jahrhunderts an mittelalterliche Formkonventionen an. Freier und strenger Knittelvers bilden nur Varianten (frei akzentuierend bzw. silbenzählend-alternierend gebaut) des vierhebigen Verstyps, der – in den volkssprachlichen Literaturen und in allen Gattungen weitverbreitet – die epische, historische und didaktische Dichtung des Mittelalters fast ausschließlich beherrscht (z. T. verwendet ihn auch die strophische Heldenepik als metrisches Aufbauelement).

§ 145. Neben der noch kaum gesichteten und geordneten Fülle und Vielfalt der Strophenformen und der verhältnismäßig eng begrenzten Zahl von metrischen Aufbauelementen und Verstypen wird die Verskunst des 16. Jahrhunderts durch den Gegensatz, das noch unentschiedene Nebeneinander verschiedener Theorien über Versbau und Sprachbehandlung charakterisiert, ohne daß ein metrisches ›System‹ über seinen begrenzten Anwendungsbereich hinaus allgemein verbindlich werden kann. Drei grundsätzlich verschiedene metrische ›Systeme‹ stehen hier in Theorie und Praxis gegeneinander:

1. Strenge Alternation (vielfach ohne Rücksicht auf die natürlichen Betonungsverhältnisse der Sprache) und Silbenzählung (kein eigentlich metrisches Prinzip) herrschen im Meistersang und im strengen Knittelvers der Schwänke, Satiren und Fastnachtsspiele (so z. B. bei Hans Sachs, Sebastian Brant u. a.) und verleihen diesen Versen starre Stilisierung und – soweit sie Sprechdichtung sind – monotone Regelmäßigkeit.

2. Volkslied, Gesellschaftslied (teilweise auch das Kirchenlied) und der freie Knittelvers stehen dagegen unter dem Gesetz der Akzentuierung,

sind nicht streng alternierend gebaut, sondern variieren ein bestimmtes metrisches Schema (meist den Vierheber) frei nach den Betonungsverhältnissen der Sprache. Sie weisen mehrsilbige Auftakte und Senkungen, Senkungsausfall auf, woraus gerade beim Knittelvers vielfach der Eindruck der Holprigkeit und ›Unregelmäßigkeit‹ entsteht.

3. Vereinzelt wird ferner – im Zuge der Renaissancebemühungen um die antike Dichtung – deutschen Versen des 16. Jahrhunderts das quantitierende Prinzip (geregelte Folge von langen und kurzen Silben) zugrunde gelegt (so z. B. in Nachbildungen antiker Odenstrophen; theoretisch äußert sich dazu vor allem Clajus). Im Rahmen der Verstheorien bleibt dies jedoch eine Randerscheinung.

Verse verschiedener metrischer Baugesetze stehen im 16. Jahrhundert teilweise sogar im Werk einzelner Dichter (z. B. Clajus, Weckherlin u. a.) nebeneinander. Durch entschiedene und gezielte Auswahl aus den zur Verfügung stehenden Möglichkeiten eine gewisse Einheitlichkeit zu schaffen, bleibt die Aufgabe der folgenden Epoche.

§ 146. Erst in der ersten Hälfte des 17. Jahrhunderts gewinnt die neuhochdeutsche Versdichtung – soweit sie als ›Kunst‹ gepflegt wird – eine einheitliche Grundlage für ihre metrische Gestaltung. Vorbildlich und richtungweisend wird hier in Theorie und Praxis vor allem das Werk Martin Opitz'. Sein ›Buch von der deutschen Poeterei‹ (1624) bedeutet zwar – streng genommen – keinen für die Versgeschichte revolutionären Neueinsatz; dazu steht es zu sehr im Zeichen des gelehrten, vielbelesenen und erfahrenen Sammelns und der sicheren kritischen Auswahl aus dem Vorhandenen. Dennoch ist es für die Verskunst dieser wie der folgenden Epochen in doppelter Hinsicht exemplarisch und bedeutsam: denn einmal wird hier – aus der Vielfalt der metrischen Systeme des 16. Jahrhunderts – das akzentuierende Prinzip herausgegriffen und allein für die metrische Versgestaltung als grundlegend und verbindlich erklärt (wenn auch vorerst nur auf jambische und trochäische, d. h. alternierende Versmaße bezogen). Seither gilt für die neuhochdeutsche Versdichtung fast ausnahmlos der Grundsatz, daß sich metrische und sprachliche Betonungsordnung im Vers nicht gegenseitig verletzen sollen (wägendes Prinzip). Bedeuten die Opitzschen Forderungen im einzelnen zwar oft genug auch Einschränkung, nicht ganz frei von schulmeisterlicher Beckmesserei (so u. a. die einseitige Bevorzugung alternierender Versmaße unter weitgehendem Ausschluß solcher mit mehrsilbigen Senkungen, ›Daktylen‹; Reimforderungen), so zeigen sie doch andererseits, welch vielfältig zusammengesetzter Formenreichtum der deutschen Dichtung der Zeit im Anschluß an fremde Muster wirksam erschlossen und empfohlen wird (hauptsächlich französische Vorbilder). Auch hierin kann Opitz in vieler Beziehung für die neuhochdeutsche Versdichtung als exemplarisch gelten. Wie bei ihm z. B. Alexandriner, Vers commun, Sonett, Epigramm und Ode, an denen man sich auch vorher schon vereinzelt versucht hatte, als metrische Formmuster beschrieben und zu Vorbildern erklärt werden, so greifen auch spätere Epochen der deutschen Verskunst immer wieder Versmaße und Strophenformen zumeist romanischer und antiker Herkunft auf und bilden sie – oft erst in Übersetzungen und Nachdichtungen, dann aber auch eigenständig – nach, so daß die Entwicklung der neuhochdeutschen Verskunst weithin als eine Geschichte der Rezeptionen erscheint.

§ 147. Im 17. Jahrhundert sind es vor allem Alexandriner, Vers commun und Sonett, die sich als ›beherrschende Formen‹ in der lyrischen, didaktischen und dramatischen Sprech- und Lesedichtung durchsetzen. Von den Verseschmieden wie von den großen Dichtern werden sie gleichermaßen vielseitig verwendet und durchlaufen – das Los einer jeden ›beherrschenden Form‹ – die ganze Skala zwischen individueller, plastischer, formvollendeter Gestaltung (so z. B. bei Gryphius, Fleming, A. Silesius) und exakt klapperndem Ablauf der streng nach den metrischen Regeln gebauten Dichtungen, bis dann im 18. Jahrhundert neue ›beherrschende Formen‹ sie allmählich verdrängen und an ihre Stelle rücken. Es hat sich in der deutschen Versgeschichte kaum ein anderes Versmaß innerhalb einer Epoche so allgemein durchsetzen können wie der Alexandriner, der für die repräsentative Gesellschaftskunst des Barock die angemessene Ausdrucksform darstellt.
Die lyrische Dichtung des 17. Jahrhunderts, die weithin noch Lieddichtung ist und sich erst langsam aus ihrer musikalischen Gebundenheit löst, läßt sich oft nur bedingt aus der literarischen Sphäre heraus deuten und erklären. In ihrem Formenreichtum, der wiederum im einzelnen noch kaum geordnet und untersucht ist, wirkt einmal die heimische, liedhaft gebundene Tradition kontinuierlich und intensiv nach; das zeigen Parallelen und Entsprechungen im metrischen Bau zum Volks- und Kirchenlied des 15./16. Jahrhunderts (so entspricht z. B. das ›Lied des Einsiedlers‹ in Grimmelshausens Simplicissimus im Strophenbau genau dem Choral ›Wie schön leuchtet der Morgenstern‹). Dann aber steht diese Dichtung schon seit dem Ende des 16. Jahrhunderts metrisch und musikalisch auch zunehmend unter dem Einfluß italienischer Madrigalformen, die mit Sing-

spiel und Kantate in Deutschland heimisch werden, von da allmählich den eigentlich literarischen Bereich erobern und weitergebildet werden. Literarische und musikalische Einflüsse aus dem romanischen Bereich wirken so mit heimischen Traditionen zusammen, daß sich eine komplexe Vielfalt metrischer Formen ergibt.

§ 148. Was Opitz für die deutsche Verskunst an Regeln und Vorbildern zusammenfassend darstellt, beeinflußt die Kunstdichtung des 17., teilweise auch noch des beginnenden 18. Jahrhunderts fast ausschließlich, jedoch nicht ohne daß immer wieder bewußte oder auch nur tastende Versuche unternommen werden, diesen ›Kanon‹ zu ergänzen und zu erweitern. Neben der alternierenden Regelmäßigkeit jambo-trochäischer Verse sucht man noch zu Opitz' Lebzeiten auch für die Kunstdichtung daktylische Maße (d. h. Verse mit zweisilbigen Senkungen), die vielfach im Volkslied erscheinen, literaturfähig zu machen (A. Buchner), was auf anderer Ebene durch den Übergang madrigalischer Formen mit »mengtrittigen« Versen[1] in den Bereich der Sprechdichtung noch unterstützt wird. Im wesentlichen aber schreitet man den durch Opitz abgesteckten Kreis aus, der sich zu Anfang des 18. Jahrhunderts eher wieder verengt, zumindest was die Vielfalt der Formen anbetrifft. Auf das reiche metrische Formenspiel der Barockdichtung folgt im Zeichen der Aufklärung wieder eine Zeit strenger schulmäßigen Dichtens, in der nur hin und wieder den ›beherrschenden Formen‹ noch überraschend individuelle Varianten abgewonnen werden. Daneben setzen sich in der zweiten Hälfte des 18. Jahrhunderts einige neue Formen durch, charakterisiert durch einen verhältnismäßig festen metrischen Rahmen, der aber jeweils in spielerischer Lockerheit verwirklicht und variiert wird: freie Verse (Gellert, Lessing), reimlose anakreontische Vierheber (Gleim, Uz, Hagedorn), Strophenformen wie z. B. das Triolett (Anakreontik) und kurze liedhafte Strophengebilde z. T. schwer bestimmbarer Herkunft. Durch Heinse, Bürger und Wieland (›Oberon‹) wird weiterhin die anspruchsvollere Großform der Stanze übernommen, Bürger und die Anakreontiker greifen die Sonettform wieder auf, die im 18. Jahrhundert – von der Aufklärung als »Klinggedicht« verachtet – zeitweilig zurücktritt und späterhin dann wie viele andere romanischen Strophenformen bei den Romantikern sehr häufig verwendet wird.

§ 149. Auf Erweiterung des Formenbestandes (und damit der dichterischen Ausdrucksmöglichkeiten), Lockerung einzelner Formen drängt auch

---

[1] d. h. Wechsel von jambischem, trochäischem und daktylischem Versmaß innerhalb einzelner Versgruppen.

die mit dem Namen Klopstock verbundene ›Reform‹ der deutschen Verskunst um die Mitte des 18. Jahrhunderts. Hier wird traditionsgemäß in den Darstellungen der deutschen Versgeschichte der zweite entscheidende Neueinsatz in der Entwicklung der Verskunst nach Opitz angesetzt, der sich jedoch von jener ersten konsequenten und weithin wirksamen Kanonisierung der Verstheorie und -praxis wesentlich unterscheidet. Klopstock ›reformiert‹ nicht eigentlich, er erschließt der neuhochdeutschen Kunstdichtung durch sein intensives Bemühen um antike Versmaße und Strophenformen, die er konsequent und doch mit gewissen Freiheiten auf die metrisch-rythmisch andersartigen Verhältnisse der deutschen Sprache überträgt, einen neuen Formbereich. Antike Odenstrophen, Hexameter, Pentameter, Distichon, die alle auch schon vor Klopstock vereinzelt auftauchen, gehören seither zum festen Bestand der an fremden metrischen Formen zunehmend reicher werdenden deutschen Dichtung. Wie die Literatur des 18. Jahrhunderts in vielen Bereichen durch Aufnahme, Anverwandlung fremder Einflüsse und Vorbilder charakterisiert wird, die zu platter Nachahmung, aber auch produktiv zu eigener großer Leistung führt (vgl. z. B. das Einwirken französischer und englischer Literatur), so auch ihre Verskunst. Aus dem Nachbilden und freien Experimentieren mit den antiken Odenstrophen erwächst bei Klopstock letztlich eine neue, vielfältig variierbare Form: die freien Rhythmen, gleichzeitig einer der ganz wenigen eigenschöpferischen Beiträge der deutschen Dichtung zum übernationalen metrischen Formenschatz der europäischen Literaturen. Für die Lyrik wird damit ein äußerst beweglicher, rhythmisch grundsätzlich mehrdeutiger Sprechvers geschaffen.
Tritt in der epischen Dichtung des 18. Jahrhunderts der Hexameter allmählich an die Stelle des Alexandriners, so löst den Alexandriner im Drama der Blankvers ab, der innerhalb weniger Jahrzehnte zum beherrschenden deutschen Bühnenvers wird. Das Vorbild der englischen Literatur, besonders Shakespeares hat an dieser raschen Entwicklung entscheidend mitgewirkt. Aber wiederum ist die Anverwandlung so vollkommen, bei den einzelnen Dichtern so individuell geprägt (man vergleiche Lessing, Schiller, Goethe, Kleist), daß der Blankvers als metrische Form bald selbstverständlich und vielseitig verfügbar ist und seine Herkunft aus englischem Bereich kaum mehr bewußt wird.

§ 150. Offen und aufnahmebereit für die metrischen Formen vieler europäischer Literaturen trägt die Dichtung des 18. Jahrhunderts – Aufklärung, Anakreontik, Empfindsamkeit und Sturm und Drang – intensiver als die anderen Epochen zur Bereicherung des deutschen Formenschatzes bei, was jedoch auch eine zunehmende Überfremdung bedeutet. Gleichzeitig setzt nun mit Gleim, Herder, Bürger und dem jungen Goethe – in der Entdeckung der Volksliteraturen – eine Art Reaktivierung der metrischen Formen von Volkslied und Knittelvers für die Kunstdichtung ein, eine Entwicklung, die sich im Sturm und Drang und in der Romantik (v. Arnim, Brentano, Uhland) fortsetzt und teilweise auch die wiederentdeckte altdeutsche Dichtung mit ihren Formen umfaßt. Damit werden für Jahrhunderte unterbrochene oder nur unterliterarisch weiterwirkende Traditionen der Verskunst aufgegriffen und literarisch wirksam. Knittelverse (auch als Hans-Sachs-Verse bezeichnet, obwohl nicht der strenge, sondern der freie Knittel zugrundegelegt wird), Volksliedstrophe, Chevy-Chase-Strophe, Nibelungenstrophe und Hildebrandston u. a. werden in dieser Zeit, die das Kraftvoll-Archaische sucht und pflegt, wieder literaturfähig, bilden aber im reichen metrischen Formenrepertoire der Dichtung des ausgehenden 18. und beginnenden 19. Jahrhunderts nur einen schmalen Ausschnitt. Im Unterschied zu der alle Stoffe und Inhalte integrierenden Verwendung der antiken Formen bei Klopstock werden diese Formen jedoch schon im Sturm und Drang und beim jungen Goethe differenziert und mit historischem Sinn für den ihnen angemessenen Gehalt verwendet (z. B. Balladendichtung, ›Urfaust‹).

§ 151. Unserer skizzenhaften Darstellung der neuhochdeutschen Versgeschichte haben in der Hauptsache die metrisch verhältnismäßig eindeutig zu bestimmenden und bezeichneten Vers- und Strophentypen zur historischen Orientierung gedient, weil sie feste Anhaltspunkte im breiten Strom der literarischen Überlieferung bieten. Daneben treten aber in den einzelnen Epochen die verschiedenen metrischen Aufbauelemente immer wieder zu neuen, einmaligen oder nur selten wiederholten Formen (vor allem im Strophenbau) zusammen, die bisher in der Forschung weder zusammengestellt sind noch kaum historisch befriedigend eingeordnet werden können und ohne die vorderhand noch jede deutsche Versgeschichte letztlich fragmentarisch bleiben muß. Diese Lückenhaftigkeit wird vor allem da bewußt, wo es das lyrische oder dramatische Werk eines Dichters metrisch zu analysieren gilt, besonders aber auch an der Dichtung der deutschen Klassik. In der Verskunst ist die deutsche Klassik weder durch Übernahme noch durch Schöpfung neuer Formtypen, welche folgende Epochen hätten aufgreifen können, hervorgetreten. Sie ist vielmehr schöpferisch im einmaligen Entwurf einer Form und in der unwiederholbaren

Gestaltung und Vollendung des Vorhandenen. Auch hier müssen wir uns in diesem Zusammenhang mit einigen Andeutungen begnügen, denn abgesehen von einigen feinsinnigen Einzeluntersuchungen stehen umfassende Darstellungen zu Goethes und Schillers Verskunst noch aus. Beide versuchen sich in ihrer Frühzeit in vielen metrischen Formen. Anakreontische und volksliedhafte Formen, freie Rhythmen, Alexandriner, Knittelverse und freiere madrigalische Formen erscheinen z. B. beim jungen Goethe in abwechslungsreicher, durch Anregungen und Entdeckungen bestimmter Folge, während in seiner klassischen Zeit eine gewisse Begrenzung auf strengere und anspruchsvollere Formen zu beobachten ist (Hexameter, Distichon; Blankvers im Drama; Stanzen, Sonette; daneben jedoch auch freiere Formgestaltung: ›Schweizerlied‹, zweiteilige Balladenstrophen usw.). Eine ähnliche Entwicklung zeichnet sich, wenn auch in engerem Rahmen, bei Schiller ab. Beim alten Goethe hingegen finden wir wiederum eine fast unabsehbare Fülle von metrischen Formen verschiedenster Herkunft, wobei in vielen Fällen die metrische Form unmittelbar inhaltsbezogen und aussagekräftig wird (exemplarisch dafür vor allem die beiden Alterswerke ›Westöstlicher Divan‹ und ›Faust II‹).

§ 152. Auch die Romantik experimentiert äußerst vielseitig mit dem, was in vorangehenden Epochen der deutschen Dichtung an Versmaßen und Strophenformen erschlossen und eingefügt wurde. Neue Anregungen gewinnt sie – gerade für die Verskunst – aus einer intensiven Beschäftigung mit dem Volkslied und der spanischen Literatur, deren metrische Formen häufig in Übersetzungen, aber auch eigenständig nachgebildet werden (Romanzen, Glosse, Dezime, Kancion; daneben viele andere romanische Strophenformen: Stanze, Terzine, Triolett und besonders häufig das Sonett). Neben dem oft esoterisch anmutenden Spiel mit komplizierteren metrischen Formen, die in der deutschen Versdichtung späterhin kaum mehr Nachahmung finden, leisten die Romantiker (u. a. Novalis, Brentano, Uhland, Eichendorff) ihr Bestes in der metrisch-rhythmischen Gestaltung einfacher liedhafter Formen, denen sie gerade in ihrer scheinbar anspruchslosen Einfachheit subtile rhythmische und klanglich-melodische Wirkungen abzugewinnen verstehen (Vierheber als verbreitetstes metrisches Aufbauelement, sehr häufig in einfachen Vierzeilerstrophen, aber auch in Sechs- und Achtzeilern, Schweifreimstrophen usw.). – Eine Sonderstellung zwischen Klassik und Romantik kommt auch in der Verskunst dem Werk Hölderlins zu, in dem antike (Oden, Hexameter, Distichon) und freirhythmische Formen (Hymnen) dominieren und das nach seiner metrisch-rhythmischen Form – bei aller Freiheit der Einzelgestaltung – eines der geschlossensten und eigenwilligsten seiner Zeit ist.

§ 153. In der spät- und nachromantischen Dichtung des 19. Jahrhunderts nun verlieren die metrischen Formen – Vers und Strophe – zunehmend ihre Vorrangstellung und ihre Verbindlichkeit. Dichterische Auseinandersetzung und Gestaltung werden – umfangreicher und entschiedener als in vorangehenden Epochen – der Prosa anvertraut, die damit für die Literatur der Zeit immer mehr an Gewicht und Charakterisierungskraft gewinnt. Dagegen hat die Verskunst des 19. Jahrhunderts den Formenschatz der gebundenen Dichtung kaum bereichert oder erneuert. Vereinzelte Versuche, z.B. orientalische Formen – Ghazel, Kassidé – nachzubilden (so vor allem Platen und Rückert; vor ihnen schon die beiden Schlegels) oder den Stabreim wieder in die deutsche Dichtung einzuführen (R. Wagner, W. Jordan ›Die Nibelungen‹), bleiben in ihrer Wirksamkeit verhältnismäßig eng begrenzt. Sie zeigen aber exemplarisch, welche historische und formale Spannweite diese Verskunst besitzt, deren allgemeinste Charakteristika Wiederholung und Variation überkommener metrischer Formen sind. So greifen z.B. Lenau und Heine vielfach die einfachen metrischen Formen der Romantik wieder auf, die sie allerdings rhythmisch eigenwilliger gestalten (vgl. auch Heines ›gebändigte‹ freie Rhythmen in den ›Nordseebildern‹).
Der Formzwang einer Epoche, den wir in der Verskunst des 17. und teilweise auch noch des 18. Jahrhunderts erkennen konnten, ist im 19. Jahrhundert kaum mehr wirksam. Die Auswahl, welche die einzelnen Dichter für ihr Werk aus dem großen verfügbaren Formenrepertoire treffen, ist meist nur individuell bestimmt; Gebrauch und Verbrauch des Vorhandenen ist grundsätzlich beliebig geworden. Daher zeigt auch die Verskunst des 19. Jahrhunderts im Werk jedes einzelnen Dichters immer wieder neue und zum Teil recht eigenwillige Varianten, die in ihrer Gesamtheit zu einem sehr komplexen Bild zusammentreten.
Wir greifen, um diese Vielfalt andeutend zu umschreiben, nur drei Beispiele heraus: das lyrische Werk Mörikes, der Droste und Platens. – Mörike beherrscht – mühelos und exakt zugleich – eine reiche Variationsbreite metrischer Formen, darin ein Nachfolger der Romantiker, dessen Verskunst jedoch noch um manche Nuancen reicher ist. Mit differenziertem Formgefühl erfüllt er die strengen antiken und romanischen Versmaße und Strophenformen (schreibt allerdings kaum Oden) und schafft freirhythmische und madrigalische Versgebilde von schwebender Anmut und Musikalität. Einfache volksliedhafte Formen erscheinen häufig, aber auch umfangreichere

zweiteilige Strophenformen; Refrainformen und refrainartige Wiederholungen dienen einer metrisch-rhythmischen äußerst differenzierten Gliederung und verleihen Strophengebilden von anspruchsvoller Einfachheit den Ton des Volkstümlich-Liedhaften. – Hölzern und fast armselig nimmt sich daneben auf den ersten Blick die Verskunst der Droste aus, auf die fremde metrische Formen und Vorbilder kaum Einfluß gewinnen konnten. Sie gehört auch in dieser Beziehung zu den großen Außenseitern. Aber dennoch entsteht bei ihr aus nur wenigen metrischen Aufbauelementen (vorwiegend 4- und 5-hebige alternierende Verse, gelegentlich auch daktylische Vierheber u. a.) eine Vielfalt von Strophenformen. Eine statistische Übersicht hat gezeigt, daß sie in 304 Gedichten 208 verschiedene Schemata verwendet[1]. Manches davon läßt sich in Zusammenhang mit Volksliedformen bringen, einiges aus dem ›Geistlichen Jahr‹ auch mit Formen des Kirchenliedes. Was der Droste an gewandter Vielseitigkeit und Formbewußtsein abgeht, ersetzt sie durch die Intensität ihrer eigenwilligen und oft sehr freien rhythmischen Gestaltung, in der sich eine instinkthafte Sicherheit für die unmittelbar inhaltsbezogenen, sprechrhythmischen Wirkungen und Qualitäten des Verses deutlich ausprägt. – Strenges Formbewußtsein bestimmt hingegen die Versgestaltung Platens, der sich verschiedentlich auch mit verstheoretischen und metrischen Problemen auseinandersetzt. Sein dichterisches Werk spiegelt formal Weltliteratur wider und umfaßt eine Fülle von metrischen Formen europäischer und außereuropäischer Literaturen: Orientalisches, Antikes und Romanisches dient als Vorbild und Anregung (u. a. Ghazel, Odenformen, Sonett, Stanze). Platen zeigt beispielhaft, welche Formmöglichkeiten der Dichtung des 19. Jahrhunderts frei zur Verfügung stehen, aber auch, daß die mit strenger Regelmäßigkeit nachgebaute Form oft schon zum Selbstzweck, zum Klischee wird und daß bestimmte Schemata einfach ›ablaufen‹, ohne eigentlich individuell erfüllt zu werden. Auch darin kann Platen als repräsentativ für einen weiteren Bereich der lyrischen ›Produktion‹ des 19. Jahrhunderts gelten.

§ 154. Gegen Vers, Reim und metrischen Formzwang überhaupt läuft zu Ende des 19. Jahrhunderts der Naturalismus Sturm (besonders A. Holz). In dieser radikalen Ablehnung aller metrischen Verskunst bleiben als ›Form‹ allenfalls noch freie Rhythmen, stark der Prosa angenähert, bestehen (Vorläufer W. Whitman). Aber das in letzter Konsequenz aus dieser literarischen Revolution entwickelte ›optische‹ Gedicht, d. h. zumeist

[1] W. Mohr, Deutsche Versmaße und Strophenformen, RL ^{2}I, S. 244.

im Druckbild symmetrisch angeordnete Prosa, bleibt in dieser Form in der deutschen Versgeschichte eine manieristische Randerscheinung (A. Holz, ›Phantasus‹), die gewandelt in der Dichtung der Gegenwart wiederkehrt. Das lyrische (und dramatische) Werk Georges, Hofmannsthals und Rilkes hingegen, das – rückwärts und vorwärts gewandt – jedes in seiner Art für die Dichtung des Übergangs vom 19. ins 20. Jahrhundert repräsentativ ist, fügt sich wieder in die Traditionen der deutschen Verskunst ein und nimmt gleichzeitig künftige Entwicklungen vorweg. In schärfstem Kontrast zur Formsprengung des Naturalismus steht die Formstrenge Stefan Georges, bei dem Klarheit und strenges Ebenmaß für den Versbau wieder als oberste Gesetze gelten (das Vorbild der französischen Impressionisten – besonders Baudelaires, den er übersetzt – mag dabei mitgewirkt haben). Metrum und Versrhythmus werden in Gestaltung und Vortrag bewußt herausgearbeitet und betont (was sich auch im Schriftbild der Gedichte Georges ausprägt). Hofmannsthal umfaßt noch einmal den übernationalen Formenreichtum der deutschen Versdichtung, den er schon in seinen frühen Werken mühelos beherrscht (Blankvers, jambischer Trimeter, Stanze, Terzine, Sonett, einfache volksliedhafte und freirhythmische Formen u. a.). Ausdrucksgehalt und historische Assoziationen in bestimmten metrischen Formen werden dabei – sehr differenziert und oft fast unmerklich – für einzelne Dichtungen einbezogen und sinndeutend. Bei Rilke nun, der auch häufig auf traditionelle Formen zurückgreift (Sonett, Hexameter, Endecasillabo u. a.) zeichnet sich bereits deutlich der Prozeß der Auflösung metrischer Formen ab, allerdings noch im Rahmen und mit den Mitteln alter Formkonventionen (Auflösen der Vers- und Strophenstrukturen durch spannungsvoll forciertes Enjambement; Wahl unbedeutender oder sehr ausgefallener Reimwörter; freies rhythmisches Umspielen einer traditionellen metrischen Form usw.). Die überraschenden und subtilen rhythmischen Wirkungen, die sich daraus gewinnen lassen, charakterisieren weithin auch die Versdichtung des 20. Jahrhunderts, deren *eine* ausgeprägte Gestaltungstendenz die Auflösung und Umwandlung traditioneller metrischer Formen ist.

§ 155. Die Geschichte der deutschen Verskunst im 20. Jahrhundert zu schreiben, fehlen uns vorderhand Distanz wie Überblick. Wir können nur versuchen, einige sich mehr oder minder deutlich abzeichnende Formtendenzen anzudeuten und zu skizzieren. Strenge, der Tradition verhaftete Versmaße und Strophenformen leben auch hier weiter und werden mit neuen Inhalten erfüllt. In antiken Odenformen, Sonetten, Ghazelen, Stanzen, Hexametern, Alexandrinern, Endecasillabi usw. versuchen sich die

Dichter immer wieder (so u. a. Weinheber, R. A. Schröder, Carossa, Bergengruen), ja es scheint, daß gerade der strenge Anspruch und die Verbindlichkeit, die in diesen Formen liegt, die dichterische Gestaltungskraft herausfordert, sie zu bestehen und zu meistern. Ähnlich wie im 19. Jahrhundert sind diese Formen jedoch allgemein verfügbares Bildungsgut und ihre Auswahl durch den Dichter grundsätzlich beliebig, wo nicht durch sie historische Assoziationen aufgerufen werden sollen oder in der Form – kontrastierend oder übereinstimmend – bereits eine gewisse Deutung des Auszusagenden impliziert wird. – Sehr vieles in der Versdichtung des 20. Jahrhunderts entzieht sich jedoch weitgehend einer metrischen Analyse. Der Expressionismus stellt – mit anderen Vorzeichen und wirksamer als der Naturalismus – eine neue Revolution der Verskunst dar, welche die Auflösung strenger metrischer Formen zum ›Formprinzip‹ werden läßt (Stadler, Heym, der frühe Benn u.a.; man vergleiche auch die für den Expressionismus repräsentative Anthologie »Menschheitsdämmerung«). Freie Verse und freirhythmische Formen setzen sich seither als angemessen empfundene Ausdrucksgeste durch. Irgendwelche metrischen Schemata oder allgemeine Formgesetze lassen sich zu ihrer Erklärung und Beschreibung nur selten verwenden. Es muß hier in jedem einzelnen Fall – notwendig eingehender noch als bei metrisch bestimmbaren Formen – nach der ›inneren Form‹ eines Gedichtes gefragt werden, die metrisch-rhythmisch oft mehrdeutig sein kann. Traditionsgebundene, strenge metrische Formen erscheinen in diesen Zusammenhängen manchmal als frei variierbares ›Thema‹ (als Formvorwurf, wie z. B. das Sonett in Rilkes »Sonetten an Orpheus«) oder häufig auch eingebaut, ›montiert‹ als ›Formzitat‹. – Nicht nur die metrische, auch die syntaktische Ordnung erscheint in der modernen Versdichtung häufig gesprengt oder in Umwandlung begriffen. In spannungsreichem Wechselspiel werden dabei einmal syntaktisch weitgehend aufgelöste Formen in eine metrisch streng regelmäßige Ordnung gefügt (Strophenformen!) und umgekehrt stellen sich syntaktisch ›regelmäßige‹ Formen in lockeren freirhythmischen Vers- und Strophengebilden dar, ein weites Feld der Formexperimente, für deren Beschreibung, Vergleich und Wertung tragfähige Kriterien noch zu erarbeiten sind.

§ 156. Zum Abschluß unseres kursorischen Überblicks über die deutsche Versgeschichte seit 1500 soll wenigstens ein Aspekt noch angedeutet werden, der neben den Fragen nach der historischen Gebundenheit metrischer Formen für die metrisch-rhythmische Interpretation von Gedichten eine entscheidende Rolle spielt, nämlich die Frage nach dem Metrum als künstlerischem Mittel überhaupt, insbesondere nach seiner jeweiligen inhaltlichen Bezogenheit. Abgesehen von den besonderen historischen Gestaltungstendenzen, von denen metrische Formen bestimmt und geprägt werden, steht die metrische Form, d. h. die nach bestimmten Gesetzen geordnete Lautgestalt eines Gedichtes (oder auch seine Schriftgestalt) in einem komplexen Verhältnis zu dessen Sinngestalt, die wiederum auch spezifisch historisch bestimmt sein kann. Solchen Beziehungen gilt es im einzelnen nachzufragen, denn in diesem Verhältnis – obwohl grundsätzlich beliebig (d. h. eine metrische Form kann sich grundsätzlich mit jedem ›Inhalt‹ verbinden) – liegen viele Möglichkeiten der wechselseitigen Deutung und Intensitätssteigerung, welche die Dichter – bewußt oder unbewußt gestaltend – immer wieder für die Wirkung und Vollendung des Ganzen eingesetzt haben. Erst wo wir Metrik in diesen Zusammenhängen sehen und betreiben, hört sie auf, ein schulmeisterlich trockenes Rechnen mit Schemata zu sein, und erscheint als eine nach vielen Seiten offene Disziplin der Literaturwissenschaft, deren Aufgabe die Dichtung ist.

BIBLIOGRAPHISCHE HINWEISE

Hier führen wir nur einige umfangreichere Darstellungen der deutschen Verslehre und Versgeschichte an; für Einzeluntersuchungen wird auf die Anmerkungen zu den einzelnen Paragraphen verwiesen.

ARNDT, Erwin: Deutsche Verslehre. Ein Abriß, Berlin 1959.

BEYSCHLAG, Siegfried: Die Metrik der mittelhochdeutschen Blütezeit in Grundzügen, Nürnberg ^{4}1961.

HEUSLER, Andreas: Deutsche Versgeschichte mit Einschluß des altenglischen und altnordischen Stabreimverses, 3 Bde, Berlin/Leipzig 1925–29 (abgekürzt zitiert: Heusler, Dt. Versgeschichte).

KAUFFMANN, Friedrich: Deutsche Metrik, Marburg ^{3}1912.

KAYSER, Wolfgang: Kleine deutsche Versschule, Bern ^{9}1962 (abgekürzt zitiert: Kayser, Versschule).

MINOR, Jacob: Neuhochdeutsche Metrik, Straßburg ^{2}1902.

PAUL, Hermann: Deutsche Metrik, in: H. Pauls »Grundriß der germanischen Philologie«, Straßburg ^{2}1905.

PRETZEL, Ulrich: Deutsche Verskunst. Mit einem Beitrag über altdeutsche Strophik von Helmut Thomas (†), in: Deutsche Philologie im Aufriß, hrsg. v. W. Stammler, Bd. 3, Berlin ^{2}1962, Sp. 2357–2546 (abgekürzt zitiert: Pretzel, Dt. Verskunst, und Thomas, Strophenbau).

SARAN, Franz: Deutsche Verslehre, München 1907.

GENNRICH, Friedrich: Grundriß einer Formenlehre des mittelalterlichen Liedes, als Grundlage einer musikalischen Formenlehre des Liedes, Halle 1932 (abgekürzt zitiert: Gennrich, Formenlehre).

ABKÜRZUNGEN

MGG:	Die Musik in Geschichte und Gegenwart. Allgemeine Enzyklopädie der Musik. Unter Mitarbeit zahlreicher Musikforscher des In- und Auslandes hrsg. v. F. Blume, Kassel/Basel 1949ff. (bisher Bd. 1–8, A–Me).
RL:	Reallexikon der deutschen Literaturgeschichte, begr. v. P. Merker und W. Stammler, unter Mitwirkung zahlreicher Fachgelehrter hrsg. v. W. Kohlschmidt und W. Mohr, Berlin ^{2}1958 (bisher Bd. 1, A–K und Lieferungen L–N).
MF:	Des Minnesangs Frühling, hrsg. v. K. Lachmann – C. v. Kraus, Stuttgart ^{32}1959.
KLD:	Deutsche Liederdichter des 13. Jahrhunderts, hrsg. v. C. v. Kraus, 2 Bde, Tübingen 1952–58.
Uhland:	Alte hoch- und niederdeutsche Volkslieder, mit Abhandlung und Anmerkungen hrsg. v. L. Uhland, Stuttgart ^{2}1844.

SACHREGISTER

(Die Zahlen verweisen auf Paragraphen)

A
Abgesang 83, *87*, 88, 90, 93, 95, 100, 109
Abstufung der Hebungen *6*, 111, 116, 126, 132, 133(2)
Abvers *19*, 22, 44, 72ff., 85, 107
Achtheber 116
Achtzeiler 108, 152
Adonius 133 (1)
akatalektisch 113
Akrostichon 49
Akzent 6
akzentuierender Versbau (s.a. wägendes Prinzip) *1*, 30, 43, 51, 98, 111f., 125, 130f., 145, 146
Alexandriner 7, 112, *114 (4)*, 117, 120 (1), 120 (4), 122, 146f., 149, 151, 155
alkäische Strophe 129, *133 (2)*
Alliteration 17
Alternation *4*, 33, 42, 58f., 62, 86, 89, 93, 98, 99, 104, 112, 114ff., 118, 119ff., 126, 142, 145, 146, 148
altgermanischer Vers s. Stabreimvers
althochdeutscher Reimvers s. Reimvers
ambrosianische Hymnenstrophe *40ff.*, 100
Amphibrachys 131
anakreontischer Vers s. Trochäen, anakreontische
Anapäst 131
Anfangsreim 36, 94
antike Metrik 1, 13, 41 (Otfrid), *111*, 112, 113, 130, *131f.*, 135ff.
antike Versmaße und Strophenformen 16, 112, 117, 118, 123, *128ff.*, 141, 149, 153, 155
Anvers *19*, 22, 44, 72ff., 85, 104, 107
Apokope 65
Arsis 4
asklepiadeische Strophe 133 (3, 4)
Assonanz (s.a. Halbreim) *35*, 115, 126
Asynaphie 70
Aufgesang 83, *87*, 93
Auftakt (s.a. Vorsenkung) 10, 24ff., 28 (Stabreimvers); 46f. (ahd. Reimvers); 53 (frühmhd. Vers); 62, 70, 71 (mhd. Epos); 85, 89 (mhd. Lyrik); 93 (Meistersang); 99 (Kirchenlied); 104 (Volkslied); 111, 114ff., 126

B
Ballade 74
Bar, Barform *94*, 95, 100
Bernerton 75
beschwerte Hebung (s.a. einsilbiger Takt) 66
Betonungsverhältnisse, sprachliche und metrische (s.a. akzentuierender und quantitierender Versbau) *1ff.*, 20ff. (Stabreimvers), 89 (mhd. Daktylon), 93, 98, 111, 112, 130, 146
Binnenreim *36*, 94
Blankvers 16, 125, *126*, 149, 151, 154
Bogenstil (s.a. Hakenstil) 32

C
Chevy-Chase-Strophe *107*, 110, 150
Choliambus 126
Choral 74, 100
Choralnoten 80, 94
Choriambus 131
Coda 120 (1)
Creticus 131

D
Da-capo-Form 87, 95
Daktylen 64, 83, 86, *89* (mhd.); 101, *111*, 112, 113, 118, 123, 131, 135, 139, 146, 148
Dehnung 11, 24ff., 27 (Stabreimvers); 45 (ahd. Reimvers); 66ff. (mhd. Epos)
Dezime *121*, 152
Dipodie *6*, 126
Distichon *134*, 136, *140*, 149, 151, 152
dôn s. Ton

Dreihalbetakt 9, 103
Dreireim *37*, 57, 105, 109
Dreisilbentakt s. Daktylen, mhd.
Dreivierteltakt *9*, 89, 103, 113, 135, 136
Dreizeiler 109

E
Elegie 140
Elision 48, 65
Endecasillabo *114 (3)*, 120 (1–3), 126
Endendifferenzierung 91 Anm.
Endreim 17, 34, 72, 74, 125
Enjambement *15*, 32, 87, 117, 120 (1), 126, 133, 154
Enklise 11, 26, 65
Epigramm 112, 114 (4), 140, 146
erweiterter Reim 35
Estampie 91

F
Faustverse 114, *117*, 127
Frauen-Ehren-Ton 90
Freie Rhythmen 16, 112, 127, 128, 133 (5), *141ff.*, 149, 151, 152, 153f., 155
frühmittelhochdeutscher Vers 50ff.
Fugung (s.a. Synaphie) 62, *70*, 83, 104
Füllungsfreiheit 24ff. (Stabreimvers); 44ff. (ahd. Reimvers); 53f. (frühmhd. Vers); 59, 62, 66 (mhd. Epos); 96f. (Knittelvers); 99 (Kirchenlied); 101, 104 (Volkslied)
Fünfheber 86, 114 (gereimter jambischer), 115 (gereimter trochäischer), 120, 126 (reimloser jambischer), 127 (reimloser trochäischer)
Fünfzeiler 109

G
Gebände 94
gebrochener Reim 35
gehäufter Reim 37
Geleit 120 (4)
Gesätz 94
Ghazel 35, *123*, 153, 155
Glosse *121*, 152
Glyconeus 133 (3.4)
grammatischer Reim 35
Gruppenbildung (s.a. Strophe) 14, 31, 49, 57, 71ff.

H
Hakenreim 31
Hakenstil (s.a. Bogenstil) 32
Halbreime *35*, 59, 85
Hans-Sachs-Vers 98
Haupt- und Nebenhebung (s.a. Abstufung) 6, 13, 24ff., 44ff., 66, 68ff., 89, 111, 113
Haupt- und Nebenzäsur 138
Hebigkeitsprinzip 30, 56, 73ff., 83ff., 93, 98, 103, 104, 111, 113, 114
Hebung (s.a. Alternation, Hebigkeitsprinzip) 4, 17ff. (Stabreimvers); 42ff. (ahd. Reimvers); 51ff. (frühmhd. Vers); 58, 62ff., 73ff., (mhd. Epos); 83, 89, 93, 98f., 103, 113ff., 126ff., 135ff., 142
Heldenepik (Strophen) 71ff.
Hergerstrophe 90
Hexameter 7, 41 (leoninischer), 42, 118, 125, 129, 131, *134f.*, 137ff., 142, 149, 151, 152, 154f.
Hiat 48, 65
Hildebrandston *74*, 77, 78, 100, 108, 144, 150
Hinkvers 126
Hort 94
Hymnenstrophe s. ambrosianische Hymnenstrophe

I
identischer Reim *35*, 105, 112
Iktus (s.a. Hebung) *4*, 9, 17

J
jambische Verse 93, 111, 114, 116, 126, 146
jambischer Trimeter 126, 154
jambotrochäische Verse 111ff., 116f., 126f.
Jambus *111*, 112, 113, 123, 131
Jonicus a majore 131
Jonicus a minore 131

K
Kadenz 10; 25 (Stabreimvers); 43, 46ff. (ahd. Reimvers); 52 (frühmhd. Vers), 68ff. (mhd. Epos); 72ff., 83, 85 (mhd. Lyrik); 97 (Knittelvers); 99f. (Kirchenlied); 104 (Volkslied), 107ff.
Kadenzentausch 85, 104, 107
Kanzion *121*, 152
Kanzone 14, 84, *87f.*, 90
Kassidé 123, 153
katalektisch *113*, 133 (3), 135, 136
Kehrreim *37*, 49, 57, 100, 106, 108, 109
Kirchenlied 16, 74, 77, *99f.*, 104, 108, 129, 133 (1), 144, 145, 147, 153
Knittelvers 16, *96ff.*, 112, 117, 141, 144, 145, 150
Kolon *2*, 7, 111, 142
Kontrafaktur 57, 77, *81*, 86, 89, 90, 99, 100
Körner 37
Krasis 65
Kreuzreim *37*, 87, 100, 105, 107, 108, 109, 114, 117, 122
Kudrunstrophe 74 (3)
Kürenbergerstrophe 72, 77, *85*, 88
Kursus, doppelter 91
Kürze s. Silbenquantität
Kurztakt 40

L
Lai, Leich 79, *91*, 94
Laissenstrophe *57*, 78, 88
Ländlertakt s. Dreihalbetakt
Länge und Kürze s. Silbenquantität
Langtakt 24ff.
Langzeile *19*, 24, 41f., 44, 49, 57, *72ff.*, 76, 85, 90, 104, 107, 108, 109f., 114, 116
Langzeilenstrophe 72ff., 84, 85f.
Leise 99
Lied (s.a. Volks-, Kirchenlied) 14, 49, 57, 74, 77f., 79ff., 82, 84, 85, 90, 91, 99f., 101ff.
Lindenschmidt-Strophe 75, *109*
Lutherstrophe 100

M
Madrigalformen *114*, 117, 120, *120 (7)*, 127, 141, 147, 148, 153
männlich 34 (Reim), 68 (Kadenz), 73ff., 83 (Versschluß), 104
Meistersang 16, 74, 80, 90, 91, *92ff.*, 97f., 99f., 104, 144f.
Meistersonett 120 (1)
Melisma 43, 91
Melodie (s.a. Strophenbau, musikalischer, und *wîse*) 77, 79, 81ff., 84, 86, 95, 100, 102
mengtrittige Verse 148
messendes Prinzip (s.a. antike Metrik und quantitierender Versbau) *1*, *111*, 130, 134, 139
metrische Drückung 5
metrische Erhebung 5
metrischer Rahmen (metrisches Schema) *3ff.*, 8, 43, 51, 61, 73, 77ff., 83f., 98, 111, 116, 123, 132, 133, 134ff., 139, 141, 154, 156
metrisch-rhythmische Deutung 3, 23ff., 39ff., 50ff., 61ff., 80, 82, 89, 98 111, 113, 124, 126, 132, 133, 142
Metrum, antikes 111, 125, 126, 135, 136
Minnesang 72, 75, *79ff.*, 92, 95, 101, 104
Modalrhythmik 80
Monopodie 6
Mora 10, 54, 131
Morolfstrophe *75*, 109

N
Nebenhebung s. Haupthebung
Nebenzäsur (s.a. Hauptzäsur) 138
Neumen 42, *80*
Neunzeiler 109
Nibelungenstrophe 10, 72, *73ff.*, 77, 78 (Melodie), 85, 88, 108, 150
Nibelungenzeile *74*, 99, 107
Nonarime 120 (3)
Notenschrift 10

O
Oda continua 86
Odenformen 112, 125, 128ff., 133, 133 (5; freie Odenformen), 141, 145, 149, 152, 153
Otfridstrophe 40, 41, 43, *49*
Otfridvers 40ff.
Ottaverime s. Stanze

P
Paarreim *37*, 40, 55, 59, 72ff., 90, 96f., 105, 117
Pause *10*, 24ff., 27 (Stabreimvers); 52f., (frühmhd. Vers); 67ff., 73ff. (mhd. Epos); 103f., 114 (4)
Pausenreim *36*, 83, 94
Pentameter 7, 134, 136, *137ff.*, 149
Pherekrateus 133 (3.4.)
Proklise *11*, 26

Q
Quantität s. Silbenquantität
quantitierender Versbau (s.a. antike Metrik) 1, 111, 130ff., 137, 139, 145
Quartett 120 (1)
Quatrain 122

R
Rabenschlachtstrophe 74 (4)
Refrain (s.a. Kehrreim) 38, 83, 88, 153
Reim (s.a. grammatischer Reim, Kreuzreim u.a.) 16, 17, *34ff.*, 35 (reicher, rührender Reim), 59 (reiner Reim), 84, 85, 94, 104 (rührender R.), 105, 108, 112, 114ff., 125, 154
Reimbrechung 57, *60*, 71
Reimpaar 34, 37, 39, 57, 59f., 72ff., 85f., 90, 96f., 117
Reimresponsion 88, 94
Reimvers, althochdeutscher s. althochdeutscher Reimvers
Repetition, fortschreitende 91
Reprisenbar 95
Rezitationston 42
rhythmische Prosa 2, 141
rhythmisches Leitmotiv 7, 142
Rhythmus (s.a. metrisch-rhythmische Deutung) *8*, 80f. (Minnesang), 95 (Meistersang), 103, 111, 116, 124, 132f., 141f., 154f.
Ritmus 42
Ritornell 120 (6)
Romanze 152
Rondeau 122
Rûbâî 123
Rundkanzone 87

S
sapphische Strophe 129, *133 (1.2)*
Satzrhythmus 2, 20ff. (Stabreimvers)
Schlagreim 36, 94
Schlußbeschwerung 57, 72, 73, 74, 77, 88, 90, 120 (3)
Schnaderhüpfel 103f.
Schüttelreim 35
Schüttensamen-Strophe 109
Schwarzer Ton 76
schwebende Betonung *5*, 62, 98, 126
Schweifreim *37*, 87, 105
Schweifreimstrophe *108*, 144, 152
Schwellvers 27, 29, 57
Sechsheber 114, 126, 135, 136
Sechstakter 99, 106
Sechszeiler 108, 152
Senar 126 Anm.
Senkung (s.a. Hebung und Spaltung von Hebung und Senkung) *4*, 30, 33, 42ff., 51ff., 64ff.
Sequenz 57, 77, *91*, 99
Sestine 120 (4)
Silbendehnung s. Dehnung
Silbenquantität 11, 64, 69, 111, 130, 131, 132, 133ff., 139, 145
Silbenzählung 83, 89, 93, 97, 99, 101, 145
Sillaba anceps 126, 132, 135, 139
Siziliane 120 (3)
Shakespeare-Sonett 120 (1)
Sonett 112, 114, *120(1)*, 146f., 148, 151ff.
Sonettzyklus, -kranz 120 (1)
Spaltung (von Hebung und Senkung) 24, 27, 45, 53f., 64, 69, 85, 103f.
Spenserstanze 120 (3)
Spervogelstrophe 90
Spondeen, falsche 139
Spondeus *131*, 134, 135, 139
Sprachbehandlung *11*, 27, 48, 54, 64ff., 85, 93, 98, 104, 133, 139
Spruchdichtung 75, 77, 78, 79, *90*, 91, 92, 95
Stabformeln 19
Stabreim 17f., 153
Stabreimvers 16, 19ff. (Vortrag), 30 (taktfreie Rhythmisierung), 31 (Gruppenbildung), 40, 50, 54

Stanze 14, 114, *120 (3)*, 148, 151 ff.
stichisch *14*, 31, 140
Stollen 19 (Stabreimvers); 83, *87*, 88, 94, 95, 109 (Lieddichtung)
stollige Strophenform *87f.*, 90, 91, 94, 100, 109
Strophe 14, 49 (ahd. Reimvers); 57 (frühmhd. Vers); 72 ff. (mhd. Epos); 77, 79, 81, 83 (mhd. Lyrik); 90 (Spruch); 94, 95 (Meistersang); 100 (Kirchenlied); 102 (Volkslied); 108, 119 ff., 133, 142, 151
Strophe, durchgereimte 84, *86*, 88, 91, 100
Strophe, siebenzeilige 100, 109, 144
Strophenbau, musikalischer 14, 73, 77 f., 79, 81, 83, 90, 95, 100
Strophenlai, reduzierter 77
Strophensprung 15, 133
Synalöphe 48, 65
Synaphie (s. a. Fugung) 70
Synkope 65

T
Takt, einsilbiger 45, 47, 53, 63, 66 f., 85, 99
Takt, drei- und mehrsilbiger 45, 47, 53 f., 63 f., 85, 101
Taktgeschlecht 9
Taktprinzip 9 ff., 43 ff. (ahd. Reimvers); 50 ff., 56 (frühmhd. Vers); 61 ff. (mhd. Vers); 98 (Knittelvers); 103 (Volkslied); 104, 111, 113, 132, 133, 135 f., 142
Telestichon 49
Terzett 120 (1)
Terzine 114, *120 (2.6)*, 152, 154
Terzinenstollen 87, 90
Thesis 4
Tirolstrophe 75
Titurelstrophe 76, 77 f. (Melodie)
Tmesis bucolica 138
Ton 79, 84, 90, 92 f., 94
Tonbeugung *5*, 54, 93, 98, 99, 101, 112, 133 (2), 134, 139
Trimeter, jambischer s. jambischer Trimeter
Triolett *120 (5)*, 148, 152
Trochäen 115, 126 (spanische), 127 (anakreontische, serbische)
trochäische Verse *111*, 115, 116, 127, 146
Trochäus *111*, 112, 113, 123, 134, 139

U
übergehender Reim 36
überschlagender Reim 37
umarmender (umschließender) Reim 37, 87, 117, 122
Umsingen 102
ungefugte Verse 70
unreiner Reim 35

V
Vagantenzeile *85*, 99, 107, 110
Versbau 1 ff.
Vers commun 112, *114 (3)*, 126, 146 f.
Verschleifung s. Spaltung
Versfuß *111*, 113, 126, *131*, 135 f.
Verse, freie *117*, 120 (7), 127, 148, 155
Versfüllung 11, 24 ff. (Stabreimvers); 44 ff. (ahd. Reimvers); 52 ff. (frühmhd. Vers); 61 ff. (mhd. Epos); 85, 89 (mhd. Lyrik); 93 (Meistersang); 97 f. (Knittelvers); 99 (Kirchenlied); 104 (Volkslied); 111 ff., 114, 130 ff., 135 ff.
Versgegenden 10
Vers, gemeiner s. Vers commun
Versinneres 10; 24, 26 (Stabreimvers); 45, 47 (ahd. Reimvers); 53 (frühmhd. Vers); 63 ff. (mhd. Epos), 71, 85, 104
Versikel 91
Vers libres s. Verse, freie
Versschnitt s. Zäsur
Versschluß s. Kadenz
Vierheber (-takter) 40 ff., 43, 50 ff., 56, 61 ff., 68, 85, 96, 99, 104, 105, 107, 108, 114, 115, 126, 141, 144, 145, 148, 152
Viervierteltakt *9*, 24, 89, 113
Vierzeiler 100, 108, 110
Vokalspiel 37
Volkslied 16, 74, 77, *101 ff.*, 112, 114, 115, 141, 144, 145, 147, 150, 153, 154
Volksliedstrophe 106, *108*, 144, 150

›volkstümliche‹ Lieder, bzw. Buchdichtung 101, 102 ff.
Vorsenkung (s.a. Auftakt) *22*, 28, 33

W

wägendes Prinzip (s.a. akzentuierender Versbau) 1, *5*, 54, 93, 146
Waise *37*, 85, 109, 120 (6)
Waisenanvers 107, 108
Waisenterzine *75*, 87, 90
Walther-Hildegund-Strophe 74 (2)
Wechsel 85
weiblich 34 (Reim), 68 f. (Kadenz), 73 ff., 83 (Versschluß), 104
wîse (s.a. Melodie) 79 ff., 84
Wiener Hofton 90

Z

Zahlenkomposition (-symbolik) 82
Zäsur *7*, 26, 73 ff., 76, 114, 116, 117, 126
Zäsurreim 74
Zeichensprache, metrische *10 f.*, 13, 73, 77, 83
Zeilenbindung, metrische 70, 71
Zeilenstil 32, 88
Zersingen 102
Zweiheber 114
Zwei-Ikter, unregelmäßiger 30
Zweitakter 99, 106
Zweivierteltakt *9*, 40, 103, 113
Zweizeiler 108
Zwischenreim 37